南京大虐殺から雲南戦へ

日本の中国侵略から敗戦に至る足跡を巡る

青木 茂
AOKI Sigeru

花伝社

まえがき

二〇一四年二月二七日に開催された中国の第一二期全国人民代表大会（全人代）常務委員会第七回会議で、「一二月一三日を南京大虐殺犠牲者国家追悼日と定める。毎年一二月一三日に国は公式追悼行事を行ない、南京大虐殺犠牲者および日本帝国主義による中国侵略戦争の期間に日本の侵略者に殺戮された全ての犠牲者に哀悼の意を捧げる」という議案が採択された。全人代におけるこの決定に基づき、同年一二月一三日に迎える初めての南京大虐殺犠牲者国家追悼日に、習近平国家主席が参列する初めての国家公祭（犠牲者追悼式典）が南京大虐殺遇難同胞記念館で挙行された。

そこで、本書第一部「南京」では、南京大虐殺犠牲者国家追悼日が制定された背景を探るとともに、二〇一四年の第一回国家公祭における習近平主席の演説全文も確認する。さらに、第二回と第三回の国家公祭が挙行された二〇一五年と二〇一六年の南京現地で体験し確認したことをまとめ、中国の人々の南京大虐殺に対する現在の想いに迫る。

さて、日本による対中国全面侵略の初期に南京大虐殺を許し首都・南京を追われた中国国民政府は内陸奥地の重慶に逃れ、重慶を臨時首都として抗日戦争を戦うことになる。その国民政府に対するアメリカやイギリスからの支援を阻止し、東西両側から重慶を挟撃するため一九四二年五月に日本が発動したのが雲南戦だ。中国の南西側に位置するビルマ（現ミャンマー）から陸路伝いに国境を越え中国西南の雲南に侵攻した日本は雲南西部を瞬く間に制圧し、ビルマから国境を越えて重慶に至る国際補給路を遮断した。

雲南西部を制圧された中国は一九四四年五月に日本に対し反撃を開始する。そして、拉孟《らもう》や騰越の日本軍守備隊を全滅させるなど勝利を重ね、一九四五年一月までに日本を雲南から追放した。「中国が日本に唯一完全勝利した」(注)雲南西部を舞台とするこの戦役＝雲南戦を中国は滇西《てんせい》抗戦と呼んでいる。

その雲南戦（滇西抗戦）を「一九八〇年代頃までは、中国政府は、中国が日本に唯一完全勝利した雲南戦の担い手が蒋介石の国民政府軍であったことから……ずっと黙殺しつづけてきた。ところが、一九九〇年代の江沢民政権期になって……雲南戦においても日本軍の侵略戦争の史実の証拠収集が盛んに行われるようになったという。……こうして中国政府は、近年、雲南戦における『歴史の空白』をようやく埋め始めている」(注)ということだ。

そこで私は、中国政府が「『歴史の空白』をようやく埋め始めている」雲南戦の舞台となった雲南省西部を訪れ、実際に戦闘が繰り広げられた戦場跡（史跡）や雲南戦を記録する博物館や雲南の人たちが暮らす町や村を自身の目や耳で確認してきた。本書第二部「雲南」の第六章は、その訪中で見聞したことを報告する旅行記（ルポ）だが、第二部の第四章と第五章に記す雲南戦（滇西抗戦）の説明と併せ、現在の中国政府（共産党政権）が雲南戦をどのように評価し扱おうとしているのかという点について考える材料を提供できると思う。そして、私自身が感じることも記すので参考にしてもらえれば有り難い。

本書を通して、日本による対中国全面侵略の初期に引き起こされた南京大虐殺から、日本の敗戦（敗北）を決定的にした雲南戦に至る流れと、惨劇の舞台となった南京と雲南の今（現状）に関心を持ってもらえれば幸いだ。

（注）遠藤美幸著『「戦場体験」を受け継ぐということ――ビルマルートの拉孟《らもう》全滅戦の生存者を尋ね歩いて』高文研、二〇一四年、八三頁

南京大虐殺から雲南戦へ——日本の中国侵略から敗戦に至る足跡を巡る◆目　次

まえがき 1

第一部　南京

第一章　二〇一四年の南京 8

南京大虐殺犠牲者に対する初めての国家追悼式（国家公祭）

一．中国第一二期全国人民代表大会常務委員会における決定 8　二．抗日戦争勝利記念日 13　三．南京大虐殺犠牲者国家追悼日 15　四．南京大虐殺犠牲者国家追悼日を実現させた朱成山館長 23

第二章　二〇一五年の南京 31

第一三次真宗大谷派南京平和法要友好訪中団

南京大虐殺遇難同胞記念館特別貢献賞 31　真宗大谷派南京平和法要友好訪中団の発足 33　第一三次真宗大谷派南京平和法要友好訪中団 35　南京大虐殺記念館主催の歓迎夕食会 36　一二月一三日、厳戒態勢下の南京大虐殺記念館 37　二〇一五年南京大虐殺犠牲者国家追悼式＝国家公祭 38　南京市宗教局主催の昼食会 44　南京大虐殺記念館・新館 45　世界平和法要 47　燭光祭 50　松下富貴楼日本軍慰安所 52　南京利済巷慰安所旧址陳列館 54　ロサンゼルス南京大災禍時アメリカ人証人史料館の建設を祝う 63　南京大虐殺記念館／江東門万人坑 66　上新河万人坑 72　南京民間抗日戦争博物館 76　南京から上海へ 82　上海淞滬《しょうこ》抗戦記念館 83　帰国 85

第三章　二〇一六年の南京　91
第一四次真宗大谷派南京平和法要友好訪中団
盧溝橋　92　中国友誼促進会招待の晩餐会　94　天津市烈士陵園・在日殉難烈士労工記念館　95　塘沽《とうこ》集中営万人坑　99　南京、普徳寺叢葬地　101　南京大虐殺遇難同胞記念館主催の晩餐会　104　南京大虐殺犠牲者国家公祭　105　南京市宗教局主催の昼食会　109　世界平和法要　110　燭光祭　112　利済巷慰安所旧址陳列館の参観と人権教育基金会主催の昼食会　113　毘盧寺《びるじ》　113　南京民間抗日戦争博物館　117　中国「慰安婦」歴史博物館　119

第二部　雲南

第四章　雲南戦＝滇西《てんせい》抗戦　126
中国・雲南省西部におけるビルマ援蒋《えんしょう》ルートをめぐる戦い
援蒋ルート　126　ビルマ援蒋ルートをめぐる攻防　128　朝鮮の性奴隷被害者・朴永心さん　133

第五章　中国の視点で見る滇西《てんせい》抗戦　136
李枝彩著『実証滇西抗戦』第一部分　滇西抗戦史実考証　137　一．西南後方　抗戦血線　140　二．日本軍の南方侵入　中国の退路を断つ　141　三．滇西（雲南西部）陥落　人民受難　143　四．占領支配に甘んぜず抗争に奮い立つ　144　五．駝峰航路（ハンプ航路）危機を支える　146　六．大軍を集結し再戦に備える　147　七．怒江強行渡江　日本軍包囲　148　八．松山（拉孟）を仰ぎ見て攻略　街道を打開する　149　九．騰沖包囲　日寇《にちこう》殲滅　151　一〇．龍陵を三度《みたび》攻撃　要害を奪回　153　一一．芒市《ぼうし》・畹町《えんちょう》（ワンチン）を掃討、残存日本軍を追撃　154

一二．軍民一心 公路再建 156 一三．歴史の記念碑 世界に永遠に刻まれる 157 李枝彩著『実証滇西抗戦』に見る滇西抗戦 158

第六章 滇西《てんせい》抗戦の激戦地は今どうなっているのか 162

第一節 四川省を歩く 162

「万人坑《まんにんこう》を知る旅」訪中団、中国西南の四川と雲南へ 162 李老師と巡る平和学習と観光の旅 ～四川省と雲南省～ 163 建川《けんせん》博物館集落 164 建川博物館館長「平和のために戦争を収蔵する」 165 建川博物館集落を歩く 169 四川省成都のパンダ園 171 寛窄巷子《かんさくこうし》 172 四川から雲南へ 173

第二節 雲南省を歩く 175

騰冲（騰越） 175 滇西抗戦記念館 176 国殤墓苑 177 和順僑郷（和順古鎮） 181 畳水河瀑布《じょうすいがばくふ》 184 雲南住民の、消えることのない「反日感情」 185 松山（拉孟）から恵通橋へ 188 恵通橋 192 拉孟＝松山陣地 195 龍陵 212 龍陵抗日戦争記念館 213 薫家溝《くんかこう》日本軍慰安所旧址 216 日本軍第五六師団歩兵団司令部跡 222 白塔小学校 224 龍陵から芒市へ 226 芒市の滇西抗日戦争記念碑 226 芒市の日本軍第五六師団司令部跡 230 芒市から騰冲へ 233 来鳳山 234 一九八師団騰冲奪回、戦死将士記念塔 243 騰冲文廟（孔子廟） 245 英国領事館 246 中国は雲南戦をどのように位置づけようとしているのか 249 帰国 254

あとがき 257

第一部　南京

第一章　二〇一四年の南京
南京大虐殺犠牲者に対する初めての国家追悼式（国家公祭）

一．中国第一二期全国人民代表大会常務委員会における決定

二〇一四年二月二七日に、中国の第一二期全国人民代表大会（全人代）常務委員会第七回会議で次の二つの議案が採択された。

一．九月三日を中国人民抗日戦争勝利記念日と明確に定める。毎年九月三日に国は記念行事を行なう。

二．一二月一三日を南京大虐殺犠牲者国家追悼日と定める。毎年一二月一三日に国は公式追悼行事を行ない、南京大虐殺犠牲者および日本帝国主義による中国侵略戦争の期間に日本の侵略者に殺戮された全ての犠牲者に哀悼の意を捧げる。

この二つの議案が採択された第一二期全人代常務委員会第七回会議のおよそ一年と二カ月前になる二〇一二年一二月二六日に安倍晋三首相が率いる第二次安倍内閣が日本で誕生している。それから約八年にわたり安倍首相は絶大な権力を日本で保持し続けることになるが、靖国思想に囚われた歴史改竄《かいざん》主義者の安倍晋三が首相として「君臨」する日本に対する中国の警戒心は半端なものではなかっただろう。当時も、そして今

も《そうだが、》日本による侵略で筆舌に尽くしがたい惨禍を受けた中国人被害者の心の傷は癒えておらず、侵略・加害の事実を認めることすら拒み続ける日本に対し中国は強烈な不信感を持っているのだ。そして、日本が再び侵略する国になる道を突き進むのを許さず警鐘する意味も込めて採択されたのが、二〇一四年二月二七日の全人代常務委員会における二つの決定なのだろう。

それで、全人代常務委員会で採択された二つの決定と、それに対する中国外務省責任者の談話の日本語訳が中華人民共和国駐日本国大使館のホームページに公開されているので、その内容を以下で確認しておこう。(注01)

中国人民抗日戦争勝利記念日の指定に関する決定

二〇一四年二月二七日の中国第一二期全国人民代表大会（全人代）常務委員会第七回会議で採択された、中国人民抗日戦争勝利記念日の指定に関する決定の全文は次の通り。

中国人民の抗日戦争は、中国人民が日本帝国主義による侵略に抵抗した正義の戦争であり、世界の反ファシズム戦争（第二次世界大戦）における重要な構成部分であり、近代以降に中国が外敵の侵攻に立ち向かい初めて完全な勝利を収めた民族解放戦争だった。抗日戦争の勝利は、中華民族が振興に向かう一大転換点となり、民族独立と人民解放の重要な基礎を築いた。中国人民は、世界各国人民が反ファシズム戦争に勝利し世界の平和を勝ち取る偉大な事業に大きく貢献し、そのために民族的犠牲を払った。

中華人民共和国の成立後、中央人民政府政務院と国務院は、一九四五年九月二日に日本政府が降伏文書に調印した日の翌日、即ち九月三日を「九三抗戦勝利記念日」に相次いで指定した。

歴史をしっかりと記憶し、日本帝国主義による侵略に立ち向かった中国人民のこのうえない苦難に満ちた闘争を深く心に刻み、抗日戦争で勇敢に一身を捧げた英烈と抗日戦争の勝利に貢献した全ての人々を偲び、世界の反ファシズム戦争における中国人民の抗日戦争の重要な位置をはっきりと示し、国家主権・領土保全および世界平和を守る中国人民の揺るぎない立場を表し、愛国主義を中核とする偉大な民族精神を広く発揚し、中華民族の大復興という中国の夢を実現させるため全国の各民族人民が共に奮闘するよう励ますため、第一二期全国人民代表大会常務委員会第七回会議は次のように決定する。

九月三日を中国人民抗日戦争勝利記念日に指定する。毎年九月三日に国は記念行事を行なう。

南京大虐殺犠牲者国家追悼日の設置に関する決定

二〇一四年二月二七日の中国第一二期全国人民代表大会（全人代）常務委員会第七回会議で採択された、南京大虐殺犠牲者国家追悼日の設置に関する決定の全文は次の通り。

一九三七年一二月一三日、中国を侵略した日本軍が南京で、我が同胞に対する四〇日余にわたる凄惨な大虐殺を行ない、内外を驚かす南京大虐殺事件を起こし、三〇万人余が惨殺された。これは、人類の文明史における悪逆無道のファッショ暴挙である。国際法に公然と背くこの残虐行為は、動かぬ証拠が山ほどあり、つとに歴史上の結論と法律上の定説になっている。

南京大虐殺の犠牲者と日本軍国主義による中国侵略戦争の期間に惨たらしく殺戮された全ての犠牲者を悼み、日本侵略者の戦争犯罪を暴き、侵略戦争が中国人民と世界人民にもたらした甚大な災禍を銘記し、侵略戦争反対、人類の尊厳と世界の平和の擁護という中国人民の立場を示すため、第一二期全国人民代表大会常務委員会第七回会議は次の通り決定する。

一二月一三日を南京大虐殺犠牲者国家追悼日に指定する。毎年一二月一三日に国は追悼行事を行ない、南京大虐殺の犠牲者と日本軍国主義による中国侵略戦争の期間に惨殺された全ての犠牲者に哀悼の意を捧げる。

全国人民代表大会（全人代）常務委員会で、「中国人民抗日戦争勝利記念日の指定に関する決定」と「南京大虐殺犠牲者国家追悼日の設置に関する決定」が採択されたことに関する中国外務省の責任者の談話

全人代常務委員会は二〇一四年二月二七日に、九月三日を中国人民抗日戦争勝利記念日、一二月一三日を南京大虐殺犠牲者国家追悼日とする決定を採択した。全人代常務委員会が現在の情勢の下でこの決定を採択したことには重要な歴史的・現実的意義がある。

中国人民抗日戦争は、中国人民が日本軍国主義による侵略に抵抗した正義の戦争であり、世界反ファシズム戦争の重要な部分である。第二次世界大戦における東方の主戦場となった抗日戦争の勝利は、中国の民族独立と人民解放を実現し新中国樹立のための重要な基礎を固めただけでなく、世界各国人民が反ファシズム戦争に勝利し世界平和を勝ち取る偉大な事業のために重要な貢献を果たした。中国人民は、そのため、非常に大きな民族的犠牲を払った。

一九四九年の中華人民共和国成立から間もなく中国政府は九月三日を「抗日戦争勝利記念日」に定めている。そして今回、全人代常務委員会の決定として抗日戦争勝利記念日を（明確に）定めたのは、歴史を一層銘記し、抗日戦争の中で英雄的に献身した烈士と抗日戦争勝利のために貢献した人々を思い、国の主権と領土を断固として守り、第二次世界大戦勝利の成果と戦後の国際秩序を断固として守る中国人民の堅固な立場を示すためである。

一九三七年一二月一三日から中国侵略日本軍は南京で凄惨な大虐殺を行ない、三〇万人余の中国同胞を惨殺した。南京大虐殺は、人類文明史上において最も非人道的な良識のかけらもない残虐な犯罪行為の一つだ。この残虐な事件には動かぬ証拠が山ほどあり、歴史的結論と法的定論が既に確定している。

南京大虐殺犠牲者の国家追悼記念日を定めたのは、南京大虐殺の犠牲者と日本軍国主義による中国侵略戦争の期間に日本の侵略者によって惨殺された同胞を追悼し、日本の侵略者による戦争犯罪を明らかにし、侵略戦争に反対し人類の尊厳と歴史の正義を守り世界平和を守る中国人民の確固とした立場を示すためである。

中日は互いに重要な隣国であり、中国政府は中日関係を一貫して重視し、中日間の四つの政治文書を踏まえ、日本との健全かつ安定した関係を発展させることを主張している。そして、指摘すべき点は、侵略の歴史に対する審判を覆し、第二次世界大戦のA級戦犯のお先棒を担ぎ、日本軍国主義に対する国際社会の正義の審判に挑戦し、第二次世界大戦の結果と戦後の国際秩序に挑戦しようと企む勢力が日本国内に長年にわたり常に存在していることだ。中国人民と世界人民はこれを決して許さない。

前のことを忘れず、後の戒めとする。我々が歴史の銘記を強調するのは、歴史を鑑とし、未来に目を向け、歴史の惨劇の再演を避けるためである。我々は日本の指導者に、歴史に対し、人民に対し、未来に対し高度に責任を負う態度で歴史を確実に直視し、真剣に反省して誤りを正し、これまでのやり方を改めるよう促す。

中国駐日本大使館のホームページに掲載されている第一二期全人代常務委員会の決定に関わる文書は以上だが、中国外務省責任者の談話の後半で、「指摘すべき点は、侵略の歴史に対する審判を覆し……日本軍国主義に対する国際社会の正義の審判に……挑戦しようと企む勢力が日本国内に長年にわたり常に存在していることだ。中国人民と世界人民はこれを決して許さない。……我々は日本の指導者に……歴史を確実に直視し、真剣に反省して誤りを正し、これまでのやり方を改めるよう促す」と指摘していることを日本人は真摯に受け止めねばならない。

二．抗日戦争勝利記念日

二〇一四年の抗日戦争勝利記念日

二〇一四年二月二七日の全人代常務委員会による決定に基づき抗日戦争勝利を記念する初めての式典が、北京市郊外の盧溝橋にある中国人民抗日戦争記念館で同年九月三日に開催された。この式典には、習近平国家主席ら中国共産党中央政治局常務委員七名全員に加え退役軍人や学生や兵士らが参列している。そして、式典では、抗日戦争の犠牲者らに花が捧げられ、その様子は、国営のテレビやラジオを通して中国全土に中継された。

安倍首相の靖国神社参拝や集団的自衛権の行使容認などをめぐり日本が右傾化していると繰り返し批判している中国政府は、抗日戦争勝利記念日の式典を通して日本に対する厳しい世論を盛り上げようとしているとも思われるが、抗日戦争記念館の前で挙行された式典では習近平主席は演説を行なわなかった。この年の一一月に北京で開催されるアジア太平洋経済協力会議（ＡＰＥＣ）首脳会議に安倍首相の出席が予定されているので、日中関係に対し一定の配慮を見せたのではないかと考えられているようだ。

しかし、式典に続けて開催された「座談会」に中央政治局常務委員七名全員が出席し、日本を激しく批判する習近平主席の重要講話が行なわれた。そして、中国国営通信は、「日本が過去の軍事侵略の歴史を否定・歪曲したり軍国主義に回帰することを中国は決して容認しない」とする習近平主席の発言を報じている。

二〇一五年の抗日戦争勝利記念日

全人代常務委員会による決定に基づき抗日戦争勝利を記念する二回目の式典は二〇一五年九月三日に北京の天安門広場で挙行された。その式典は、二〇一二年一一月の中国共産党第十八回全国代表大会において習近平現国家主席が中国共産党中央委員会総書記と中国共産党中央軍事委員会主席に就任して以降に行なわれる最初の大規模な祝賀行事であることから、日本を除く全てのG7会員国の代表者ら三〇カ国の首脳と政府関係者らが参列している。

そして、同じ年にロシアのモスクワで行なわれた対ドイツ戦勝記念式典への返礼という意味合いもあり、中国最高指導者の習近平主席の右隣に、モスクワの式典における習近平主席と同じようにロシアのウラジーミル＝プーチン大統領が並んだ。さらにその隣に大韓民国の朴槿恵大統領が並び、また、習近平主席の左隣には、前任の中国共産党総書記である江沢民と胡錦濤ら中国共産党の元老や幹部が並んだ。

習近平主席は式典の冒頭のあいさつで、日本による侵略に対し強く絶え間なく戦った中国の人民を称えると同時に、人民解放軍の人員を将来的に三〇万人削減すると表明し、中国は今後も平和的発展に力を入れていくと述べた。そして、いかに力をつけようと覇権や拡大を中国は決して意図しないし、中国が過去に経験した苦しみを他の国に強いるようなことは決してしないと約束した。この式典で習近平主席は、最長老の宋平やかつての江沢民や胡錦濤と同じ黒生地の人民服を着用し、体制の連続性を誇示している。

さらに、天安門広場で挙行された式典では大規模な閲兵式（軍事パレード）も実施され、人民解放軍兵士一万二〇〇〇人が参加している。そして、戦車やミサイルと共に人民解放軍兵士が天安門広場を行進し、航空機二〇〇機も参加した。中国国営通信によると、この閲兵式（軍事パレード）に登場した兵器の八割は世界に初めて公開されるものだ。

それで、その頃の中国では、閲兵式（軍事パレード）は一〇年に一度、建国記念日（一〇月一日）に実施されることがほぼ慣例になっていたので、次の閲兵式は二〇一九年の建国記念日に行なわれると思われていた。それが、抗日戦争勝利七〇周年となる二〇一五年に前倒しされ、さらに、建国記念日の一〇月一日ではなく抗日戦争勝利記念日の九月三日に実施されたのだ。中国が抗日戦争勝利記念日を閲兵式（軍事パレード）という形式で祝うのはこの時が初めてのことになる。

三．南京大虐殺犠牲者国家追悼日

一九三七年一二月一三日は、中国に対する全面侵略を開始していた日本（日本軍）が南京城に突入した日であり、（中国では）日本軍が南京大虐殺を始めた日とされている。そして南京では、南京大虐殺の犠牲者を追悼する式典が南京市と江蘇省の主管で一九九三年から毎年一二月一三日に南京大虐殺記念館で開催されてきた。

しかし、二〇一四年二月二七日の全人代常務委員会の決定により一二月一三日が南京大虐殺犠牲者国家追悼日に指定され、毎年一二月一三日に国が追悼行事を行ない、南京大虐殺の犠牲者と日本軍国主義による中国侵略戦争の期間に殺戮された全ての犠牲者に哀悼の意を捧げることとされた。つまり、地方政府が主管し毎年一二月一三日に開催されてきた追悼式典が、二〇一四年から、国が主管する国家公祭に変更（格上げ）されるのだ。南京大虐殺犠牲者と遺族や幸存者にとっては大きな嬉しい変化ということになるのだろう。（注02）

この決定を受け、その年（二〇一四年）の一二月一三日に、国が主管する、南京大虐殺の犠牲者らに対する追悼式典・国家公祭が南京で初めて挙行された。その様子を人民網日本語版は一二月一三日付で次のよう

に報じている。（注03）

習近平主席、南京大虐殺犠牲者国家追悼式典で重要演説

一二月一三日は、南京大虐殺の犠牲者を悼む初めての国家追悼日だ。同日の午前一〇時から南京大虐殺遭難同胞記念館で国家追悼式典（国家公祭）が挙行された。式典には、中国共産党中央委員会総書記・国家主席・中央軍事委員会主席の習近平氏が出席し重要演説を行なった。人民網（中国国内版）が伝えた（習主席演説の）主な内容は次の通り。

本日この場所で私たちは、南京大虐殺の犠牲者を悼む国家追悼式典を挙行し、無辜の犠牲者を追悼し、日本軍に殺戮された全ての同胞を追悼し、中国国民の抗日戦争の勝利に命がけで貢献した革命の烈士と民族の英雄たちを追悼し、平和発展の道を歩もうとする中国国民の揺らぐことのない崇高な願いを表明し、中国国民の歴史を胸に刻み、過去を忘れず平和を大切にし未来を切り開く揺るぎない立場を宣言する。

歴史は時代の変遷によって改変されるものではなく、事実は巧言やごまかしで消滅するものではない。南京大虐殺という悲痛の出来事には確実な証拠が山のようにあり、（史実を）改竄《かいざん》することはできない。南京大虐殺という悲痛の事実を認めない人がいるなら、それがどのような人であれ歴史に否定され、三〇万人におよぶ無辜の犠牲者たちの魂に否定され、一三億の中国国民に否定され、平和と正義を愛する世界中の人々に否定されることになる。

歴史が我々に教えてくれるのは、平和は勝ち取るべきものであるということであり、平和は守るべきものであるということだ。人々が平和を大切にし平和を守ろうとする時にだけ、そして、戦争の痛ましい教訓を人々が読みとろうとする時にだけ、平和の実現に向けて希望を抱くことが可能になる。

我々が南京大虐殺の犠牲者のために国家追悼式を行なうのは、平和を願い平和を守る気持ちを善良な全ての人々に持ってほしいからであり、過去の恨みを引き延ばすためではない。中日両国国民は子々孫々に至るまで友好関係を保ち、歴史を鏡とし、人類の平和のために未来志向で共に貢献していかなくてはならない。

(編集KS、人民網日本語版二〇一四年一二月一三日)

二〇一四年一二月一三日に挙行された初めての南京大虐殺犠牲者国家追悼日の式典・国家公祭に中国最高指導者の習近平主席が参列して自ら演説し、中国政府の意志を明確に示したのだ。習近平主席が自ら行なった演説はとても重要なので、その全文を以下で確認しておこう。

習近平主席演説(注04)(全文)

同胞の皆さん、同志の皆さん、友人の皆さん

本日ここで我々は南京大虐殺犠牲者国家追悼式典を厳かに執り行ない、南京大虐殺の無辜の犠牲者を偲び、日本侵略者に殺戮された全ての同胞を偲び、中国人民の抗日戦争の勝利のため命を捧げた革命烈士と民族英雄を偲ぶため、そして、平和的な発展への道を揺るぎなく歩む中国人民の崇高な願いを表明し、歴史を銘記し過去を忘れず平和を大切にして未来を切り開こうという中国人民の確固たる立場を示すためここに集まった。

一九三七年七月七日、日本侵略者は全面的な中国侵略戦争を無謀にも引き起こし、古今未曾有の一大惨禍を中国人民にもたらした。中国の都市や農村に戦火が広まり硝煙が立ち込め、中国人民は塗炭の苦しみをなめ、中国の大地は血に染まり、人間の屍が山野に溢れた。

一九三七年一二月一三日、中国侵略日本軍は野蛮にも南京に侵攻し、むごたらしい南京大虐殺事件を引き起こした。三〇万もの同胞が惨殺され、無数の女性が蹂躙・殺害され、無数の子どもがあたら命を落とし、三分の一の建物が破壊され、大量の金品が略奪された。日本軍が作り出した非人間的なこの大虐殺事件は、第二次世界大戦における「三大惨事」の一つであり、反人類の驚くべき犯罪行為として人類の歴史における暗黒の一ページとなっている。

感動を覚えるのは、あの血なまぐさい南京大虐殺の日々に、我々の同胞が互いに助け合い支援しあい、世界の多くの友人が危険を冒してそれぞれの方法で南京の民衆を保護するとともに日本侵略者の犯罪行為を記録したことだ。その中に、ドイツのジョン＝ラーベ、デンマークのベルンハルト＝シンドバーグ、アメリカのジョン＝マギーらがいる。彼らの人道精神と献身的義挙を中国人民は永遠に忘れることはない。

日本侵略者が引き起こした南京大虐殺事件は世界を震撼させ、全ての良識ある人々を驚かせた。第二次世界大戦の勝利のあと、極東国際軍事法廷と中国の戦犯軍事法廷は南京大虐殺事件について共に調査を行ない、法律に基づいて事件の性格を決め、そして結論を出した。中国人民の血で両手を染めた多くの日本人戦犯が法律と正当な審判によって厳罰を受け、歴史のさらし台に永遠にさらされた。

時代の変遷によって歴史が変わることはなく、巧妙な言葉や言い逃れによって史実を揉み消すことは出来ない。南京大虐殺事件には動かぬ鉄証（証拠）が山ほどあり、改竄《かいざん》されることを許さない。南京大虐殺という史実を如何《いか》なる者が否定しようとしても歴史はそれを許さず、罪のない三〇万の犠牲者はそれを許さず、一三億の中国人民はそれを許さず、平和と正義を愛する世界の全ての人民もそれを許さない。

中国人民と中華民族は共謀を恐れず、敵に圧倒されることなく全ての敵を巍然《ぎぜん》と圧倒する英雄的気概を古《いにしえ》から持っている。野蛮極まりなく残虐極まりない日本侵略者を前にして、偉大な愛国主義精神を持つ中国人民は屈することなく侵略者と最後まで戦い抜く空前の闘志を燃やし、抗日救国の必勝の信念を固めた。そして、中国共産党の呼びかけと指導の下、全民族のさまざまな積極的勢力の共同行動の下で共通の敵に共に立ち向かい、死を恐れず、前へ前へと外敵と戦った。

中国人民は、三五〇〇万人の死傷という大きな代価を払い、この上ない苦難に満ちた八年間にわたる血みどろの奮戦を経て生命と鮮血によって日本侵略者を打ち負かし、中国人民の抗日戦争の偉大な勝利を勝ち取るのと同時に、世界の反ファシズム戦争の勝利にも重要な貢献を果たした。

中国人民の抗日戦争の勝利は、外国からの侵略に対し中華民族が不撓不屈《ふとうふくつ》に抵抗した壮麗な叙事詩を書き記し、近代以降何度も外来侵略を受けた民族の恥を徹底的に濯《そそ》ぎ、中華民族の自信と誇りを大いに高めた。そして、中国共産党の指導の下で、民族復興実現の正しい道を中国人民が切り開くための重要な基盤をつくった。

同胞の皆さん、同志の皆さん、友人の皆さん

古来、平和は、人類の最も恒久的な悲願である。平和は陽光のように温かく、雨露のように潤《うるお》すものである。万物は、陽光と雨露があって初めてすくすくと成長する。人類は、平和と安定があって初めて、自分の夢をよりよく実現させることができる。

平和は勝ち取るものであり、平和を守る必要があることを歴史は我々に教えている。だれもが平和を大切にし平和を守ってこそ、そして、だれもが戦争の痛ましい教訓を汲み取ってこそ初めて平和への希望が見えてくるのである。

我々が南京大虐殺犠牲者のために国家追悼式を行なうのは、平和への憧れと平和を守る執念を全ての善良

な人々に呼び起こさせるためであり、恨みを持ち続けるためではない。我々は、侵略戦争を起こした少数の軍国主義者のせいでその民族全体を憎んではならない。戦争責任は少数の軍国主義者にあるのであり、其の国民にあるのではない。中日両国人民は代々友好を続け、歴史を鑑《かがみ》として未来に向かい、人類の平和に共に貢献すべきである。

歴史を忘れることは裏切り行為であり、犯罪責任を言い逃れることは別の罪を再び犯すことを意味している。人々は、侵略者が犯した重大な犯罪行為をいかなる時にも忘れてはならない。侵略戦争の歴史を顧みない全ての振る舞いや侵略戦争の性質を美化するあらゆる言動は、いくら繰り返されても、どんなにもっともらしく言い張ったとしても、その全てが人類の平和と正義を害するものであることを認識しなければならない。これらの誤った言動に対し、平和と正義を愛する人々は大いに警戒し断固反対しなければならない。

同胞の皆さん、同志の皆さん、友人の皆さん

「今を疑う者はこれを古に察し、未来を知らざる者はこれを往に視る」（参考1）というが、近代以降の一〇〇年余の間に幾多の戦争の苦難を経験してきた中国人民は平和の大切さをよく知っている。弱肉強食は人類共存の道ではなく、好戦的で武力を濫用《らんよう》することは人類の平和の計ではない。戦争ではなく平和、敵対ではなく協力こそが、人類社会の進歩のための永遠の課題なのである。

先ほど、南京大虐殺犠牲者国家追悼鼎《かなえ》の除幕を厳かに挙行した。我々がこの鼎《かなえ》（参考2）を設置したのは、「昭昭前事、惕惕後人」（過去のことを明らかにし、後世の人を戒める）・「永矢弗諼、祈願和平」（永遠に銘記し、平和を祈願する）という願いを世界の人々に発信するために他ならない。

南京大虐殺事件で不幸にも命を落とした同胞たち、日本による中国侵略戦争で不幸にも亡くなった同胞た

ち、近代以降に外来侵略者と戦い犠牲になった全ての同胞たち、民族の独立や人民の解放と国家の富強や人民の幸福をめざす偉大な闘争のために勇敢に一身を捧げた同胞たちに、この時間とこの場所で報告したい。

今日の中国は、人民の平和な暮らしを守り抜く能力を持つ強大国に既になっており、中華民族が諸外国により分割されさんざん侮られた時代は過去のものになった。今、中国人民は奮い立ち、中国の特色ある社会主義の道に沿い「二つの百年」の努力目標（参考3）を実現するため、中華民族の大いなる復興という中国の夢を実現するため奮闘している。中華民族の前途はこの上なく栄光に満ちている。

また、ここで、中国人民は国際社会に厳かに表明する。今日の中国は、世界平和の断固たる提唱者であり強力な守り手でもある。中国人民は、人類の平和と発展のための崇高な事業を揺るぎなく守っていく。そして、各国人民と真心を込めて結束し、恒久平和と共同繁栄の世界を構築するために手を携えて努力する。

（参考1）「管子・情勢」より。

今の事について疑問があるなら歴史を振り返ればよい、未来について分からなければ過去の事をよく見ればよいという意味。

（参考2）鼎（かなえ、てい）。

中国古代の器物の一種。土器あるいは青銅器であり、龍山文化期に登場し漢代まで用いられた。なべ型の胴体に中空の足が通常は三本付くが、殷代中期から西周代期にかけて、箱型の胴体に四本足が付く方鼎というものも出現した。もともと鼎は、肉や魚や穀物を煮炊きする土器として作られたが、宗廟において祖先神を祀る際にいけにえの肉を煮るために用いられたことから礼器の地位に高められた。また、精巧に作られた青銅器の鼎は、国家の君主や大臣らの権力の象徴としても用いられた。

（参考3）：「二つの百年」の努力目標。

中国共産党第一八回全国代表大会（党大会）は、小康社会の全面的達成と社会主義現代化の迅速な推進を目指す青写真を描き、「二つの一〇〇年」の努力目標に向かって邁進するという呼び掛けを提起した。その努力目標は、次の二つの段階を経て達成するとしている。まず、中国共産党創立一〇〇年に当たる二〇二一年に小康社会建設を達成し、国内総生産と都市・農村部住民の所得を二〇一〇年比で倍増する。次に、中華人民共和国の成立一〇〇年を迎える二〇四九年に、富強・民主・文明・調和をかなえる社会主義現代国家の建設を達成し中等先進国の水準に達する。

戦争責任は少数の軍国主義者にある

二〇一四年一二月一三日に挙行された南京大虐殺犠牲者国家追悼式典（国家公祭）で行なわれた習近平主席の演説の全文を前段で紹介した。その演説の中で習近平主席は、「時代の変遷によって歴史が変わることはなく、巧妙な言葉や言い逃れによって史実を揉み消すことは出来ない。南京大虐殺事件には動かぬ鉄証（証拠）が山ほどあり、改竄《かいざん》されることを許さない。南京大虐殺という史実を如何《いか》なる者が否定しようとしても歴史はそれを許さず、罪のない三〇万の犠牲者はそれを許さず、一三億の中国人民はそれを許さず、平和と正義を愛する世界の全ての人民もそれを許さない」と指摘している。

この指摘は、侵略・加害の史実を認めることすら拒み続ける日本に対して、とりわけ、靖国思想に囚われた歴史改竄《かいざん》主義者の安倍晋三が首相として君臨する日本の「政権」に対してなされたものと受け止めざるを得ないだろう。そして、日本による加害の歴史に向き合わない安倍政権の成立と存続を許している私たち日本人は、習近平主席のこの指摘を真摯に受け止めなければならない。

一方で習近平主席は、「我々（中国の人々）は、侵略戦争を起こした少数の軍国主義者のせいでその民族全体を憎んではならない。戦争責任は少数の軍国主義者にあるのであり、其の国民にあるのではない」とも指摘している。この指摘にある考え方や言葉は、私と私の仲間たちが中国を訪れ一般の普通の中国の人たちと話していると、その誰もが口にする考え方であり言葉なのだ。そして、ほとんどの中国人が、「日本の人々は、私たち中国人と同じように侵略戦争の被害者なんですよね」と言葉を続ける。

このこと、つまり、戦争（侵略）の責任は天皇を頂点とする日本の指導者にあり日本国民は中国国民と同じように被害者であるという考え方が、中国では、国の指導者から普通の一般の庶民に至るまで徹底して共有されているのだ。これが、日中間の歴史に対する中国の考え方であり、さまざまな教育を通して広く中国国民に徹底されているのだ。だから、日本の歴史改竄主義者たちが好んで用い多くのマスコミが無責任に追従して用いる「反日教育」という事実を無視した言葉に私たちは惑わされてはならず、それを排除しなければならない。

四．南京大虐殺犠牲者国家追悼日を実現させた朱成山館長

一二月一三日を南京大虐殺犠牲者国家追悼日として指定させるため最も心血を注いできた人たちのうちの一人が、南京大虐殺遇難同胞記念館の館長を一九九三年から二〇年以上も務めている朱成山《しゅせいさん》さんなのだろうと思う。そして、一二月一三日が国家追悼日として指定されたことを、南京大虐殺の幸存者や犠牲者の遺族らと共に最も喜んでいる人たちのうちの一人が朱成山さんなのだろう。その朱成山さんについて、この節で簡単に紹介しておきたい。

まず、朱成山さんが館長を務めている南京大虐殺記念館の正式名称は侵華日軍南京大虐殺遇難同胞記念館であり、名称の冒頭にある「侵華日軍」は中国を侵略する日本軍のことを指している。そして、この記念館は、中国の抗日戦争勝利から四十周年になる一九八五年の八月一五日に開館している。つまり、中国の抗日

戦争勝利あるいは新中国＝中華人民共和国の建国時やそれ以降の早い段階から存在しているのではなく、一九八二年に国際問題化した日本の「教科書問題」[注05]により、中国をはじめとするアジアの国々また人々が日本政府の歴史認識に対し不信の念を抱いたことが発端となり、その結果として南京大虐殺記念館が開設されたという経緯がある。

さて、一九五四年七月に南京で生まれた朱成山さんは、一九七〇年に人民解放軍に入隊し、一九九〇年に除隊するまで主に宣伝教育活動を担当する。そのあと、南京市共産党委員会で宣伝部の仕事を二年ほど務めた。そして、一九九二年五月に南京大虐殺遇難同胞記念館に異動になり、翌年の一九九三年に館長に就任している。

南京大虐殺記念館の館長に就任した朱成山さんは、一九九三年八月に日本に行き広島と長崎を訪れ、原爆犠牲者に対する追悼式典を目の当たりにする。八月六日に広島で、そして八月九日に長崎で、犠牲者の遺族や市民らと共に日本の首相と衆参両院の議長や各政党の代表らが参列し原爆犠牲者の追悼式典が挙行される様子を直接見た朱成山さんは非常に大きな感銘と啓発を受けたとのことだ。当時の中国には、抗日戦争の犠牲者に対する広島や長崎のような追悼式典は無かった。日本の侵略責任（戦争責任）を糾弾すると見られかねないような行事や式典などは、日中関係に影響を与える敏感な問題だと中国では考えられていたようだ。

南京に戻った朱成山さんは、広島や長崎で見たことを関係者に早速伝え、江蘇省と南京市の対外部門に積極的に働きかけた。その結果、南京大虐殺犠牲者に対する初めての追悼式典がその年の一二月一三日に開催されることになる。そして挙行された一回目の南京大虐殺犠牲者追悼式典への参列者は六〇〇名ほどだったが、南京市内に防空警報を響き渡らせたので、多くの市民の関心を集めることになった。

こうして、南京大虐殺犠牲者に対する追悼式典が一九九三年から南京大虐殺記念館で開催されるようになったが、その六年後には東北（旧満州）の瀋陽でも、九月一八日に南京と同じように防空警報を鳴り響かせ追悼式典が開催されるようになる。その瀋陽は、「満州事変」（九・一八事変）の発端となる柳条湖事件が引き起こされた町であり、柳条湖事件の現場に九・一八歴史博物館が開設されている。

こうした流れが、二〇一四年二月の全人代常務委員会で南京大虐殺犠牲者国家追悼日が設定されることにつながり、同年一二月一三日に迎える初めての国家追悼日に南京大虐殺遇難同胞記念館で、習近平主席が参列する国家公祭が挙行されたのだ。原爆犠牲者に対する広島と長崎の追悼式典に突き動かされた朱成山さんの働きかけと活躍が見事に実を結んだということになる。

その朱成山さんを、二回目の南京大虐殺犠牲者国家追悼日を迎える前（二〇一五年初秋？）に取材した申《しん》涼《りょう》さんの報告が『天下華人』誌に掲載されているので、その一部(注06)をここで見ておこう。

三〇万犠牲同胞の魂の守り人を務め、国家追悼日を実現させた。これは、犠牲者に対する私（朱成山さん）からの最も嬉しい報告だ。

二〇一四年二月二七日、第一二期全国人代常委会（全国人民代表大会常務委員会）第七回会議は「南京大虐殺犠牲者国家追悼日の設立に関する決定」を審議し可決した。これは、我が国（中国）が国家立法の形式により一二月一三日を国家追悼日として制定したことを意味する。この瞬間を南京の人々は既に二〇年も待ち続け、朱成山は二〇年も奔走してきた。

朱成山は、この知らせを最も早く知った人たちのうちの一人だ。そして、朱成山がまず想ったことは、南京大虐殺犠牲者（幸存者）に早く知らせねばならないということだ。「幸存者は皆とても高齢であり、健在な人はわずか一〇〇名余くらいだ。立法形式により国家追悼日が設立（制定）されたことは、生存している幸存者と犠牲者の遺族にとって極めて大きな精神的慰めです」。

「この日のために、とても多くの人々が、それぞれにたゆまぬ努力をしてきた」。朱成山は感慨にふける。全国政協常委（全国政治協商会議常務委員）の趙龍と全国人代代表（全国人民代表大会代表）の鄒建平《すうけんぺい》に依頼し両会（全国政治協商会議と全国人民代表大会）で提案を行なってから、新華社（中国の国営通信社＝新華社通信）の記者に「内部参考」を執筆してもらうまで、さらに、全国人代法工委（全国人民代表大会法制工作委員会）に自ら参加し国家追悼日設定法案の起草・修正を行なうまで、すなわち、着想を得てから実施にこぎつけるまでのあいだ、朱成山が気を緩めることは一時たりともなかった。

南京大虐殺は南京の痛みであり、民族の痛みであり、全ての中国人民にとって振り払うことのできない血の色の悪夢であり、人類文明史上における悲痛の一ページでもある。しかし、もちろん、そのような暗黒の歴史を捨て（忘れ）去る権利は私たちの誰にもない。当時を振り返るのが辛ければ辛いほど一層銘記しなければならない。「南京の悼みは、当然、民族の悼みでもある」。朱成山には、南京大虐殺犠牲者国家追悼日の制定は、三〇万の犠牲同胞にとって最も好ましい慰めであり、平和にあこがれ平和を守ることを全ての善良な人々に呼びかけるものである。

私は習近平総書記に七二分間報告し説明した。

国家追悼日の儀式（国家公祭）を南京大虐殺遇難同胞記念館で挙行するための組織や準備の仕事は他の誰にも任すことはできず、責任は朱成山の肩にのしかかる。朱成山は夜も昼もなく多忙を極め、毎日十数時間も働いた。ある時は、救心丸の服用に頼るまでして何とか持ちこたえた。

二〇一四年一二月一二日の夜、すなわち初めての国家追悼日の前夜は、朱成山にとっては眠れない夜だ。

（人民解放軍から）転籍し南京大虐殺遇難同胞記念館に赴任してからは、三〇万の犠牲同胞の魂を守るため（通夜のため）毎年一二月一二日を朱成山はいつも記念館内で過ごしてきた。しかし、（二〇一四年の）その夜は、朱成山にとってはいつもと異なる意義を持っていた。初めての国家追悼日の儀式（国家公祭）を滞りなく挙行するため夜中の二時過ぎまで朱成山は仕事に追われ、それからようやく服を着たまま少しウトウトする。そして、五時過ぎには起床し、最後にもう一度、全てが上手く軌道に乗っているかどうかを確認した。

二〇一四年一二月一三日は、朱成山にとって永遠に忘れ難い一日だ。既に一年近く前のことになるが、一つ一つの細かいことも朱成山には今もなおはっきりと目に浮かぶ。

天も味方した。天気はこの上なく晴朗であり、深紅の太陽が温かく身体を照らし、真冬の寒さを人々に全く感じさせない。七時ちょうどに中国国歌が高らかに響き渡り、五星紅旗（中国の国旗）が二二・五メートルの頂点までゆっくりと昇ったあと、またゆっくりと一五メートルの位置まで降りる。これは、南京大虐殺の犠牲者と日本による中国侵略の期間に死亡した全ての犠牲者に対する祭祀《さいし》における中華人民共和国の当初からの半旗の形式である。

各国の駐中国使節団、中国と日本と韓国の僧侶、アメリカやロシアやデンマークや韓国などの国家的博物館および国際友好人士の代表、（中国）国内抗戦関連記念館館長の代表、抗戦老兵士および南京大虐殺の幸存者と犠牲者の遺族の代表ら、さらに南京市社会の各界人士ら約一万人が（南京大虐殺記念館内にある）国家公祭広場に一堂に集まり、初めての国家公祭の神聖・厳粛・静粛な時が来るのを待っている。

習近平総書記が入場する。「私が記念館館長であることが分かると、習総書記は私に向かってうなずき、大きな手を私の方に差し出す。私は感激し、すぐに両手で領袖の手を握る。それは、比べるものがないほど温かい両手だ。温かいものが私の全身に即座に流れ広がる」。この話をするとき、朱成山の目が潤む。

国家公祭の儀式が終了したあと、習近平総書記は記念館に入場し館内を参観する。そして、当初は四五分だった参観予定が七二分に延び、朱成山は全ての行程を案内し説明した。習総書記は参観中にしばしば足を止め質問する。朱成山は、数え切れないほどの国内外の政界の要人に二〇年以上も説明してきたが、「習総書記は、私が対応した（客人の）中で最も多く質問し、最も専門的な参観者だった」と心から感嘆する。「参観する間に習総書記は六八の問題を前後して私に質問し、私は全てに適切に回答した。この時の『重要試験』に見事に合格したと言える。もし採点するとすれば、九〇点を付けることができる」。

初めての国家公祭を成功させたことは、朱成山の人生において最良の出来事となった。「これは、私のこの人生で最も誇らしい出来事だ」と朱成山は話す。

朱成山館長は、あらゆる方法を使って国家追悼日設定を実現させた

『天下華人』誌に掲載された申凉さんの記事（報告）の引用は前段までで区切るが、南京大虐殺犠牲者追悼式典の国家公祭化（国家追悼日設定）の要望が両会（全国政治協商会議と全国人民代表大会）に提案されたのは二〇一二年三月のことであり、それから二年間にわたり「法案」の起草・修改（修正）が行なわれ、二〇一四年二月二七日に提案が採択されている。それで、国家追悼日設定に関する提案が全人代で採択されるまでの過程について少し説明しておきたい。

まず、南京大虐殺遇難同胞記念館は南京市が所管する記念館であり、国家級の式典を南京市が「招致」する前例が少なく、国家追悼日設定の提案を中央政府にどのようにして届けるのかが最初の難題になる。この最初の難題については、南京市政府と江蘇省政府の長（トップ）の了承を取りつけ、全国政治協商会議常務委員の趙龍氏と全国人民代表大会代表の鄒建平《すうけんぺい》氏の協力を得て、政治協商会議と人民代表大会の全国会議に

国家追悼日設定の提案を南京市代表提案として提出することができた。

しかし、次の問題は、全国各地から提出される代表提案の数が非常に多いので、両会（全人代と全国政協）で採択される提案は一部に過ぎないことだ。南京大虐殺犠牲者追悼式典の国家公祭化という課題に対し南京では随分前から準備が進められてきたが、北京をはじめとする中央や全国の党員にはまだまだ浸透しておらず、南京からの提案を認知してもらうことが必要かつ重要になる。

そこで、中央の指導者や党員に南京の要望を届けるため、新華社の「内部参考」に南京からの提案を記事にして掲載してもらい、党内での理解を進めることも実現させた。ちなみに「内部参考」というのは、中国共産党内の幹部やその家族が読む日刊の情報紙であり、新華社が発行している。そうして、さまざまな情報宣伝活動を通して関心を持つ人が上層部の中に何人か出てくれれば、南京からの提案を受け止める雰囲気ができてきて両会の責任者がその重要性を認識し、実施・採択の機運が高まることになる。つまり、問題や運動を共産党内に認知させることで党の政策決定に影響を与えようとしたのだ。

そして最後は、朱成山さんが全人代法制工作委員会に自ら参加して法案の検討に加わり、実施案を固め法律を作成したということになる。南京大虐殺記念館の職員で日本語通訳担当として活躍し朱成山館長を支えている芦鵬さんは、「この間、朱成山館長は、上層部の指導者と自ら接触して説得するなど、あらゆる方法を使って国家追悼日設定を実現させたと結論できる」と振り返る。

第一章　注記

（注01）分かり易く、かつ違和感のない日本語の文章にするため、内容を全く変更しない範囲で原文（日本語文）の

語句などを少しだけ変更している。

（注02）南京大虐殺などの殺戮において殺害を免れ生き延びることができた人（生存者）を中国では幸存者という。

（注03）原文（日本語文）の意味を変えない範囲で一部の語句などを変更している。

（注04）第二章で説明する第一三次真宗大谷派南京平和法要友好訪中団の資料（非売品）に掲載されている人民網日本語版の記事に依拠し、原文（日本語文）から意味を変えない範囲で字句などを変更している。

（注05）文部省（現文部科学省）が教科書検定で「侵略」を「進出」に書き換えるなど歴史を歪曲し日本の侵略行為を正当化しようとしたことが一九八二年に国際問題に発展し、中国や韓国をはじめとするアジア諸国から厳しく批判され激しい抗議を受けた。

（注06）『天下華人２０１５秋期特刊』天下華人雑誌社、二〇一五年一〇月二五日発行、四一ページ。原文は中国語、青木訳

第二章　二〇一五年の南京
第一三次真宗大谷派南京平和法要友好訪中団

南京大虐殺遇難同胞記念館特別貢献賞

二〇一四年二月二七日に開催された中国の第一二期全国人民代表大会（全人代）常務委員会第七回会議で、「一二月一三日を南京大虐殺犠牲者国家追悼日と定める。毎年一二月一三日に国は公式追悼行事を行ない、南京大虐殺犠牲者および日本帝国主義による中国侵略戦争の期間に日本の侵略者に殺戮された全ての犠牲者に哀悼の意を捧げる」という議案が採択された。全人代におけるこの決定に基づき、同年一二月一三日に迎える初めての南京大虐殺犠牲者国家追悼日に、習近平国家主席が参列する初めての国家公祭が南京大虐殺遇難同胞記念館で挙行されることになったことは第一章で既に記した。

それで、二〇一四年一二月一三日に挙行されることになった初めての国家公祭に先立ち、「南京大虐殺遇難同胞記念館特別貢献賞」が一二月九日に中国国内外の一一人に贈呈されている。受賞者の一一人それぞれが、南京大虐殺の史実を広く伝え記念館の発展に卓越した貢献をしたとして表彰されたのだが、そのうちの一人である山内小夜子さんは一一人の受賞者の中で唯一の日本人だ。その山内小夜子さんのことを中国網日

本語版（チャイナネット）は二〇一四年一二月一〇日付で次のように報じている。（注01）

山内小夜子さん、「南京大虐殺記念館特別貢献賞」を受賞

（二〇一四年）一二月九日午前、中国国内外の一一人に「南京大虐殺遇難同胞記念館特別貢献賞」が授与された。彼らは、それぞれの方法で南京大虐殺の史実を伝え、記念館の発展に大きく貢献した。「南京日報」が伝えた。

山内小夜子さんは、京都にある真宗大谷派（東本願寺）教学研究所の研究員で、受賞者一一人の中で唯一の日本人である。七七年前、彼女の祖父は、南京進攻時の日本兵の一人だった。彼女は、日本による侵略の歴史の真相を長期にわたって伝え、靖国神社を参拝した二人の首相に対し訴訟を起こした。

特別貢献賞を受賞したことについて山内さんは「とても嬉しく、重く受け止めている」と述べた。また、「南京大虐殺遇難同胞記念館は、中国人にとって非常に重要な場所であるだけでなく、日本人にとっても重要な場所である。本来、日本に、侵略戦争を反省する陳列館や記念館を作るべきだが、まだそこまで来ていない。ここ（南京大虐殺記念館）でないと、当時の本当の歴史を感じることができない」と話した。

山内さんは、安倍首相による靖国神社参拝を日本の民間団体と共に提訴している。彼女によると、賛同者には、祖父が侵略戦争の参加者や経験者だったという共通点がある。日本の民間団体の努力について山内さんは「水が集まれば川になり、川が集まれば海になる。民間の力は、短期間で見れば弱いものだが永遠に巨大なものである。いつか民間の力は、日本政府に歴史を正しく認識させるに違いない」と語った。

山内さんは、今後も、中国の特に日本による侵略を受けた都市の戦争の遺跡を訪ね、真相を元に戻し、当時の本当の歴史を日本人に伝えることを目標にしている。「このわずかな私の行動が中国の人たちの慰めに

少しでもなると嬉しい。中国と日本の人たちがもっと友好的になることが最大の望みだ」と話した。

中国網日本語版　二〇一四年一二月一〇日

初めて迎える南京大虐殺犠牲者国家追悼日に合わせて授与された二〇一四年の「南京大虐殺記念館特別貢献賞」は特に大きな意味を持つのだと思う。

真宗大谷派南京平和法要友好訪中団の発足

二〇一四年に「南京大虐殺遇難同胞記念館特別貢献賞」を授与された山内小夜子さんは真宗大谷派（本山は京都にある東本願寺）教学研究所の研究員であり同派の僧侶でもある。その山内小夜子さんが初めて南京を訪れたのは一九八七年のことだ。それ以来、毎年八月に南京大虐殺記念館で開催される「心に刻む南京集会」に参加してきた。また、南京攻略戦に従軍した元日本兵である東史郎《あずましろう》さん（注02）が提訴された「南京裁判」（注03）で東史郎さんへの支援を続ける中で南京大虐殺記念館との交流を深めてきた。そして山内小夜子さんは、南京大虐殺事件六五周年になる二〇〇二年に、南京大虐殺記念館の朱成山館長から、一二月一三日に記念館で勤められる犠牲者追悼法要＝「平和法要」に日本の仏教者、とくに真宗大谷派僧侶が参列するよう要請を受ける。

それで、南京大虐殺記念館では、日本軍による南京攻略戦とそれに続く大虐殺で生命《いのち》を奪われた犠牲者を追悼し平和への誓いを新たにする式典が一九九三年から毎年一二月一三日に開催されてきた。しかし、一二月一三日の式典に日本人が参列することは当初から許されず、南京大虐殺事件六〇周年になる一九九七年の式典にも日本人が参列することは許可されなかった。

そういう状況の下で、二〇年余にわたり南京の人々と交流を続けてきた市民団体や、南京戦を証言する元日本兵・東史郎さんらの地道な活動があり、そのような民間の地道な活動の成果を踏まえ、南京大虐殺事件六五周年になる二〇〇二年に日中韓合同シンポジウムが開催された。そして、この年に、真宗大谷派など日本の仏教関係者が南京大虐殺記念館の朱成山館長から、毎年一二月一三日に中国の僧侶により記念館で勤められてきた「平和法要」への参列を招請されることになったというのが事の経緯だ。

「平和法要」への参列を朱成山館長から要請された山内小夜子さんは、中国の公的な施設で、それも南京大虐殺記念館で宗教儀式を勤めることに対し随分と悩んだ。しかし、朱成山館長の想いを受け止め、「平和法要」への参列を引き受けることを決意する。そして日本に帰った山内小夜子さんは、仲間と相談しながら真宗大谷派南京平和法要友好訪中団を組織し、一二月一三日に中国の僧侶と合同で勤められる「世界平和法要」に二〇〇三年に初めて参列した。

こうして二〇〇三年に初めて参列したあとも山内小夜子さんは、仲間と相談しながら試行錯誤を重ねる形で南京平和法要友好訪中団を毎年組織して参列を続け、中国の僧侶と合同で「世界平和法要」を勤めている。ちなみに、二〇〇三年の真宗大谷派第一次訪中団では釈氏政昭師が団長を務め、それ以降、第二次は広瀬務師、第三次は玉光順正師、第四次は広瀬顕雄師、第五次は森島憲秀師が団長を務め、第六次は真宗大谷派奥羽教区と共催し高名和丸師が団長を務める。さらに、第七次と第八次は山内小夜子師本人、第九次は釈氏政昭師が団長を務め、第一〇次は真宗大谷派三条教区と共催し多田修師が団長を務め、そのあと第一一次と二〇一四年の第一二次は長谷良雄師が団長を務めている。

第一三次真宗大谷派南京平和法要友好訪中団

二〇〇三年の第一次から二〇一四年の第一二次まで真宗大谷派南京平和法要友好訪中団を主管してきた山内小夜子さんは、二〇一五年も一三回目の日中合同世界平和法要を勤めるため、第一三次真宗大谷派南京平和法要友好訪中団への参加を呼びかけた。

この呼びかけを受け私（青木）も参加することにしたが、実は二〇〇七年の第五次訪中団(注04)に一度だけ私は参加しているので、八年振りの二回目の参加ということになる。また、私以外にも八名が参加することになり、長谷良雄師が三年続けて団長を務める第一三次訪中団は、山内小夜子さんを含めて一〇名で結成された。そのうち七名は真宗大谷派の僧侶であり、そこにカトリック教会の神父と中国の上海華東師範大学に留学中の女子学生と私（青木）が加わる。留学生と私だけが、僧職など宗教とは特に関係の無い者ということになる。

そして一二月一二日の朝、関西空港と中部空港と羽田空港の三カ所からそれぞれ出発した第一三次訪中団の参加者は中国時間の午前一一時頃までに上海浦東空港にそれぞれ到着し、通訳兼ガイドを務めてくれる南京国際交流公司の戴国偉《たいこくい》さんの出迎えを受ける。

上海浦東空港で集合した真宗大谷派訪中団は、空港近くの食堂で昼食を済ませたあと上海虹橋駅に移動し、午後二時三二分に発車する高速鉄道で南京に向かう。それで、中国の高速鉄道は日本の新幹線と同程度に快適であり、発進時も高速走行時も停止時もとても滑らかだ。特に、発進時の振動はほぼ皆無であり、車窓から見える駅の様子や風景が動くのを見て初めて発進したことに気づくくらいだ。ちなみに、上海から南京までの一等座席の料金は二二九・五元（約三七〇〇円）である。

南京南駅には午後四時ちょうどに到着する。そして、南京南駅からは専用の観光バスが真宗大谷派訪中団の移動の足となり、まずは、南京市夫子廟状元境にあり南京滞在中の宿舎となる南京状元楼酒店（ホテル）に入る。

南京大虐殺記念館主催の歓迎夕食会

真宗大谷派南京平和法要友好訪中団が南京に到着した一二月一二日は、南京大虐殺犠牲者を追悼する国家公祭が挙行される一二月一三日の前日であり、この日の夜に、南京大虐殺遇難同胞記念館が主催する歓迎会が南京市内のホテルで開催される。その歓迎会に真宗大谷派訪中団も招待されていて、歓迎会に出席するため夕刻に南京状元楼酒店から会場のホテルに移動する。

歓迎会に出席するのは、日本やアメリカやドイツなど各国と中国の各地から国家公祭に参列するため南京に参集した人たちで、それぞれがさまざまな縁で南京とつながっている。日本から参集している数多くの団体や個人も、それぞれが南京と独自の関係を築いている。それで、歓迎会に出席する人数が非常に多いので幾つもの（大きな）部屋に宴席が分かれていて、全体でどれくらいの人が参集しているのか私にはよく分からない。

歓迎会の主催者である南京大虐殺記念館の方は、二〇年余も館長を務めてきた朱成山さんが一二月に退官し、張建軍さんが後任の館長に就任したばかりだ。そのため、この歓迎会は、張建軍新館長の下での南京大虐殺記念館の新しい体制のお披露目にもなる。もちろん、退任したばかりの朱成山前館長も出席している。

ほどなく、それぞれの部屋でさみだれ式に歓迎会の酒宴が始まる。そして、招待された人たちが豪華な料理と中国酒を楽しんでいる各々の部屋と食卓に張建軍新館長と記念館の幹部職員が挨拶に回り、酒をつぎ合って乾杯と交流を重ねていく。朱成山前館長も各部屋の各食卓を順々に回り、旧知の友人らとの再会を喜び合っている。中国共産党中央政治局委員が参列する国家公祭を翌日に控え多忙を極める中で歓迎会を開催し、朱成山前館長と張建軍新館長や記念館の職員が温かく迎えてくれるのは嬉しいことだ。

そんな歓迎会を終え宿舎の状元楼酒店に戻ったあと、真宗大谷派訪中団は午後九時過ぎからホテル内の一室に集まり、翌日に行なわれる世界平和法要の段取りを確認し、読経の音（声）合わせを行なう。法要の段取りの確認と読経の予行演習などを終え解散する頃には夜一〇時を過ぎている。

一二月一三日、厳戒態勢下の南京大虐殺記念館

国家公祭が挙行される一二月一三日の朝、真宗大谷派訪中団は観光バスに乗り込み、宿舎のホテルを八時五分に出発する。そして、二〇分ほどで南京大虐殺記念館の近くまで来ると、記念館に通じる片側五車線くらいの道路は端から端までバリケードで完全に封鎖されている。道路を通行止めにするバリケードの前に警察官が三メートルほどの間隔でびっしりと並び、アリ一匹通さないという構えのようだ。

真宗大谷派訪中団が乗っている観光バスは、予め登録され通行許可証を交付されている車両であり、検問を受けてバリケードの中に進む。この最初のバリケードを越えた先は、道路の両側に数メートルから一〇メートルの間隔で警察官が立ち並ぶものものしい警戒ぶりだ。

最初のバリケードから一区画を進み次の大きな交差点に来ると、ここでも記念館側がバリケードで封鎖さ

れている。二重のバリケードだ。ここでも検問を受け、その先に進む。そして、南京大虐殺記念館の西門の前に八時三〇分に到着する。

記念館の西門の前でバスを降りた真宗大谷派訪中団は西門から記念館に入場することになるが、まず、各個人に付与されている出席証を首にかける。出席証には、名前と顔写真と識別のための二次元バーコードが記載されていて、そこに警察署の「確認済シール」が貼られている。

記念館の西門に臨時に設営された入場口は空港の保安検査場と同じ様式であり、パスポートに相当するのが出席証になる。そして、手荷物はエックス線検査装置に通し、入場者は金属探知ゲートを通り（くぐり）抜ける。そのあと、本人と出席証との照合が検査員により入念に行なわれる。

私は、二〇〇七年に南京大虐殺記念館で行なわれた犠牲者追悼式典に参列したことがあるが、こんなに厳しい警戒態勢はとられていなかった。二〇一四年から追悼式典を中央政府が主管するようになり、習近平主席ら中央の「大物」が参列するようになったので、警備が段違いに強化されたのだ。習近平主席が出席した昨年は、カメラの持込み禁止、タバコの持込みも禁止されるなど規制は今回よりずっと厳しかったとのことだ。

出席証を首から下げ、直径一〇センチほどの丸い白い花形のリボンを胸に付け西門から記念館に入場したあとは、控え室に充てられている事務棟内の会議場に入る。そして、式典の開始までしばらく待機する。

二〇一五年南京大虐殺犠牲者国家追悼式＝国家公祭

真宗大谷派訪中団は、東西方向に長く延びる南京大虐殺記念館の西側部分に位置する事務棟の控え室を午前九時二〇分に出て、中央部の遺跡地区を通り抜け、記念館の東側部分にある集会広場に移動する。国家公

2015年の国家公祭
一万人余の参列者が集会広場を埋め尽くす。写真の手前側に並んでいるのは、紅領巾を首に巻く少年先鋒隊の少年少女。

祭が開催される集会広場の西側の端に長大な舞台（演壇）が設営され、舞台の背後に設けられている巨大な黒い壁に白い巨大な文字が並び「南京大虐殺死難者国家公祭儀式」と記されている。

　それで、真宗大谷派訪中団を含む招待者は九時三〇分頃に集会広場に着いたが、広い会場の前方（西側部分）の中央部以外は、屈強な体格の軍人や警察官を含む大勢の参列者で既に埋め尽くされている。そして、日本など外国から招待されて参列する人たちは会場前方の中央部に並ぶように手配されている。さらに、各個人一人ずつに参列番号が付与されていて、会場の足下に予め並べられている番号札の上に立つ（整列する）ことになる。ちなみに私の参列番号は九二番であり、九二番の番号札が予め並べられている位置に立つことになる。そこは、最前列から数えて一〇列目くらいの位置だ。

　会場最前列部の中央の位置には、中央（国）と江蘇省と南京市の政府や共産党の要人らが並び、その隣（正面の舞台に向かって右側）の最前列部に夏淑琴（注05）さんら幸存者（注06）が椅子に腰掛けて参列する。紅領巾《こうりょうきん》と呼ばれる赤いネッカチーフを首に巻く少年先鋒隊（注07）の大勢の少年少女も、共産党や政府の要人の隣（正面の舞台に向かって左側）に整列している。さらに、舞台に向かって左側の端に数十名の合唱隊が並んでいる。

この追悼式＝国家公祭には、抗日戦争を戦った老兵士の代表、共産党関係部門・各民主党派・全国工商連合会・無党派人士などの代表、香港・マカオ・台湾の同胞の代表、抗日戦争に貢献した外国の友人の代表、南京大虐殺の幸存者と犠牲者の遺族の代表らが参列するということだ。巨大な集会広場の最後方（東端）まで埋め尽くすように参集した参列者は、私が以前に参列したことがある二〇〇七年の追悼式典における八〇〇〇名を上回り一万人余になる。

開式の一〇分前になると、合唱隊の背後に設置されている巨大な映写幕に、南京大虐殺時の記録映像など事件を再現する映像が映し出され、重苦しい雰囲気の解説が会場に流れる。そして、開式時刻となる午前一〇時の直前に、この年の国家公祭の主役となる中国共産党中央政治局委員の李建国全人代副委員長ら数名が会場に入り最前列中央に整列する。これで参列者がそろったことになる。

中国共産党中央委員会と国務院が主管する国家公祭儀式が午前一〇時に始まる。まず、銃を捧げ持つ二〇名ほどの人民解放軍兵士（儀仗兵）が舞台の左右から登壇し、舞台の左右の端に整列する。そして、司会者が式典の開始を宣言し、中国国歌が斉唱される。参列している大勢の軍人や警察官も合唱隊と共に大きな声で国歌を斉唱する。

国歌斉唱のあと、空襲警報を思わせるようなサイレンが響き渡り黙祷が行なわれる。同時刻に南京市内で大勢の人がサイレンに耳を傾け黙祷を捧げているのだろう。「国家公祭日である一二月一三日の午前、南京市内の道路を走行する自動車は一旦停止し、警音器（クラクション）を一分間鳴らし哀悼の意を示すこと。道路を歩く通行人や公共の場所にいる市民も一分間の黙祷を捧げること」と南京市は公告し呼びかけている。

2015年の国家公祭
八基の花輪が並ぶ壇上で李建国全人代副委員長が演説し、日本を名指しで批判する。

黙祷が終わると、荘厳な音楽が流れる中で、舞台の向かって左側から人民解放軍兵士が大きな花輪を舞台に運び入れる。一つの花輪を二名の兵士で捧げ持つので、一六名の兵士により舞台に上げられる花輪は全部で八つだ。そして、「南京大虐殺死難者国家公祭儀式」という巨大な文字が掲示される舞台背後の壁の前に八つの花輪が並べられると、中国共産党中央政治局委員の李建国全人代常務委員会副委員長が登壇する。

舞台の中央に立ち参列者と向き合った李建国副委員長は、「我々はここに追悼式を盛大に挙行し、南京大虐殺の犠牲者を追悼し、日本侵略軍による虐殺で死亡した全ての人びとを偲び、抗日戦争の勝利に命を捧げた烈士と民族の英雄を哀悼する。この瞬間、人類の歴史上最もどす黒い悲痛な場面が我々の目の前に再び浮かんでくる。どれだけ時《とき》が過ぎようとも、歴史はこの日を記憶に刻み続けるだろう」と述べ、日本を名指しで批判した。

さらに、李建国副委員長は、国連教育科学文化機関（ユネスコ）がこの年の一〇月に南京大虐殺の史料（歴史档案）を世界記憶遺産に登録したことについて「世界的に意義のあることだ」と述べる。また、「犠牲になった同胞を追悼し、侵略という野蛮な行為を我々が非難するのは、恨みの感情を抱き続けるためではなく、善良な人々の平和を希求する強い思いを喚起するためであり、平和で美しい未来を共に切り拓くためだ」と指摘し、日中関係について「歴史を見据えたうえで、未来志向で友好を推進すべきだ」と強調した。

李建国副委員長による一〇分間ほどの演説が終わると会場は拍手に包まれる。そして、穏やかな音楽が流れ、犠牲者と遺族に話すように語りかけるように合唱隊が歌う。最後に鐘の音が鳴り渡り、無数と思える鳩が放たれ会場の上空に舞い上がり飛び回る中で式典が終了する。

一〇時ちょうどに儀仗兵の登壇で開始された国家公祭は二十数分で終了した。一万人余が参列する大規模な式典であることを思うと、かなり短い時間で終了したというのが私の想いだ。そして、前方に並んでいる人たちから順々に退場してゆき、国外から招待され参列している人たちも記念写真を撮影したりしたあと順々に退場する。真宗大谷派訪中団は一〇時四〇分には記念館の事務棟内にある控え室に戻る。

中央政府が主管するようになった南京大虐殺犠牲者追悼式＝国家公祭について、国家公祭終了後に山内小夜子さんは次のように話している。

南京市や江蘇省が主管していたころの犠牲者追悼式はもっともっと人情味があり、ざっくばらんだった。中国と日本の僧侶が合同で勤める世界平和法要の様子に似ていて、犠牲者や故人を偲んで地元の人が自然に参列している感じだった。中央政府が主管するようになった国家公祭は、組織として動員された人が大勢出席しているように思われ、追悼式の変化を感じている。だからこそ、嘆きの壁の前で行なわれる世界平和法要がますます重要になると思う。

ともあれ、こうして、南京大虐殺犠牲者国家追悼日に挙行される二回目の国家公祭は無事に終了した。人民網日本語版は一二月一四日付で、標題に「日本の団体も参加」と記して次のように報道している。(注01)

南京大虐殺犠牲者国家追悼式典　日本の団体も参加

一三日は、二回目の南京大虐殺犠牲者国家追悼日だ。中国共産党中央委員会と国務院は南京市の南京大虐殺遭難同胞記念館で南京大虐殺犠牲者国家追悼式典を行ない、犠牲となった三〇万人の同胞を国として追悼した。同日、北京など各地でも各界の大衆が様々な形で記念行事を行ない、犠牲となった同胞を追悼した。京華時報が伝えた。

同日、日本の十数の友好団体も招待を受けて国の追悼式典に参列した。日本・銘心会訪中団の松岡環（注08）団長は、日本軍の途方もない大罪を恥じると共に、恨みを抱くのではなく平和な生活を求める中国人の決意に心から敬服すると表明し、「この思いをより多くの日本人に必ず伝える。日本と中国の世々代々の友好が続いていくことを希望する」と話した。

統計によると、初めての国家追悼日（二〇一四年一二月一三日）以降、延べ一〇〇〇万人以上の人が南京大虐殺記念館を既に訪れた。張建軍館長によると、来館者の飛躍的な増加は、国家追悼日の効果の明らかな現れだ。追悼日が民心に深く受け入れられ、格上げされた追悼式典が強い前向きの力を生み、歴史を振り返り屈辱を忘れないよう民衆に促していることを示している。

（編集ＮＡ）　人民網日本語版　二〇一五年一二月一四日

中国は二〇一五年を「中国人民抗日戦争と世界反ファシズム戦争勝利七〇周年」の年と位置づけ、九月三日の抗日戦争勝利記念日に北京で軍事パレードを実施するなど様々な行事を行なってきた。そして、一二月一三日の南京大虐殺犠牲者国家追悼日に南京大虐殺記念館で挙行された国家公祭が、「中央」が主管する一連の行事の締めくくりということになるのだろう。

南京市宗教局主催の昼食会

国家公祭の終了後に南京市宗教局が主催する昼食会に真宗大谷派訪中団は招待されている。それで、国家公祭への参列を終えた真宗大谷派訪中団は南京大虐殺記念館を一一時にバスで出発し、一五分ほどで昼食会場のホテルに移動する。

ホテル内の大広間に設営された昼食会場に参集したのは五〇名ほどだろうか。主催者の南京市宗教局からは李蘭副局長と担当職員が出席し、南京市仏教会に所属する僧侶ら中国側の仏教関係者が参集している。日本からは、臨済宗妙心寺派の僧侶六名と真宗大谷派訪中団が招待され出席している。あと、韓国から招聘された韓国の仏教関係者も同席している。

一一時二五分に開始された歓迎式では、最初に出席者が紹介されたあと、南京市宗教局の李蘭副局長が歓迎の挨拶を述べる。続けて、招待された各団体の代表者がそれぞれ挨拶する。そして、堅苦しい歓迎式は二五分ほどで終了する。

そのあと、アルコール抜きの乾杯に続けて昼食会の宴席に移行する。参加者が席に着くそれぞれの丸い大きな食卓に、大皿に盛られた見栄えのよい旨そうな料理がたくさん並べられるが、全ての料理が肉や魚を使わない精進料理だ。中国の仏教者が出席する昼食会なので酒類の提供もない。しかし、心温まる嬉しい宴席だ。

南京市宗教局が主催する昼食会は午後一時に終了し、真宗大谷派訪中団は南京大虐殺記念館に戻る。

南京大虐殺記念館・新館

一九八五年八月一五日に開館した南京大虐殺記念館は、今から八年前の二〇〇七年に大幅に拡張・改装され、同年一二月一三日に新記念館として開館している。それ以前の旧記念館と比べると、敷地面積は約三・三倍の七・四万平方メートルに、館内の展示面積は約一一倍の九〇〇〇平方メートルに拡張された。そして、当時の新記念館の開館時点における展示写真は旧記念館の約六倍の三五〇〇枚になり、展示品は三三〇〇点を数えた。

その南京大虐殺記念館で第三期拡張工事が二〇一四年から一年余にわたって進められ、二〇一五年一二月七日に新館が完成した。従来の記念館の西部地区の北側に新たに造営された新館地区の敷地面積は三万平方メートルになる。

完成したばかりの新館には、従来の記念館で展開されてきた「歴史」と「平和」という二大主題に「勝利」という新たな主題が追加され、「正義必勝、平和必勝、人民必勝」を主題とする約一一〇〇点の画像(写真)と六〇〇〇点余の文化財が展示されている。そして、特定の関係者向けの内覧が一二月七日からとりあえず開始されている新館は一二月一四日から一般市民に開放・公開される予定だ。

さて、南京市宗教局主催の昼食会に出席したあと、午後一時半に南京大虐殺記念館に戻った真宗大谷派訪中団は、午後三時から行なわれる世界平和法要に備え、僧侶七名は僧衣(法衣)に着替え準備を整える。

そのあと、世界平和法要が開始されるまでの一時間くらいの時間を利用して、一般市民にはまだ公開前の新館を参観することになる。それで、控室がある事務棟の裏(北側)にある通用口を出ると、幅数メートルの狭い道路を隔てて新館の敷地が隣接していて、平屋（一階建て）のように見える新館建屋が建っている。その新館建屋の入口は旧館通用口のすぐ近くにある。

そして、新館建屋の入口から屋内に入ったところで最初に迎えてくれるのは、この年に一〇〇歳になる老兵士の彫像（銅像）だ。その前に置かれた、中国語とイギリス語で記される説明に次のように書かれている（青木訳）。

抗戦老兵の銅像―「私たちは勝った（勝利した）」

この彫像の人物は一〇〇歳（一九一六年生まれ）の抗戦老兵・于文瑞《うぶんずい》である。かつて于文瑞は、南京で挙行された中国戦区の日本降伏調印式を身をもって体験した。その勝利の時を回想し、「私たちは勝った」と于文瑞は誇らしげに話した。

（彫像の）作者は鄒峰《すうほう》、国家一級美術師

この老兵士の彫像の前を通ると、いきなり地下に降りるエスカレーター（階段状の昇降装置）があり、きらびやかな映像に周囲を取り巻かれ斜めに地下に向かう洞窟状の空間をエスカレーターに乗って下る。感覚的には、普通の建物の地下三階くらいに下りる感じだ。そして、そこに広大な展示室が広がっている。南京大虐殺記念館の新館は地下深くに展示場が開設されているのだ。これには、少々ではなく相当にびっくりする。

その地下展示場の展示の冒頭に、「正義必勝、平和必勝、人民必勝」という大きな文字の標題と「中国戦区における反ファシズム戦争勝利と日本戦犯裁判の史実展」という主題が明示されている。この主題に沿って展示が展開されるのだろう。

地下に開設された展示場は広大で、写真や解説パネルと兵器や遺品などの文物が大量に展示されている。しかし、世界平和法要を控えているので時間に制約があり、しっかりと観覧することはできない。たくさんある広い展示室を足早に通り抜け、次の機会にじっくりと観覧することを楽しみにしながら新館を退出する。

世界平和法要

二〇〇七年に大幅に拡張された南京大虐殺記念館の敷地は東西方向に長く延びている。その中央部に遺跡区があり、遺跡区の南西端に、南京大虐殺事件の犠牲者のうち一万人余の名前が刻まれる「嘆きの壁」が設置されている。そしてこの日は、東西方向に長く延びる「嘆きの壁」の中央に、黒い文字で「世界和平法会」と記された黄色い布が掛けられていて、その前に、花で飾られる祭壇が据えられ仏像（本尊）が置かれている。その「嘆きの壁」の前で世界平和法要が勤められる。

世界平和法要に参列する人たちは、開始予定である午後三時の前に入場と整列を終えている。祭壇から一〇メートルほど離れた正面に、柿（橙）色の僧衣に赤色の袈裟をまとう中国の高僧九師が並び、その背後に、南京大虐殺の幸存者が椅子に腰掛けて参列し、更にその背後に幸存者の家族らが控える。

祭壇に向かって右側には、柿（橙）色の僧衣を身に着ける三〇名かそれ以上の中国の一般僧が並び、その背後に一般参列者が控える。また、祭壇に向かって左側には、日本の臨済宗妙心寺派の僧侶と真宗大谷派訪中団が並ぶ。その背後に、三〇名かそれ以上の中国の一般僧が並び、さらに、その背後に一般の参列者が控える。

午後三時に世界平和法要が始まる。最初の法要を中国の僧侶が勤める段取りであり、祭壇の正面に並んで

2015 年の世界平和法要

「嘆きの壁」の前に据えられた祭壇の正面に中国の高僧が並び、左右に控える大勢の一般僧と共に法要を勤める。

いる高僧九師が主導し、両側に控える大勢の一般僧が読経に唱和する形で進められる。そして、中国の僧侶による法要は二〇分ほどで終了する。

続いて、臨済宗妙心寺派の僧侶六名が一〇分ほど法要を勤める。真宗大谷派の法要を見慣れている私には、臨済宗妙心寺派の僧侶が勤める読経も所作も異なる法要は、悪い意味ではないが何か少し違和感を感じる。

そのあと、真宗大谷派の僧侶八名が法要を勤める。そのうち七名は真宗大谷派訪中団の僧侶であり、そこに、「二つの観音様を考える会」(注09)の一員として南京に来ている同じ真宗大谷派の僧侶・大東仁師が加わっている。そして、読経の前段の区切りのところで、導師を務める長谷良雄師が表白《ひょうびゃく》(注10)を読み上げる。

表白

敬って阿弥陀仏、大恩教主釈迦如来、三国伝統諸大師等、一切の現不現前の三宝にもうしあげます。

一九三七年十二月、日本軍は南京の占領に際し、三十余万の無辜の人々を惨殺し、家屋を焼壊せしめ、婦女子を蹂躙しました。私たちはその末裔として、亡くなられた多くの方々、残された遺族の方々に心から謝罪をいたします。

当時、日本の仏教徒も、仏法の名のもとに侵略の先端を担いました。侵略を聖戦といい、若者を戦場に送り、中国の人々に筆舌に尽くしがたい苦難を強いました。

釈尊並びに宗祖親鸞聖人の、仰せにてなきことを仰せとしたのです。私たちは、この二重の罪責を負うものとして、尊き生命を奪われた方々の声なき声をひたすら心に刻むことを誓います。そして、歴史を鑑とし、未来への教訓とすることをもって両国の友好の礎といたします。

願わくば仏祖、我らが思念を照臨し、受害者の願心を荘厳し、私たちにその志願を受け継がしめ、歴史の省察と検証を通して、信の回復への第一歩を歩ましめんことを。

二〇一五年十二月十三日

亜洲片州粟散国日本、仏子・僧侶有志一同

代表　釈良雄　曰す

2015 年の世界平和法要

長谷良雄師が導師を務め、真宗大谷派の僧侶が読経する。

長谷良雄師が表白を読み上げたあと、幸存者ら中国人参列者に表白の内容を伝えるため、その中国語訳を、真宗大谷派訪中団の団員であり上海華東師範大学に留学中の馬場彩加さんが読み上げる。表白のあと読経の後段に進み、真宗大谷派僧侶による法要は一五分ほどで終了する。そして、日本と中国の僧侶により勤められた世界平和法要は五〇分ほどで終了する。

世界平和法要の終了が告げられると、取材に来ているテレビ局や新聞社の記者が、日本から参列している僧侶らを取り囲みさっそく取材を始める。その中で、真宗大谷派の表白の中国語訳を読み上げた馬場彩加さんに対する中国人記者の関心は相当に高いようだ。それぞれの記者の質問に、通訳を介さず中国語で直接やりとりしている姿は見ていて頼もしく、嬉しいことだと思う。

それで、あとは後日談になるが、南京から上海に戻った馬場彩加さんは、国家公祭をめぐるニュースの中で自身の「活躍」ぶりが報道され留学先の上海華東師範大学でも評判になったことを、学友や所属研究室の仲間から聞かされることになる。

さて、世界平和法要が終わったあとの祭壇の前に、大勢の一般の中国の人たちが並び、中国人僧侶に導かれて読経し祈りを捧げている。そんな様子を見ながら真宗大谷派訪中団は、記念館の事務棟内にある控室に戻る。午後四時二〇分頃だ。真宗大谷派訪中団の南京における最大の使命である世界平和法要を幸存者と遺族の前で無事に勤め終え、重責を果たした僧侶はほっとしていることだろう。

控室で僧衣から平服に着替えたあと、記念館の外に出て近くの喫茶店に入る。そして、コーヒーやお茶など好みのものを注文し、大役を勤め終えたあとの「一杯」を、穏やかな気分でゆったりと味わう。

燭光祭

南京大虐殺犠牲者のための通夜式（守魂儀式）と平和燭光祭《しょくこうさい》が挙行される追悼広場は、世界平和法要が勤められた「嘆きの壁」の前にある広場の北西側にある。四方を建物に囲まれているその広場は、五〇〇名くらいは参集することができそうな広いところだ。

　その追悼広場の正面に五メートル以上の高さの黒い壁があり、壁面の上部に記された「南京大虐殺犠牲者のための通夜式（守魂儀式）」という大きな文字が暗闇の中で白くまばゆく光っている。そして、白く光る巨大な「花輪」が壁面の中央に据えられ、「花輪」の中心に「奠《ディエン》」（供物を供える、供養するという意）という黒い文字が浮かび上がっている。その正面の壁の前に祭壇が据えられ、祭壇から手前側（参列者側）に五メートルほどのところまでは、火を灯したローソクで地面がびっしりと覆い尽くされている。

　燭光祭に参列するのは、南京大虐殺の幸存者とその家族や犠牲者の遺族と、中国と日本の僧侶や記念館の関係者に加え、少年先鋒隊や職場代表らの一般参加者だ。参列者は、火を灯したローソクをそれぞれが手に持って入場している。記念館の近くにある喫茶店から戻った真宗大谷派訪中団も、火を灯したローソクを追悼広場の入口で受け取り、それぞれが手に持って参列している。

　参列者が整列を終え、午後六時に燭光祭が開始される。最初に、南京大虐殺記念館の張建軍新館長と関係者らが挨拶する。そのあと、柿（橙）色の僧衣に赤い袈裟をまとう中国の僧侶一〇名ほどが祭壇の前で読経し法要を勧める。

2015年の燭光祭
追悼広場に据えられた祭壇の前で中国の高僧が読経し、通夜式の法要を勤める。正面に「奠」の文字が浮かび上がる。

続けて、日本の臨済宗妙心寺派の僧侶数名と真宗大谷派の僧侶・大東仁師が法要を勤める。最後に中国の僧侶が主導して中国式の焼香を行ない、燭光祭の儀式が終了する。中国と日本の僧侶が退席したのは午後六時三〇分頃だ。

燭光祭の儀式が終了したあと、参列者がそれぞれ手に持っている火を灯したローソクを祭壇の前に並べ、そして会場の追悼広場を後にする。記念館の西の端にそびえ立つ「子を抱く母」の巨大な像（塔）が漆黒の夜空に白く浮かび上がるなど南京大虐殺記念館の各施設は照明で明るく照らし出され、犠牲者を追悼している。

午前一〇時開始の南京大虐殺犠牲者を追悼する国家公祭への参列に始まり、昼は南京市宗教局主催の昼食会。午後は、一般開放を翌日に控える南京大虐殺記念館新館の参観。そして、午後三時開始の世界平和法要で大役を勤め、午後六時から挙行される燭光祭に参列した。南京で過ごす一二月一三日は、真宗大谷派南京平和法要友好訪中団に参加するそれぞれにとって長い長い一日だった。

燭光祭への参列を終えた真宗大谷派訪中団は南京市内の食堂で、午後七時から午後九時過ぎまで夕食と白酒やビールなどの酒をゆっくりと楽しみ味わう。南京での活動は翌日からも続くが、大役を無事に果たし、とにかく一区切りついたという心境だ。

松下富貴楼日本軍慰安所

夕食を終え宿舎のホテルに戻る途中に松下富貴楼日本軍慰安所旧址(注11)に立ち寄る。それで、日本軍慰安所として利用された建物の一部が当時のまま残されている松下富貴楼旧址は、真宗大谷派第五次訪中団が二〇〇七年に訪れたことがあり、第五次訪中団に参加していた私もその時に現地で確認している。その二〇〇七年の時点で、松下富貴楼旧址の建物は民間のアパートに転用されていて、アパートの大家さんである李興国《りこうこく》さんらが旧址建物の内外を案内してくれた。

そして、この日の夜に松下富貴楼旧址を再び訪ねるのは、二〇〇七年に訪れた時のことを記録した南京訪問記を収録している『日本の中国侵略の現場を歩く』(注12)を二〇一五年七月一五日に私(青木)が出版したので、その本を李興国さんに届けるためだ。事前の約束もなく突然に、しかも夜中の九時半頃に松下富貴楼旧址のアパートに訪ねて行ったのだが、大家さんである李興国さんの弟に会うことができ、著書とお土産の紅茶を無事に手渡すことができた。

それで、松下富貴楼については、『性奴隷の悪夢――南京利済港慰安所旧址陳列図集』に掲載されている簡単な一文を以下に紹介しておく(原文は中国語、青木訳)。

松下富貴楼日本軍慰安所は、李澍生一家が一九三一年に建築した六棟の住宅であり、南京市秦淮区常府街細柳巷福安里一―七号にある。南京大虐殺のあと、日本軍憲兵隊は、この住宅を鉄条網で囲い修理改修して慰安所とし、日本の売春業者である松下に管理と経営を委託する。大門には、「松下富貴楼」と記されるセメント碑が立てられた。松下富貴楼は、韓国人・日本人・中国人の順に日本軍「慰安婦」が多く、この慰安所にやって来るのは、思いのままに快楽を求める将校と佐官級の軍人であった。

【証人証言―陳祥順】

私は陳祥順で、一九二一年の生まれです。当時の松下富貴楼は、北から南に向かって四棟の楼閣が連なり、北側の二棟は二階建てであり、南側の二棟は青いレンガ壁に赤い瓦屋根の平屋だった。街に面している楼閣は非常に豪華であり、東西の両側にある楼閣のセメント壁には、升ほどの大きさの行書体の文字で縦書きに「松下富貴楼」と書かれていた。

当時、南京陥落期間中は、昼夜に関わりなく何台もの日本車がこの周辺に停車していた。出入りしているのは日本軍将官であり、凝った出で立ちで日本刀を腰に付けていた。

二棟の平屋の後に鉄格子で囲われる門があったが、その門を通る者はいなかった。楼閣内を行き来する者は、ある時は日本人の装いであり、ある時は中国人の装いであった。大門の両脇では、日本兵が銃を持って見張っていた。中国の一般の人は、この日本軍の松下富貴楼に近づくことはできなかった。こんな状況は、一九四五年に抗日戦争に勝利するまで続いた。

松下富貴楼旧址の近くにあるホテル・状元楼酒店に午後一〇時前に戻った真宗大谷派訪中団は、そのまま夫子廟の門前町を散策することにする。午後一〇時を過ぎても、夫子廟の門前町は明るくきらびやかで賑やかだ。街路に軒を並べる商店には煌々と明かりが灯り営業を続けている。夫子廟の建屋や大きな門もきらびやかな照明に照らし出され、きれいな夜景の主役の一角を占めている。

南京利済巷慰安所旧址陳列館

南京訪問三日目の一二月一四日は、朝一番に南京利済巷慰安所旧址陳列館を訪れる予定だ。その利済巷慰安所について、『性奴隷の悪夢――南京利済巷慰安所旧址陳列図集』に収録されている楊秀英さんの証言をまず確認しておこう（原文は中国語、青木訳）。

【証人証言―楊秀英】

我が家はこれまで利済巷で暮らしている。（日本が南京を占領していた）当時、両隣には日本人が住んでいて、商店を開いて（営業して）いた時に私は日本人から日本語を学んだ。

利済巷一八号棟は、元の持ち主が楊姓で楊普慶といい、普慶新村と呼ばれていた。日本人（軍）が南京に進攻すると楊は逃走し、建物は日本軍に占拠された。そして慰安所に改装されて故郷楼慰安所と呼ばれ、南側に大きな鉄の門を構えていた。この慰安所は日本軍が開業し、「慰安婦」は日本人婦女であり和服を着ていた。

朝鮮人「慰安婦」がいる利済巷二号棟は東雲慰安所と呼ばれ、朝鮮人「慰安婦」はチマチョゴリを纏っていた。慰安所の店主は千田といい、いつも私の店にきて酒とたばこを買い求めていたので、その時に朝鮮人「慰安婦」のことを知った。

楊秀英さんの証言を確認した利済巷慰安所について中華人民共和国駐日本国大使館は、約二年前の二〇一四年三月一七日付で大使館のホームページに次のように紹介している。（注01）

アジア最大の旧日本軍慰安所を文化財に指定へ

江蘇省南京市利済巷にある旧日本軍慰安所旧址が保護文化財に指定される。この慰安所旧址は約一〇年間空き家になっていたが、現存するアジア最大の旧日本軍慰安所旧址であることを元「慰安婦」も確認している。

（日本軍）「慰安婦」制度は、第二次世界大戦前と大戦中に日本政府と日本軍が各国の女性を日本軍の性的奴隷にしていた制度であり、中国・朝鮮・東南アジア・欧米各国の多数の女性が日本軍の性的奴隷にされていた。

利済巷慰安所旧址に残されている建物は七棟である。朝鮮の「慰安婦」（日本軍性奴隷被害者）・朴永心《パクヨンシム》さんは、同地が、朴永心さんが「慰安婦」として三年間働かされていたところであることを二〇〇三年に確認している。

南京師範大学の経盛鴻教授の研究が示しているように、同地はアジアに現存する最大規模の慰安所旧址であり、旧日本軍はかつて同地に慰安所を二カ所開設していた。南部の東雲慰安所は朝鮮籍の女性が拘禁されていたところで、主に日本人兵士を接待していた。北部の故郷楼慰安所は日本籍の「慰安婦」を拘禁していたところで、主に日本の将校を接待していた。以上のことが、日本人学者の研究でも確認されている。慰安所の建物に限っても面積は四八〇〇平方メートルあり、周辺に設営された店舗の総面積は八〇〇〇平方メートルにもなった。

この旧址は、南京国土局に収用された二〇〇三年以降は空き家になっていて、多くの専門家が、保護文化財に指定するよう繰り返し呼びかけていた。南京市秦淮区は（二〇一四年三月）一二日に専門家論証会議を開催した。この会議に出席した専門家は、利済巷慰安所は非常に高い歴史的価値があり保護文化財に認定すべきだとの認識を一致して表明した。南京市文広新局（文化・放送・報道局）の責任者は、「利済巷を速やかに保護文化財に指定し、しっかりと保護していく」と表明した。

2014-03-17 14:32

こうして二〇一四年に保護文化財に指定された利済巷慰安所旧址は入念に整備され、二〇一五年一二月一日に陳列館（博物館）として開館し、試行運用が開始されている。そのことを中国網日本語版（チャイナネット）は二〇一五年一二月二日付で次のように報じている。(注01)

南京利済巷慰安所旧址陳列館が開館

南京利済巷慰安所旧址陳列館が一二月一日に開館式を開催し、試営業（試行運用）を開始した。同館は、南京大屠殺遇難同胞記念館の分館であり、（外国籍の）「慰安婦」が公認する中国大陸初の「慰安婦」をテーマとする記念館だ。同館は、二階建ての淡黄色の建物（計八棟）で構成され、建築面積は三〇〇〇平方メートル以上になる。そのうち六棟が陳列館、二棟が事務所である。館内には、一六〇〇点以上の展示品（文物）、四〇〇枚以上の展示パネル、六八〇枚以上の写真が並べられている。また、日本人の大東仁氏が集めたコンドーム「突撃一番」と性病予防薬「星秘膏」も展示されている。

南京利済巷慰安所旧址は、旧国民党中将の楊普慶が一九三五年から一九三七年に建設した二階建てのコンクリートと木造の混構造建築物であり、普慶新村と呼ばれていた。旧日本軍は一九三七年末に南京を占領したあと、利済巷二号を東雲慰安所に、一八号を故郷楼慰安所に改装した。

利済巷二号の一九番目の部屋は、朝鮮人「慰安婦」（日本軍性奴隷被害者）である朴永心《パクヨンシム》さんが拘束されていた場所だ。朴永心さんは二〇〇三年一一月二一日に現地を訪れ、確認を行なった。利済巷は、生存中の（外国籍の）「慰安婦」が公認する（中国で）唯一の慰安所となった。

南京市政府は二〇一四年一一月に利済巷慰安所旧址の補修・保護・陳列の作業を開始し、二〇一五年一二月に正式に完了した。写真（本書では引用していない）は、陳列館に設置された彫像の除幕式の様子である。

南京利済巷慰安所旧址陳列館

利済巷２号棟と性暴力被害者の影像。朴永心さんは２号棟19号室に監禁され、性暴力を受け続けた。

> 影像は三人の「慰安婦」で、そのうち妊娠中の「慰安婦」が主要人物である。やせ細った女性は片方の手でお腹の胎児を守り、もう片方の手を別の女性の背中に置いている。力も、助けも、希望もないことを示している。影像全体は、罪深き（日本軍）慰安婦制度が罪なき女性にもたらした災いや悲惨な生活を示しており、日本軍国主義の人道に対する蹂躙、女性にもたらした苦難と痛みを表現している。
>
> 中国網日本語版　二〇一五年一二月二日

この中国網日本語版に、コンドーム「突撃一番」と性病予防薬「星秘膏」を集めた（収集して陳列館＝南京大虐殺記念館に提供した）と紹介されている大東仁氏は、本書に記述している世界平和法要や燭光祭で南京大虐殺犠牲者の追悼法要を勧めた僧侶の一人である真宗大谷派の大東仁師のことだ。それで、大東仁さんについては、拙著『万人坑に向き合う日本人』[注13]で詳しく紹介しているので、関心がある方はぜひ参照していただきたい。

さて、一二月一四日の午前八時三〇分に夫子廟にあるホテルを出発した真宗大谷派訪中団は、月曜日の出勤時間帯ということでかなり渋滞している南京市内の道路を進む。そして、南京大虐殺記念館前館長の朱成山さんが住んでいるアパートや朱成山さんが太極拳を楽しむ公園の前を通り、さらに松下富貴楼旧址の脇を通過し、午前九時に利済巷慰安所旧址陳列館に到着する。

きれいに補修された八棟の黄土色の建物で構成される利済巷陳列館は、縦横に延びる狭い路地を挟んでそれぞれの建物が並んでいて、慰安所として利用されていた当時の街並を想像することができるように思う。そして、一二月一日に試行運用が開始されたばかりの陳列館は、一日の入場者を二〇〇人に制限し一八歳未満の「子ども」は入場禁止ということで運用されているとのことだ。

それで、一二月一四日のこの時間帯に、前日に挙行された国家公祭に参列した大勢の日本人が観覧に訪れている。真宗大谷派訪中団だけでなく、南京と関わりがある色々な団体や個人が日本の各地から国家公祭に招待され、そして、南京大虐殺記念館の分館として整備され試行運用を開始したばかりの利済巷陳列館にも案内（招待）されているということだ。その利済巷陳列館で受け取った案内書に、陳列館の成り立ちや構成が分かり易く記されているので、ここで確認しておこう（原文は中国語、青木訳）。

南京利済巷慰安所旧址陳列館の簡単な案内

南京利済巷慰安所旧址は民国時期の八棟の歴史建築で構成されているが、もとは、国民党中将の楊普慶が一九三五年から一九三七年にかけてレンガと木材を組み合わせて次々に建築した二階建ての建物（建物群）であり、普慶新村と名付けられていた。

日本軍は、一九三七年末に南京を占領したあと、利済巷二号を東雲慰安所に改装し、一八号は故郷楼慰安所に改装した。利済巷二号内の第一九号室は、朝鮮籍「慰安婦」（日本軍性奴隷被害者）朴永心が三年間にわたり日本軍性奴隷を強いられたところである。二〇〇三年一一月二一日に朴永心は現地に来て確認した。利済巷は、生存している外国籍の「慰安婦」により確認された（中国で）唯一の慰安所になった。

二〇一四年一一月に南京市人民政府は、利済巷慰安所旧址の修繕・保存と陳列展示の作業を開始し、二〇一五年一二月に正式に対外開放した。

A区

A区域は、南京利済巷慰安所旧址陳列館の基本陳列であり、主題は「第二次世界大戦中の性奴隷—日本軍『慰安婦』制度とその犯罪行為展」である。その趣旨（狙い）は、第二次世界大戦期間に日本軍国主義が、（日本）本土から遠く離れた（地に派兵された）膨大な数の日本軍部隊のために、嘘・強奪・強制などの手段により各国から強制徴用した大勢の若い女性を配置して完成された「慰安婦」制度を確立し、無数の女性を性奴隷にした歴史の真相を展示することにある。

併せて、日本の敗戦・投降により「慰安婦」制度が消滅した歴史過程とともに、戦後に、中国や韓国など各国の「慰安婦」幸存者が勇敢に立ち上がり、日本軍が強行した「慰安婦」制度の反人道的犯罪行為を暴露し批判していることを展示している。

B区

B区域は、南京利済巷慰安所旧址陳列館の旧址陳列であり、主題は「金陵の悪夢—南京日本軍慰安所と『慰安婦』史実展」である。日本軍が南京大虐殺期間に「慰安婦」制度の構築を始め、そして「慰安婦」制度を全面的に普及させたことを展示している。

併せて、利済巷の東雲慰安所と故郷楼慰安所や松下富貴楼慰安所や下関華月楼慰安所など四〇カ所以上の慰安所を南京に次々と開設し、中国や朝鮮半島などの国から大量に連行してきた女性を日本軍性奴隷にしたことを重点的に展示している。その中で、南京における日本軍性奴隷の歴史事実を担っている（代表し証明している）江蘇省南京市の雷桂英と朝鮮籍の朴永心や韓国籍の易英蘭らの「慰安婦」幸存者を重点的に紹介している。

C区

C区域は、四つの主題の陳列により構成され、それぞれの主題毎に一棟の建屋を割り当て、次のように区分している。

『主題陳列その一＝上海の性奴隷の涙』

日本軍「慰安婦」制度の上海における犯罪行為を重点的に紹介する。

『主題陳列その二＝中国の至る所に存在する日本軍慰安所』

日本軍が中国侵略戦争中に、中国の二〇以上の省と区および香港と台湾で「慰安婦」制度を実施した史実を重点的に紹介する。

『主題陳列その三＝悲しい記憶と裁判』

朝鮮半島から連行された女性は日本軍「慰安婦」制度にどのように痛めつけられ苦しめられたのか、さらに、「慰安婦」幸存者による日本政府に対する裁判について重点的に紹介する。

『主題陳列その四＝多くの国籍の性奴隷』

東南アジア各国および一部の白人女性が日本軍「慰安婦」にさせられた史実と、日本軍が第二次世界大戦中に各国の女性に対して犯した犯罪に対する裁判について重点的に紹介する。

それで、案内書の説明にあるA区は相当に大きなL字形の建物一棟を指し、B区は次に大きい一棟を指し、C区はやや小さい四棟の建物を指していて、この六棟が陳列館（展示場）として整備され公開されている。

この他に、D区と案内されるところに二棟の建物があるが、その二棟は事務棟として使用されていて、一般の人が見学することはできない。そして、これらの八棟の建物はそれぞれ二階建てであり、その一部に、屋根裏部屋のような構造の三階建て部分が設けられている。

展示棟として公開されている六棟の各々の建物内には小さい部屋がそれぞれ幾つも並んでいて、二階に上がる階段などと併せて結構複雑な構造になっている建物もある。そして、各々の部屋に写真と解説パネルと遺品が所狭しと並べられている。その中で、非常に多くの日本軍性奴隷被害者の状況が被害者本人の写真と併せて具体的に紹介されているので、日本軍性奴隷制度の非道さ・残忍さを強烈な印象とともに理解することができる。

朝鮮人被害者の朴永心さんが性暴力を受け続けた二号棟一九号室も当時のままに保存されている。さらに、朴永心さんが逃げ出せないように監禁された屋根裏部屋と、部屋（一九号室）から屋根裏部屋に上がるハシゴもしっかりと残されている。そして、二号棟の前に、三人の性暴力被害者が悲嘆にくれる様子を表わす彫像が設置されているが、そのうちの一人は臨月の女性だ。臨月に近い腹部を手でやさしくさすっているこの女性のモデルは朴永心さんなのだろう。

それで、利済巷陳列館の周辺には、中国のいたるところで見れるように近代的な巨大な高層ビルが林立している。そのような状況の中で、二〇一四年六月七日に南京市の文化保存地区に指定されるまで都市開発の大波に飲み込まれず、利済巷慰安所旧址が手つかずのまま残されていたのは奇跡のように思える。利済巷陳列館の周囲のそんな状況を見ながら午前一〇時二〇分に陳列館を出て、真宗大谷派訪中団は江蘇省会議センター（鐘山賓館）に向かう。

ロサンゼルス南京大災禍時アメリカ人証人史料館の建設を祝う

真宗大谷派訪中団を主管する山内小夜子さん宛てに、南京大虐殺記念館の館長を退官したばかりの朱成山さんから招待状が事前に届いていて、「ロサンゼルス南京大災禍時アメリカ人証人史料館」建設および「世界平和と人権教育基金理事会」設立を祝う式典に出席してほしいと要請されている。招待状の差出人は、江蘇省青少年発展基金会および「世界平和と人権教育基金理事会」の連名になっている。

それで、利済巷慰安所旧址陳列館の参観を終えた真宗大谷派訪中団は、朱成山前館長から招待されている式典に出席するため江蘇省会議センター（鐘山賓館）に向かい、一〇時半に到着する。そして、式典の会場となる鐘山賓館の大広間に一〇〇名近くの人たちが参集し、一〇時四五分に式典が始まる。式典では、最初に出席者（招待者）が紹介されるが、中国やアメリカの個人や団体の他に何組かの日本の団体も招待され出席している。

出席者の紹介のあと朱成山さんが挨拶に立ち、「世界平和と人権教育基金理事会」の設立と「ロサンゼルス南京大災禍時アメリカ人証人史料館」の建設に協力し尽力した中国国内外の多くの人たちや団体の名を順々に紹介し、感謝の言葉を述べる。そして朱成山さんは次のように話を続ける。

基金理事会を設立し最初に実施するのはアメリカに南京大虐殺記念館を開設することであり、「ロサンゼルス南京大災禍時アメリカ人証人史料館」が一二月三一日に南カリフォルニアで開館する予定だ。このロサンゼルスの史料館は、南京大虐殺事件を独自にありのままに伝える一二人のアメリカ人の証言を中心に構成される。

二〇一五年に三つの新しい記念館を開設することができた。一つ目は南京大虐殺記念館の分館となる利済巷慰安所旧址陳列館であり、二つ目は従来の南京大虐殺記念館の北側に開設した「勝利」を主題とする新記念館（新館）だ。そして三つ目が、アメリカのロサンゼルスに開設するアメリカ人証人史料館であり、この史料館は中国国外で初めて開設される南京大虐殺に関わる記念館になる。アメリカに開設する史料館を、世界平和と人権教育を推進するための情報発信と交流の基地として活用していきたいので、皆さんの協力をお願いする。そして、皆さんもアメリカに来てください。

アメリカに史料館を開設したあとは、カナダと韓国にも新しい記念館を設立したいと考えている。そのため、一層の支援と協力を皆さんにお願いしたい。このように話して朱成山さんが挨拶を終える。

そのあと、（中国人にとっての）外国人を含む数名が登壇し挨拶や祝辞を述べる。その中には、いろいろな物を朱成山さん、あるいは基金理事会に贈呈する人もいる。日本の出席者からは、日中友好二一世紀委員会の石川氏が登壇し、日本の民衆の戦争体験を漫画に描き二〇〇七年に南京大虐殺記念館で展示したことを紹介する。そして今回は、日本の漫画家が描いた漫画作品を朱成山さんに贈呈するということで、たくさんの作品がその場で披露され朱成山さんに手渡された。

最後に、南カリフォルニア大学が制作した南京大虐殺に関わる五分ほどの映像作品が上映され記念式典が終了する。

そして、一一時四五分から昼食の宴席に移行する。会場の両脇に据えられた食台に多種多様な料理とたくさんの酒が並べられ、好きな料理と酒をそれぞれが自由に選ぶ「バイキング形式」で料理が振る舞われる。料理の種類は多様で量も十二分にあり、それぞれがたいそう旨い。そんな料理と酒を楽しみながら和気あいあいと過ごす。朱成山さんは、この間に各食卓を順々に回り、それぞれの団体や個人と交流を重ねていく。

真宗大谷派訪中団の食卓でも、しばらくの間、朱成山さんとの思い出やなつかしい話などに花が咲く。

さて、朱成山さんは冒頭の挨拶で、二〇一五年に三つの記念館、つまり利済巷陳列館と南京大虐殺記念館の新館と米国ロサンゼルス史料館を開設した（開設する）と話したが、朱成山さんは、前年の二〇一四年に南京大虐殺犠牲者追悼式典の国家公祭化を実現し、さらに二〇一五年に南京大虐殺档案《とうあん》（官庁などで保管される記録や史料）のユネスコ世界記憶遺産への登録も実現させている。それで、世界記憶遺産の件は初めて記すことなので、本書第一章「二〇一四年の南京」の「四．南京大虐殺犠牲者国家追悼日を実現させた朱成山館長」の項で引用している『天下華人』誌二〇一五秋期特刊に掲載されている申凉《しんりょう》さんの次の一文を紹介しておこう（原文は中国語、青木訳）。

（二〇一五年の秋に）また一つ吉報が届いた。「南京大虐殺档案《とうあん》」（官庁などで保管される記録や史料）が世界記憶遺産に正式に選定された。「世界記憶遺産への申請（登録）は、二〇〇八年八月から二〇一五年一〇月までの八年に渡る遅々として進展しない過程を経験した。日本の右翼勢力の陰湿な悪だくみによる反対を幾度も受け、選考過程は容易ではなかった」。朱成山は忘れ難い想いに感慨を覚える。そして、追想しながら朱成山は次のように話す。

国連教育科学文化機関（ユネスコ）文化委員会の主席を務めていた卡门帕迪拉《カーメンパーディーラ》女史は、二〇〇八年八月に南京大虐殺記念館を参観した際に、南京大虐殺档案を世界記憶遺産に登録して保護すべきだとその場で提案した。その翌年に、朱成山と九名の南京市人民代表大会代表は南京市第一四期人民代表大会に世界遺産申請議案を提出する。ほどなく南京市は遺産申請主導班（推進組織）を成立させ、申請作業を正式に開始した。

八年の苦労を経て事はついに成就し、朱成山はとても嬉しかった。世界記憶遺産申請（登録）の成功は、南京大虐殺の歴史の真相を世界中でより多くの人に認識させ、戦争の残酷さと歴史を記憶し平和と人類の尊厳を共に守ることの大切さを世界の人々が理解するのを助けるだろう。これは、朱成山がずっと心に抱いている願いだ。

還暦を過ぎた朱成山のもみあげは白くなっている。しかし、朱成山の顔は、シワと転変（経験）の他に、満々たる激情と未来への憧憬に満ちている。南京大虐殺档案が世界記憶遺産に登録され、（南京大虐殺犠牲者に対する）国家公祭が開始されたばかりのところに南京大虐殺記念館の拡張（「勝利」を主題とする新館の建設）が進行中であり、習近平総書記から委託された歴史記憶の伝承を続けるという仕事は未完成だ。朱成山がやらねばならないことはまだまだ多い。

『天下華人』誌二〇一五秋期特刊、四二ページ

二〇年以上にわたり南京大虐殺記念館の館長を務めてきた朱成山さんが多くの貴重な成果を退官する前に残すことができたのは嬉しいことだ。朱成山さんも、多くの事業を実現させたうえで退官できたことを喜んでいることだろう。朱成山さんの招待による式典と昼食会を終えた真宗大谷派訪中団は、午後一時に江蘇省会議センターを後にする。

南京大虐殺記念館／江東門万人坑

朱成山さんから招待された昼食会を終え午後一時二〇分過ぎに南京大虐殺記念館に入った真宗大谷派訪中団は、二〇〇七年に拡張された記念館を参観する。

さて、南京大虐殺(注14)はあまりにも有名な事件なので詳しい説明は省略するが、中国では、日本軍が南京を占領した一九三七年一二月一三日からの六週の間に無辜の中国軍民三〇万人が虐殺されたとされている。この間、中国軍民に対する大量殺害は南京城内外のいたるところで強行され、煤炭港・中山埠頭・草鞋峡・燕子磯などから膨大な数の遺体が長江（揚子江）に捨てられ流された。

遺体「処理」を指揮した南京第二碇泊場司令部の太田寿男少佐（当時）は、この大虐殺で南京城内外にあふれた遺体のうち一五万体は、南京碇泊場司令部など日本軍の各部隊が区域毎に分担し、長江に流したり焼却したり穴に埋めたりして「処理」したと供述書に記録し証言している。また、遺体「処理」の際、まだ息のある人もいたが、「手鉤ヲ以テ頭部或ハ心臓部ヲ突刺シ絶命セシメテ運搬シタ」とも記録している。

しかし、日本軍が「処理」しきれなかった膨大な数の虐殺犠牲者の遺体は南京城内外のいたるところに放置され、南京は無残な姿にさらされた。その惨状を見るに見兼ねた崇善堂・南京紅卍字会・中国赤十字会南京分会・同善堂などの民間慈善団体や福祉団体と市民の奉仕活動により、南京城内外に放置されていた膨大な数の犠牲者の遺体は長い月日を費やして南京の各地に埋葬された。こうして埋葬された遺体は二二万体を数えるとされている。そして、南京の東郊外や上新河・北極閣・正覚寺・普徳寺・燕子磯・挹江門などに数多くの万人坑（埋葬場）が残された。

それで、そのようにして残された万人坑の一つが江東門万人坑だ。一九三七年一二月一六日の夕刻、元の陸軍監獄に一旦収容していた一万人余の一般住民と武装解除された中国軍兵士を日本軍は江東門へ連行し、そこで集団虐殺した。そのあと遺体は長い間そのまま放置されていたが、春に向かい気候がだんだんと暖かくなり遺体が腐り始めるころ、江東門一帯に放置されていた一万体余の遺体を南京の慈善団体が集めて同地区内の数カ所に埋葬し、江東門万人坑が形成された。

その江東門万人坑の地に南京大虐殺記念館が建設されている。そして、記念館の建設工事の際などに敷地内や工事現場で発見された万人坑と犠牲者の遺骨が、記念館内に開設された犠牲者同胞遺骨陳列室・「万人坑」遺跡保存館・史料陳列ホール（展示館）などに保存され公開されている。その三カ所を順に確認してゆこう。

犠牲者同胞遺骨陳列室

南京大虐殺記念館の中央部に位置する遺跡区に、三〇万人の犠牲者を表わす大量の石を敷き詰めた墓地広場が設営されていて、その南西端に、家族を捜し求める母をモデルとして製作され「母の叫び」と名付けられている大きな彫像が設置されている。その「母の叫び」像の西側、そして一万人余の犠牲者の名前が記されている「嘆きの壁」の北側になる所に犠牲者同胞遺骨陳列室が独立の建物として建設されている。

外形が棺桶の形に造られているこの陳列室には、一九八五年八月一五日に竣工する最初の記念館の建設工事が進行していた一九八四年に敷地内で発見され収集された南京大虐殺犠牲者の遺骨が保管され公開されている。犠牲者同胞遺骨陳列室の中に入ると、池のように形成された床面に安置されている犠牲者の大量の遺骨を確認することができる。

しかし、工事現場で発見され収集された遺骨が山積みの状態でまとめて積み上げられているので、遺骨は元の人の形を留めておらずバラバラの状態だ。その状態を見て日本の歴史改竄主義者たちは、「あの遺骨は偽物だ。南京大虐殺の証拠とはとても言えない」などと難癖をつけたようだ。

「万人坑」遺跡保存館

犠牲者同胞遺骨陳列室のすぐ北側で芝生の管理をしていた記念館の職員が一九九八年四月三〇日に四体の遺骨を見つけたのがきっかけとなり、一九九九年一二月までに一七〇平方メートルの範囲で地中に埋もれている遺骨が調査された。その結果、地中の遺骨は七層に重なり、発掘調査現場の表層で確認できる遺骨だけでも二〇八体になることが分かった。その中には、湾曲や変形が残る遺骨や、弾丸が貫通した傷跡や銃剣で刺された傷跡が生々しいものもある。また、頭蓋骨などに鉄の釘が打たれた遺骨もある。

そして、南京大学現代分析センターと南京鼓楼病院などによる詳しい調査により、これらの遺骨は六〇年前に埋められたものであることが確認され、虐殺されたあと慌ただしく埋葬された南京大虐殺犠牲者の遺骨であることが分かった。発掘現場の表層で確認できる二〇八体のうち一六体は成人女性の遺骨である。また、一二〇体の遺骨の年齢が特定され、三歳から六〇歳までの範囲にあることも分かった。

この万人坑をそのまま保存するため、発掘現場をそっくり覆う「万人坑」遺跡保存館が建設された。犠牲者同胞遺骨陳列室の北側に建設された「万人坑」遺跡保存館の建物は犠牲者同胞遺骨陳列室の建物より一回りも二回りも大きい。そして、二〇〇七年の新記念館開館時から現在の状態で一般に公開されている。

「万人坑」遺跡保存館の中に入ると、犠牲者の遺骨が折り重なる「万人坑」のすさまじさに圧倒される。発掘現場は、七層に重なる遺骨を確認できるようにするため掘り下げられる深さが場所毎に異なり、あるところは深く掘り下げられ、あるところは地表に近いところが、遺体が埋められたときのままの状態で残されている。そして、さまざまな深さに掘り分けられた発掘現場の「表層」で、元の人の形のままの、埋められたときのままの二〇八体の遺骨を確認することができる。

犠牲者同胞遺骨陳列室に山積みの状態で保管されている遺骨に日本の歴史改竄主義者たちが難癖をつけたので、その反省を踏まえ、「万人坑」遺跡保存館に保存されている万人坑は、遺骨が元々あったところに元のままの状態で保存されているのだ。

史料陳列ホール（展示館）内の万人坑

二〇〇七年一二月に竣工する予定で南京大虐殺記念館の大規模な拡張・建設工事が進められていた二〇〇六年四月三日に、拡張工事の東側部分の工事区画に位置する史料陳列ホール（展示館）の建設予定地で担当職員が大量の遺骨を発見した。その遺骨を南京市公安局法医学センターの法医学者が鑑定し、南京大虐殺犠牲者の遺骨であることが確認された。江東門にある南京大虐殺記念館の敷地内で南京大虐殺犠牲者の遺骨が発見されるのは、一九八四年と一九九八年に次いで三度目になる。

記念館拡張工事指揮部は、新たに発見された遺骨と万人坑の処置について関連機関や専門家と相談する。その結果、新たに発見された万人坑遺跡全体を地面ごとそっくりそのまま別の場所に移動して一旦保管し、史料陳列ホール（展示館）の建物が完成し建設工事が終了したあと、史料陳列ホール内に配置される新しい展示室の中の元々の位置に元の状態のままそっくり戻して保存することが決定された。

それで、史料陳列ホール（展示館）の建物は、二〇〇七年に大幅に拡張された記念館敷地の東部に位置する展覧区に設営された広大な集会広場の北側部分に建設されている。史料陳列ホールは二階建ての巨大な建物であり、数えきれないほどの展示室が建屋内に配置されているが、二〇〇七年に新記念館が竣工・開館した後は、二度にわたる「引越し」という大工事を経て史料陳列ホールの一階にある巨大な展示室の中に戻された万人坑遺跡を発掘されたときのままの状態で見ることができる。

その万人坑遺跡に残されている犠牲者の遺骨は上下方向に何層にも折り重なっていて、「万人坑」遺跡保存館内に保存されている発掘現場と同じように掘り下げられる深さが場所ごとに異なり、あるところは深く掘り下げられ、あるところは地表に近いところまで元のままの状態で残されている。この工夫により、遺骨が上下に折り重なっている万人坑の様子を立体的に知ることができる。そして、そこで確認できる大量の遺骨はそれぞれ綿密に調査されていて、それぞれに識別票が付与されている。

史料陳列ホール内に保存されている万人坑遺跡の発掘調査の様子や「引越し」の状況は、たくさんの展示パネルにより具体的に確認することができる。さらに、万人坑遺跡の「引越し」（移動）の様子を記録している動画が展示室内にあるスクリーンに繰り返し上映されているので、見学者は「引越し」の実情を詳細に知ることができる。何はともあれ、万人坑をそのままの状態で展示室内に収めた関係者の執念には頭が下がるばかりだ。

江東門万人坑
二度にわたる「引越し」を経て史料陳列ホールの展示室に戻された万人坑と、それを見つめる観覧者。

さて、ここまで、南京大虐殺記念館が開設されている江東門万人坑に焦点を当てて見てきたが、記念館は南京大虐殺事件の全貌を記録し展示・紹介する施設なので、日本による中国侵略の全体状況と南京大虐殺の全貌ももちろん幅広く展示されている。しかし、規模も内容もとにかく壮大な記念館なので、二時間や三時間の観覧では全貌を理解することは不可能であり、ほんの一部しか見て回ることはできない。

それで、今回は急ぎ足で館内を歩き展示の規模だけはなんとか把握したので、一一の部分（区分）に分かれている展示の標題だけを確認しておこう。なお、標題は、中国語とイギリス語と日本語の三カ国語で表記されている。

第一部分　南京陥落前の中国情勢
第二部分　日本軍、上海から南京へ攻める
第三部分　日本軍の南京侵入と中国軍の南京防衛戦
第四部分　日本軍による南京での大虐殺
第五部分　日本軍による南京での強姦と略奪
第六部分　日本軍による南京での放火と破壊
第七部分　国際安全区も安全ではなかった
第八部分　日本軍による死体の損壊隠滅と慈善団体による遺体埋葬
第九部分　南京大虐殺の張本人である日本戦犯の審判
第一〇部分　南京大虐殺の歴史的証拠
第一一部分　前の事を忘れず後世の戒めとなす（前事不忘後事之師）

南京大虐殺記念館の参観を終えた真宗大谷派訪中団は、記念館北側の通用口を出たところでバスに乗り、午後三時五〇分に記念館を後にする。

上新河万人坑

南京大虐殺記念館を出た真宗大谷派訪中団は、南京市西部の長江（揚子江）右岸に位置する上新河に十数分で到着する。それで、この近くに人民解放軍（中国軍）の施設があるので、日本人（外国人）が上新河地区に立ち入ることは最近まで禁止されていた。しかし、しばらく前に立ち入り規制が解除されたので、二〇一五年一二月のこの時は上新河地区に入ることができたということだ。

さて、上新河は、日本軍による大虐殺の現場となり、虐殺のあと南京市民らにより大量の遺体が埋葬された地区の一つである。南京大虐殺の研究で著名な高興祖南京大学教授の研究や南京大虐殺記念館の説明によると、当時、長江をさかのぼり湖南から上新河まで木材を運んでいた湖南省の木材商人である盛世征と昌開運は、同朋の遺体が野ざらしに放置されているのを見過ごすことができず、自分たちで費用を出して人夫を雇い、上新河地区に放置されている遺体を埋葬した。盛世征と昌開運が埋葬した遺体は二万八七三〇体になる。また、南京陥落後に満鉄調査部が派遣した調査員の南京班報告書には、遺体収容作業がまだまだ続く一九三八年三月一五日の時点で三万一七九一体の遺体を南京紅卍字会が下関地区と上新河地区に埋葬したと記録されている。

そんな惨劇の地である上新河に来た真宗大谷派訪中団が上新河受難同胞記念碑に向かって歩いていくと、途中にある公園の中に新しい記念碑が設置されていて、「全国重点文物保護単位／侵華日軍南京大虐殺犠牲者同胞合葬地（上新河）／中華人民共和国国務院／二〇〇六年五月公布／南京市人民政府立」と刻まれている。

その新しい記念碑を通り過ぎた先の長江の右岸岸辺に上新河受難同胞記念碑が建立されていて、「侵華日軍南京大虐殺上新河地区／（大きな文字で）受難同胞記念碑／南京市人民政府／一九八五年八月」と刻まれている。そして、記念碑の周りにたくさんの花が供えられている。南京大虐殺犠牲者国家追悼日の昨日（一二月一三日）は南京のいたるところで様々な人々により犠牲者追悼式が行なわれ、上新河に建立されているこの受難同胞記念碑にも大勢の人々が集い、花を供え犠牲者を悼んだのだろう。そのことが、残されている大量の花の数から分かる。

それで、真宗大谷派訪中団が訪れたときには、昨日供えられたのであろう二対の大きな花輪が強風にあおられ倒れていたので、その花輪を元のように立て直した。そんな中でたくさんの花に囲まれる上新河受難同胞記念碑の裏面には次のように刻まれている（原文は中国語、青木訳）。

上新河受難同胞記念碑・碑文

一九三七年一二月に日本軍が南京を占領したあと、上新河一帯に逃げまどう一般住民と武装解除された兵士ら大勢の我が同胞難民二万八七三〇人余がこの地（上新河）で日本軍により虐殺された。

日本軍の虐殺方法は極めて残忍であり、ある者は縛られて溺死させられ、ある者は薪を積み上げて生きたまま焼かれ、ある者は銃で撃たれ刀剣で切り殺された。惨劇を免れたところはどこにもない。女性は、大人から子どもまで全員がまず強姦され、そのあと殺害された。これ以上に惨たらしいことはこの世にないほど残虐きわまりなく、死体は山のように積み重なり、血が河のように流れた。

そのあと、見るに忍びないこの惨状を、湖南の木材商人である盛世征と昌開運の二名が目の当たりにし、自ら寄付金を出し大量の遺体を集めて埋葬した。

その後を引き継いだ南京紅卍字会が、一九三八年一月から五月まで一四回にわたり合わせて八四五九体の遺体を上新河一帯で集めて埋葬した。その内訳は次のようである。

一月一〇日　黒橋に埋葬　九九八体
二月　八日　太陽宮に埋葬　四五七体

二月　九日　二道埂に埋葬　八五〇体
二月　九日　江東橋に埋葬　一八五〇体
二月　九日　棉花堤に埋葬　一八六〇体
二月一四日　軍人監獄付近に埋葬　三二八体
二月一五日　観音庵空地に埋葬　八一体
二月一六日　鳳凰街空地に埋葬　二四四体
二月一八日　北河口空地に埋葬　三八〇体
二月二一日　五福村に埋葬　二一七体
三月一五日　甘露寺空地に埋葬　八三体
三月二三日　甘露寺空地に埋葬　三五四体
四月一六日　賈家桑園空地に埋葬　七〇〇体
五月二〇日　黒橋に埋葬　五七体

過去の経験を忘れないで将来の戒めとしよう（前事不忘后事之師）。その言葉に基づいて、この記念碑が特別に建立された。死者を慰め、後世の人々の励ましにもなる。我が中華民族を愛し、祖国を強くしよう。侵略に反対し平和を守ろう。

真宗大谷派訪中団は、長江の河岸に建立された上新河受難同胞記念碑の前で黙祷し犠牲者を追悼する。南京大虐殺を否定する恥知らずや悪意ある人物を首相や閣僚や大学教授に任じて恥じない日本の現在の情況が恥ずかしい。加害国である日本の政府や「指導者」が侵略加害の史実を否定することは決して許されない。

上新河の受難同胞記念碑の前で犠牲者を追悼したあと、夕暮れがせまる長江を眺める。長江の広大な流れの先に対岸のように見えるのは中州であり、長江の対岸（左岸）はここからは見えない。七八年前、三方から南京に迫る日本軍から逃れるため南京市民らは長江沿岸に殺到した。しかし、長江を渡る船は無く、長大な流れに行く手をさえぎられ大混乱に陥る中で南京市民らは日本軍により惨殺された。そして、長江のこの長大な川面が犠牲者の遺体で覆い尽くされたという。

時刻は午後四時半ころ。西の空の低い位置にある丸い夕陽が曇天にかすんでいる。その丸い月のように見える夕陽を眺めながら上新河を後にする。

南京民間抗日戦争博物館

上新河万人坑を午後四時半頃に出た真宗大谷派訪中団は、四時四〇分に南京民間抗日戦争博物館に到着する。この博物館は、実業家であり南京華東装飾材料総廠（現在は広東星藝装飾集団南京有限公司）という内装材製造会社の社長を務める呉先斌《ごせんひん》さんが、自社工場の敷地内にある建物の一画に二〇〇六年一一月に開設した民間の博物館だ。八年前の二〇〇七年に第五次真宗大谷派訪中団に参加した私（青木）は、開館から一年しか経っていない呉先斌さんの民間博物館を訪れたことがある。(注15) だから、今回が二回目の参観ということになる。

民間博物館は、工場敷地内の少し奥に入ったところにある相当に大きな建物の三階に開設されている。その建物に一階の入口から入り、広くはない階段を三階まで上がると展示室の入口があり、入口の正面に、中国国歌である義勇軍行進曲の楽譜（五線譜）と歌詞が記される巨大な壁が設営されている。そして、義勇軍行進曲の壁の奥に、幅一五メートル、奥行き四〇メートルくらいの広さかと思われる展示場が開設されている。展示場は一〇区画ほどに区切られていて、その各区画や壁面に写真や史料や遺品や展示パネルなどが所狭しと展示され、中国語の解説に加え日本語の説明も添えられている。

それで、民間博物館を開設し運営している呉先斌さんについて、南京市政治協商会議弁公室に所属する徐継昌さんが二〇一五年八月付で記している相当に長文の文書があるので、その要旨を（かなり長文になるが）以下に紹介する。(注16)

ある一人の「民間」で歴史を守ろうとする人（要旨）
南京市政治協商会議委員・呉先斌さんが抗戦博物館を自力で開設するに至った心の旅路
徐継昌＝作者所属＝南京市政協弁公室　二〇一五-〇八-二五期〇四版
企業家であり、現在は南京市政治協商会議委員を務める呉先斌さんは、抗戦博物館を開設する意思を当初は持っておらず、磁器や玉器など骨董品の収集に興味を持っていた。しかし、骨董品を収集する過程で抗日戦争期の歴史史料に触れるにつれ、南京師範大学の張連紅教授をはじめとする専門家に教えを請うようになる。そして、張連紅教授の指導のもとで抗日戦争に対する理解を次第に深め、また、中国国内における抗戦史研究の不足という課題を認識する。そのため呉先斌さんは、古い書画などの収集という趣味を放棄し、抗戦史に関わる史料や文物を収集し、それらを展示するための博物館に投資することを決める。そして二〇〇六年から南京民間抗日戦争博物館を個人で運営することになった。
民間博物館の入口に据えられている義勇軍行進曲の巨大な歌詞は心を揺さぶり、前進することを人々に促す。また、入口の側面に掲げられた、一九三七年の大虐殺の幸存者の、それぞれに表情が異なる七二枚の写真は、全て呉先斌さんが本人を訪ねた時に撮影したもので、大虐殺の暗黒の歴史を記録している。そして呉先斌さんは、「ここ（民間博物館）には標語やスローガンはなく、歴史を語る文物があるだけだ」と話す。

現在、館内には、五一〇〇点以上の貴重な文物が収蔵されている。また、四万冊余の戦争関連の書籍が収蔵されていて、そのうち、抗日戦争の歴史に関する世界で唯一の本や学術的に価値が高い書籍が二〇〇〇冊以上ある。民間に眠っていたこれらの抗戦の記憶（遺留品）を収集するため、呉先斌さんは九年間全国をくまなく巡り、抗日戦争を戦った老兵士や南京大虐殺の幸存者ら五〇〇人以上を訪ねてきた。この何年かは、長沙・重慶・広州などの都市で大量の資金を費やし、日本軍による中国侵略の史料を集めている。

館内には、南京仙鶴門における大虐殺を日本軍が自ら撮影した写真が一枚ある。辺り一面に死体が横たわる写真であり、酷くて目を背けたくなる。それで、日本軍には、戦果を誇示するため写真帳を作る習慣があり、この写真も、南京攻略日本軍の一部隊である伊東部隊の写真帳の中にあったものだ。

何年か前に中国東北地方在住の収集家からこの写真を購入するため、呉先斌さんは一〇時間も汽車に乗り、五万元という代価を支払った。当時の五万元は相当に大きな金額だが、写真を手に入れることはお金には代えれない価値がある。南京仙鶴門における日本軍の暴行を記録している文字の史料はあっても絵や写真は無かったのだ。「この写真は、日本軍が南京城内で虐殺を犯したことの有力な証拠となるだろう。写真は一〇〇〇言の言葉に勝る」と呉先斌さんは思っている。

呉先斌さんは、二〇〇六年の開館から現在までに全部で三〇〇〇万元以上の資金を費やしていて、さらに、博物館の運営費が一年で二〇〇万元かかる。しかし、呉先斌さんの民間博物館を市民は無料で参観できる。「多くの企業家は、一定の経済的な条件を得ると社会のために何かをしたくなるが、この方法で社会に貢献したいと思っている」と呉先斌さんは話す。そして、全ての支出と苦労を価値のあることだと信じている。

博物館を開設したあと呉先斌さんは学校に講演でよく招かれるようになった。抗戦史や愛国感情を学生に伝えるためだ。そして呉先斌さんはある理念をずっと持っている。それは、この間の歴史を維持する活動に民衆が自覚的に参加することだ。そうなれば、機関や組織によって参観者を動員するという方法にはない効果を生むだろう。

文物を展示する以外にも、多くの活動がこの民間博物館で行なわれている。二〇一四年の八月一三日には、江蘇省中国近代史学会「抗日戦争勝利六九周年学術シンポジウム」が博物館で開催された。また、抗日戦争勝利七〇周年を記念し、より多くの市民に抗戦史を知ってもらうため、呉先斌さんの民間博物館と他の団体が合同で抗戦に関する講座を開催している。二十数人の有名な専門家を招いて毎月一回講演してもらうのだ。

南京には南京大虐殺遇難同胞記念館や南京国際航空烈士記念館が既にある中で民間の抗戦博物館が存在する意義はどこにあるのだろう？　こうした質問に対し呉先斌さんは、「公共の記念館が参観者に提供するのはある種の普遍的なものだが、私の博物館が強調するのは一部の個別の重要な課題だ。歴史には、典型的意義を有する個別の記憶や実物がある。国家博物館の所蔵品は国家の記憶を代表し、民間博物館の所蔵品は民間の記憶を代表する。そして、中国の抗日戦争史は実際は民衆史に他ならない。両者が融合してこそ民族の『完全な記憶』だと言える」と答える。

近年、南京民間抗日戦争博物館は江蘇省国防教育委員会により愛国主義教育基地に指定された。博物館の影響力の拡大に伴い、ますます多くの機関や党派・団体や学校の学術員が参観に訪れるようになり、開館から現在までに延べ二〇万人以上が来館している。すべて民衆が自発的に訪れたものだ。

今では、民間博物館に対し公的な情宣が行なわれるようにもなっている。博物館の活動情報や動静を逐一公的に知らせることができるようになったのだ。さらに、活動グループが組織され、博物館の様々な活動を企画し実行できるようにもなった。また、博物館が招請した七人により歴史口述調査グループが作られ、抗戦老兵士への聞き取り調査を実施している。聞き取り結果はいずれ一般に公開される予定だ。

数年前から呉先斌さんはボランティアと共に、もう一つの新しい仕事にも取りかかっている。幸存者を伴って老兵たちを見舞うという活動だ。そこでは戦争のことは語らず、日々の出来事をのんびりと語るのだ。

さて、真宗大谷派訪中団が民間博物館の展示をしばらく観覧していると呉先斌さんが展示場にやってきて再会することができた。訪中団員の多くはそれぞれ呉先斌さんと面識があるので、それぞれに挨拶を交わす。そして、呉先斌さんが見ている前で芳名帳にそれぞれが名前を記帳する。

そのあと、呉先斌さんの執務室（館長室）に案内してもらう。そこには、書籍が満載の大きな書架が一〇本くらい立ち並び、壁面にも書籍が満載の書架がビッシリと設置されている。呉先斌さんの執務室には相当に大きな「図書館」が併設されているのだ。

それで、私的な話になり恐縮だが、私（青木）が二〇〇七年の訪問時に寄贈した『日本軍兵士・近藤一』(注17)や、別の機会に届けた『万人坑を訪ねる』(注18)など複数の私の著書もきちんと収蔵されていて嬉しく思った。そして今回は、今年七月に出版した『日本の中国侵略の現場を歩く』(注12)を他のお土産といっしょに呉先斌さんに直接手渡すことができた。

さて、呉先斌さんが経営する工場の敷地は、南京市街に通じる主要街道に面していて、その街道に面して建てられている三階建ての建物の正面に三種類の表示がなされている。「南京民間抗日戦争博物館」と「広東星藝装飾集団南京有限公司―工程管理中心」と「重九酒店―高淳創意農家土菜」がその三種類だ。そして、重九酒店で提供される料理の巨大な写真も建物の正面に掲示されている。街道に面しているこの建物で、

「重九酒店」という店名の食堂が営業していて、農家の家庭料理（農家土菜）を売りにしているようだ。

　その重九酒店に午後五時四〇分に移動し、呉先斌さんと共に大きな丸い食卓を囲み夕食をごちそうになる。呉先斌さんが品定めしてくれる多種多様な農家土菜はとても旨く、白酒（パイチュー）などを飲みながら楽しいひとときを過ごす。

　さて、その夕食の席で、真宗大谷派訪中団の西山誠一さんが、西山さんの父の中国侵略を謝罪する書面（手紙）を呉先斌さんに手渡す。書面は、（筆記具で文字を書くのが少々不自由な）西山誠一さんが便箋に万年筆で丁寧に手書きしたものであり、次のように記されている。[注19]

中国の皆様へ

二〇一五・一二・一三《ママ》

第一三回南京平和法要友好訪中団（日本国真宗大谷派）

西山誠一

　今から七〇年以上前の日中戦争に於いて、私の父を含む日本国の軍隊は、中国全土に渡って、言葉では言いあらわせない苦痛を与えたと思います。

　私の父（西山政勇）は、日本国陸軍第九師団（金沢）[注20]山砲兵第九連隊第二中隊の一員として、一九三二年の第一次上海事変と一九三七年の南京攻略戦等の二回に中国侵略に加わりました。一九三八年五月に徐州附近で負傷し、一九四〇年に東京の陸軍病院で死亡しました。

　父の犯した侵略の罪は、たとえ政府の命令であろうと、父以外には誰にも代ってもらえないことを仏教に学びました（無有代者）。然し私は、私が謝罪しても父は許してもらえないと思っても謝罪しないではいられません。父の侵略の事実は永遠に残るでしょう。消えないでしょう。でも私は、父の息子として一言中国の皆様へ申し上げたいと思います。

呉先斌館長（左）と西山誠一さん
父の中国侵略を謝罪する書面を西山誠一さんが呉先斌館長に手渡す。

「本当に申し訳ありませんでした。」
二〇一五年一二月一四《ママ》日　真宗大谷派　西山誠一

西山誠一さんは、南京市政治協商会議委員の呉先斌さんに中国（南京市）を代表して謝罪の書面を受け取ってもらったようなことに形式的にはなる。そして、この謝罪文は呉先斌さんの民間博物館で展示されることになるようだ。あと、西山誠一さんは、父の靖国神社合祀の取消しを求め国に対し賠償金の支払いを請求する裁判を提訴して闘った人でもある。その裁判では、担当裁判官が国による賠償金の支払いを認めず西山誠一さんは敗訴したが、判決文の中に合祀は違憲と記載されている。しかし、裁判に勝訴した国は控訴できず、合祀は違憲と記載されている判決が確定しているとのことだ。

南京から上海へ

真宗大谷派訪中団は午後六時四〇分過ぎに南京民間抗日戦争博物館の食堂を出て南京駅に移動する。そして、午後七時二四分に南京駅を発車する高速鉄道で上海に向かう。

それで、ガイドの戴国偉さんは一等車を手配したのだが、鉄道会社側の手違いで特別車両の一六号車に乗車することになる。その特別車両は、横に三列（最後尾だけは二列）縦に四列だけしかない座席がゆったりと並び、それぞれの座席は完全に水平に倒して寝ることができる特別な仕様だ。座席ごとに配置されている映像音響設備やマッサージ機能や、サービスのお菓子や飲み物なども至れり尽くせりだ。そのうえ、鉄道会社側の手違いなので料金は一等車の料金のままということであり、午後九時一五分に上海駅に到着するまでの旅程を快適に過ごす。そして、上海のホテルに午後九時三〇分に入る。

さて、あとは翌日の話になるが、真宗大谷派訪中団を民間博物館に迎えた次の日の朝（夜中？）三時に、二人の新聞記者と共に呉先斌さんは自家用自動車で南京を出発し、真宗大谷派訪中団が宿泊している上海のホテルに訪ねてきた。そして、午前七時三〇分から西山誠一さんを取材し、西山さんの証言をビデオカメラに収録している。その取材結果は記事になり、翌日の新聞（一二月一六日付け『現代快報』）に掲載されたとのことだ（第三章の「南京民間抗日戦争博物館」の項を参照）。

上海淞滬《しょうこ》抗戦記念館

訪中四日目の一二月一五日は、午前九時半過ぎに上海のホテルを出て上海淞滬《しょうこ》抗戦記念館に向かう。この日の早朝に南京から上海のホテルに駆けつけた南京民間博物館の呉先斌さんと二名の新聞記者が西山誠一さんを取材していたので、当初の予定からおよそ一時間遅れの出発になる。

真宗大谷派訪中団を乗せた観光バスは大都会の上海市内を通り抜け、午前一〇時一〇分に上海淞滬抗戦記念公園に到着する。この広大な公園は、長江と海に面する場所に造営されているとのことで、園内に大きな池があり樹木も多い気持ちのよい公園だ。

その公園内に上海淞滬抗戦記念館が開設されている。記念館の建屋は、一一階建ての巨大な塔と普通の建物を組み合わせて構成されている。高さが五三メートルにもなる塔は広い公園の中でよく目立ち、遠くから見ると、日本の寺院にある五重の塔などを一一層に積み上げたように見える建物だ。

記念館内の展示室には、解説パネルと写真と遺品や器物が所狭しと掲示（展示）され、第一次上海事変（中国では一・二八淞滬抗戦）と第二次上海事変（中国では八・一三淞滬抗戦）を中心に上海における抗日戦争の全貌を詳しく紹介している。限られた時間での参観では、その内容を詳細に理解する余裕はないが、記念館のホームページに記載されている簡単な説明を確認しておこう（原文は中国語、青木訳）。

上海淞滬《しょうこ》抗戦記念館は、二次にわたる淞滬戦役（第一次および第二次上海事変）と上海の一四年にわたる抗戦の全過程を網羅する中国で唯一の記念館であり、かつて上海の軍民が血みどろの抗戦を闘った主戦場＝宝山地区に位置している。

記念館は、塔と（通常の）建屋を一体にする建築様式を採用していて、建屋面積は九二二三平方メートル、展示面積は四二七八平方メートルであり、さらに、およそ八〇〇〇平方メートルの屋外展示施設を併設している。この記念館と上海淞滬抗戦記念公園を組み合わせ、「文化と緑の結合」「歴史と芸術の結合」「記念館と公園の一体化」の様式としている。

二〇〇〇年一月二八日に竣工・開館して以降、社会各界の人士の関心を集め、二〇一四年八月に国務院により第一期の八〇カ所の国家級抗戦記念施設・遺跡の一つに選定された。現在は、国防教育模範基地・上海市愛国主義教育基地・上海党史教育基地・上海市志願者奉仕基地にも指定されている。

記念館の常設展示の主題は、「苦難卓絶―上海抗戦と世界反ファシズム戦争」「血に染まる淞滬―淞滬戦役」「正邪の熱血―張明曹抗戦美術作品」「陳誠淞滬会戦档案史料室」である。また、室外展示区域には、「集合」勝利の火、「歴史のさざなみ」、浮彫（レリーフ）の壁「淞滬戦歌」、「抗戦遺跡」、彫塑「結―一九三七」「歴史の門」「上海淞滬抗戦記念碑」「淞滬軍民の日本軍への抵抗」などの作品が展示され、芸術広場を構成している。これらに加え、「警世鐘」「抗戦文化芸術の壁」も設営されている。

（記念館ホームページ案内）

午前一一時四〇分過ぎに淞滬抗戦記念館を出て、一二時前にバスに乗車し淞滬記念公園を後にする。上海淞滬抗戦記念館の参観が、第一三次真宗大谷派南京平和法要友好訪中団の中国での最後の「公的」な活動になる。

帰国

上海淞滬抗戦記念館を参観したあと、商業施設で買い物をする時間をとり、それぞれが土産物を購入するなどしたあと上海浦東空港に移動する。そして、上海浦東空港で第一三次真宗大谷派訪中団を一旦解散する。このあとは、関西空港・中部空港・羽田空港行きの航空便に分かれそれぞれ飛び立つことになる。帰国後は、年明けの一月に第一三次訪中団として再集合し、親睦を深めつつ訪中の総括を行なう予定でいる。

さて、一二月一三日とその前後に私（青木）が南京を訪れるのは、二〇〇七年に実施された第五次真宗大谷派南京平和法要訪中団(注04)に参加して以来八年振りで二回目ということになる。そして、二〇〇七年に訪中した時は、一二月一三日に南京大虐殺記念館で挙行される犠牲者追悼式は、南京市と江蘇省が主管する地方政府による式典だった。その式典で、主役である江蘇省政治協商会議の許仲林《きょちゅうりん》主席ら幹部が居並ぶ前で、南京芸術学院の女子学生・任潔《にんけつ》さんが青年代表として正面の舞台に登壇し南京平和宣言を読み上げている。厳粛な式典ではあるが、それぞれの参列者がそれぞれの想いを込めて犠牲者を悼む温かい雰囲気に包まれる式典だったように思う。

そして二〇一五年の今回は、一二月一三日が南京大虐殺犠牲者国家追悼日に定められてから二回目になる犠牲者追悼式が、中央政府が主管する国家公祭として挙行された。ガチガチの厳戒態勢に固められ重苦しい雰囲気に包まれる南京大虐殺記念館で挙行される国家公祭の開始時刻である午前一〇時の直前に、この追悼式典の主役となる中国共産党中央政治局委員の李建国全人代副委員長が会場に入場する。そして、国歌斉唱と黙祷のあと李建国全人代副委員長が正面の舞台に登壇し演説する。李建国副委員長が演説を終えると、会場の前方に近い位置を埋め尽くして整然と並んでいる大勢の屈強な体格の人民解放軍兵士や警察官が一斉に拍手する。それに誘発されるように会場全体が大きな拍手に包まれる。舞台に登壇し発言するのは李建国氏一人だけであり、一万人余が参列している式典は二十数分で終了する。すると、一万人余が整然と見守る中で真っ先に李建国氏が退場し、それで「お開き」になるという感じだ。

それぞれの参列者が自然な感じで集い、それぞれの想いを込めて犠牲者を悼む以前のような温かい雰囲気の式典ではなくなったように感じる。南京大虐殺記念館で開催される犠牲者追悼式典の変遷をつぶさに見続けている山内小夜子さんは、本書で既に記したことだが、国家公祭終了後に次のように話している。

南京市や江蘇省が主管していたころの犠牲者追悼式はもっともっと人情味があり、ざっくばらんだった。

中国と日本の僧侶が合同で勤める世界平和法要の様子に似ていて、犠牲者や故人を偲んで地元の人が自然に参列している感じだった。中央政府が主管するようになった国家公祭は、組織として動員された人が大勢出席しているように思われ、追悼式の変化を感じている。だからこそ、嘆きの壁の前で行なわれる世界平和法要がますます重要になると思う。

山内小夜子さんが話すように、南京大虐殺の幸存者と犠牲者の遺族が主役として参列し、中国と日本の僧侶が犠牲者追悼法要を勤める世界平和法要には、犠牲者を悼む自然な姿があるように思う。そんなことを私は想いながら、そして訪中団のそれぞれが色々なことを想いながら二〇一五年の南京を後にしようとしている。

第二章　注記

（注01）意味を変えない範囲で、読点や語句や表記などを変更している。

（注02）次の書籍などを参照

東史郎著『わが南京プラトーン——一召集兵の体験した南京大虐殺』青木書店、一九八七年

東史郎著『東史郎日記』熊本出版文化会館、発売＝情況出版、二〇〇一年

下里正樹著『隠された聯隊史——「20ｉ」下級兵士の見た南京事件の真相』青木書店、一九八七年

任世淦著、田中宏監訳『山東省の元教師による日本軍兵士罪行の現場検証「東史郎日記と私」』ノーモア南京の会、二〇一七年

（注03）次の書籍などを参照

東史郎さんの南京裁判を支える会編『加害と赦し——南京大虐殺と東史郎裁判』現代書館、二〇〇一年

内山薫著『南京大虐殺　記憶の暗殺——東史郎はなぜ裁判に負けたか』世界知識出版社（中国—北京）、二

〇〇七年
（注04）（注12）第二章
（注05）（注12）九八頁
（注06）南京大虐殺などの殺戮において殺害を免れ生き延びることができた人（生存者）を中国では幸存者という。
（注07）中国の全国的な青少年組織。主に課外活動を通じて共産主義を学ばせ、将来の共産主義青年団（共青団）員・共産党員を育成している。
（注08）次の書籍などを参照
松岡環編著『南京戦・閉ざされた記憶を尋ねて――元兵士102人の証言』社会評論社、二〇〇二年
松岡環編著『南京戦・切りさかれた受難者の魂――被害者120人の証言』社会評論社、二〇〇三年
松岡環著『南京・引き裂かれた記憶――元兵士と被害者の証言』社会評論社、二〇一六年
（注09）森哲郎著・長岡進監修『戦乱の海を渡った二つの観音様』鳥影社、二〇〇〇年
（注10）仏語（ぶつご）。法会や修法の際に、その趣旨を書いた文を導師が仏前で読みあげ、三宝および参会者に趣旨を告げ知らせること。また、その文のこと。
（注11）樋口浩造・西井麻里奈著『証言――日中戦争下南京の日本軍慰安所　松下富貴楼・土地所有者の記憶　解説及び注記』愛知県立大学日本文化学部論集（歴史文化学科編）第五号、二〇一四年三月
（注12）青木茂著『日本の中国侵略の現場を歩く――撫順・南京・ソ満国境の旅』花伝社、二〇一五年
（注13）青木茂著『万人坑に向き合う日本人――中国本土における強制連行・強制労働と万人坑』花伝社、二〇二〇年
（注14）次の書籍などを参照
本多勝一著『中国の日本軍』創樹社、一九七二年、九三頁
中国南京市文史資料研究会編、加々美光行・姫田光義訳『証言・南京大虐殺』青木書店、一九八四年
洞富雄著『南京大虐殺の証明』朝日新聞社、一九八六年

下里正樹著『隠された聯隊史――「20ｉ」下級兵士の見た南京事件の実相』青木書店、一九八七年
本多勝一著『南京への道』朝日新聞社、一九八七年
洞富雄・藤原彰・本多勝一編『南京事件を考える』大月書店、一九八七年
洞富雄・藤原彰・本多勝一編『南京大虐殺の現場へ』朝日新聞社、一九八八年
本多勝一編『裁かれた南京大虐殺』晩聲社、一九八九年
洞富雄・藤原彰・本多勝一編『南京大虐殺の研究』晩聲社、一九九二年
南京大虐殺の真相を明らかにする全国連絡会編『南京大虐殺　日本人への告発』東方出版、一九九二年
本多勝一著『本多勝一集第14巻　中国の旅』朝日新聞社、一九九五年、二三九頁
小野賢二・藤原彰・本多勝一編『南京大虐殺を記録した皇軍兵士たち　第十三師団山田支隊兵士の陣中日誌』大月書店、一九九六年
本多勝一著『本多勝一集第23巻　南京大虐殺』朝日新聞社、一九九七年
藤原彰著『南京の日本軍　南京大虐殺とその背景』大月書店、一九九七年
南京事件調査研究会編『南京大虐殺否定論13のウソ』柏書房、一九九九年
本多勝一・渡辺春己・星徹著『南京大虐殺　歴史改竄派の敗北』教育史料出版会、二〇〇三年
朱成山編『南京大屠杀历史证人脚印　「铜版路」图集』南京出版社（中国―南京）、二〇〇三年
笠原十九司著『体験者27人が語る南京事件』高文研、二〇〇六年
笠原十九司著『南京事件論争史　日本人は史実をどう認識してきたか』平凡社、二〇〇七年
本多勝一著『南京大虐殺と日本の現在』金曜日、二〇〇七年
笠原十九司著『「百人斬り競争」と南京事件』大月書店、二〇〇八年
本多勝一・星徹・渡辺春己著『南京大虐殺と「百人斬り競争」の全貌』金曜日、二〇〇九年
張憲文主編『南京大虐殺史』南京大学出版社（中国―南京）、二〇一五年

（注15）（注12）八八頁

（注16）山内小夜子さんらが主催し二〇一六年八月四日に京都市内で開催された呉先斌さんの講演会「日本と中国／草の根交流会 in 京都」で配布された資料の中に、徐継昌さんの文書の日本語訳が収録されている。その日本語訳を元に、本書に記している要旨を青木が作成した。
（注17）青木茂著『日本軍兵士・近藤一――忘れえぬ戦争を生きる』風媒社、二〇〇六年
（注18）青木茂著『万人坑を訪ねる――満州国の万人坑と中国人強制連行』緑風出版、二〇一三年
（注19）明白な誤字と一部の表記を訂正・変更し、段落と読点を追加している。
（注20）大砲の一種。同口径の野砲ないし軽榴弾砲に比べ、砲口直径に対する砲身長が短く低初速・短射程だが、軽量かつ小型で分解が可能である。

第三章　二〇一六年の南京

第一四次真宗大谷派南京平和法要友好訪中団

二〇一五年の第一三次訪中団（第二章に詳述）を引き継ぎ、二〇一六年は一七名が参加し第一四次真宗大谷派南京平和法要友好訪中団が結成された。団長は、二〇一三年の第一一次から四年続けて長谷良雄師が務める。そして、南京で合流する予定の五名を除く一二名は、一二月一〇日に関西空港と中部空港と成田空港からそれぞれ出発し、中国時間の正午頃を目処に北京空港に集合する。北京空港ではガイドの戴国偉《たいこくい》さんがいつものように迎えてくれ再会を喜び合う。

さて、真宗大谷派南京平和法要友好訪中団の目的は、一二月一三日を中心に南京で活動することだが、その前後に南京以外の町を訪ねるようにしていて、今年は北京と天津を訪れる計画だ。そのうち北京では、日中戦争の発端の地となった盧溝橋とその周辺を見聞する予定であり、真宗大谷派訪中団は午後一時二〇分に北京空港を後にする。

盧溝橋

北京の中心部から南西方向に一五キロほどのところにある盧溝橋は、永定河の両岸を結ぶため一一八九年に着工され一一九二年に竣工した石造りの橋で、最初は広利橋と呼ばれた。弓形に積み上げた石で上部の荷重を支えるアーチ構造の橋梁を一一基連ねて造られた盧溝橋は、全長二六六・五メートル、幅九・三メートルの巨大な橋で、両脇に備えられた石造りの欄干《らんかん》に、形と大きさがそれぞれ異なる五〇一体の獅子の像が並んでいる。橋の東側には、清の乾隆帝の筆になる「盧溝暁月」碑が建立され、さらに東西両側に漢白玉碑も設置されている。八〇〇年余の歴史がある盧溝橋は、華北地域に現存する最古の石造アーチ橋であり、一九六一年に国務院により第一次の全国重点文物保護単位に指定された。

一方、盧溝橋の東側の永定河沿いに位置する宛平城《えんへいじょう》は、明の宦官《かんがん》・武俊の主導の下で一六三八年に建設が始められ一六四〇年に竣工した。東西両側に城門を設ける両門式城郭と呼ばれる形式で構築された宛平城の城郭は、東西方向に六四〇メートル、南北方向に三二〇メートルの広さになる。宛平城は、もともとは拱北《きょうほく》城《じょう》と呼ばれたが、清の時代に拱極城《きょうきょくじょう》に改称されている。その後、一九二八年に当時の宛平県庁が城内に置かれたので宛平城と呼ばれるようになった。

一九三七年七月七日に日本軍（支那駐屯軍）は、盧溝橋の北に位置する永定河の東岸、つまり宛平城の北方で軍事演習を行なった。その際に兵士一名が行方不明になったことを口実にして日本軍は宛平城を砲撃し盧溝橋事件を引き起こす。こうして、日本による対中国全面侵略が開始されたが、宛平城の城壁には、このときの砲撃の痕跡が今も残されている。そんな歴史を有する宛平城は、華北地域で完全に保存されている唯一の両門式城郭であり、盧溝橋と共に一九六一年に国務院により第一次の全国重点文物保護単位に指定されている。

さて、午後一時二〇分に北京空港を出た真宗大谷派訪中団は、午後二時五〇分に盧溝橋近くの駐車場に到着する。そして、まずは、宛平城内に開設されている中国人民抗日戦争記念館に入場する。盧溝橋の畔《ほとり》に建設されたこの巨大な記念館は、中国で七七事変と呼称される盧溝橋事件から五〇年となる一九八七年七月七日に開館している。そして、中国人民抗日戦争（日中戦争）の歴史を全面的に反映する中国で唯一の総合的記念館とされ、毎年七月七日に抗日戦争記念行事が開催される重要な施設になっている。

真宗大谷派訪中団の参観には記念館の日本語ガイドが付いてくれ、あれこれと説明してくれる。参観時間を十分に取れないので詳細に説明を受けることはできないが、大雑把に捉えると、国民党と共産党が協力し、台湾・香港・マカオの同胞や世界各地の華僑らが団結して日本の侵略と戦い勝利した歴史を紹介している。その中で私が重く受け止めたのは、抗日戦争（日中戦争）に勝利した中国の死傷者が中国の統計で三五〇〇万人にもなり、そのうち死者が二一〇〇万人(注01)であることだ。

足早に観覧を終えたあと、記念館の李宗遠館長が挨拶に来てくれ、しばらく立ち話で懇談する。李宗遠館長は、真宗大谷派訪中団を主管する山内小夜子さんの古くからの友人ということだ。

午後四時四〇分に抗日戦争記念館を出て宛平城内を西に向かって歩く。宛平城は、拱極営《きょうきょくえい》・興隆寺・宛平県衙《ぎょ》（県役所）・蘆江駅が再建されるなど城内の街並と城門や城壁の整備・改修が何度も行なわれ、明朝時代の雰囲気を醸し出す「観光地」になっている。最近の十数年の間に抗日戦争記念館の周囲の様子は様変わりしたようだ。

宛平城の西門を出ると、その先に盧溝橋がある。盧溝橋は、一九八六年から一九八七年にかけて大がかりな修復工事が実施されたが、波打つような轍の跡が残る橋梁の石畳の路面が往事のままに残されている。その、全長二六六・五メートルの盧溝橋を歩いて渡るとかなり長いが、両側の欄干にずらりと並ぶ石造りの獅子の像や永定河を眺めていると、あれこれのことに興味がわくばかりだ。

対岸に渡り終える頃には夕暮れが近くなっている。盧溝橋の西側から振り返って東方を見ると、盧溝橋の石畳の路面の先に宛平城の西門がどっしりと構えている。そして、宛平城の右手上方の薄曇りの空で明かりを放つようになった丸い月を眺めながら盧溝橋をまた歩いて戻る。宛平城側に渡り終える頃には周囲の街灯に明かりが灯り、辺りは夕闇に包まれていく。

中国友誼促進会招待の晩餐会

訪中第一日目の夜は、北京ダックの老舗である全衆徳の北京本店で、中国友誼促進会の招待による晩餐会が予定されている。ガイドの戴国偉さんの盟友である中国友誼促進会国際部顧問の徐明岳さんが、真宗大谷派訪中団が北京に来るのであれば何があっても歓迎会を実施すると戴国偉さんをねじ伏せ、この日の晩餐会が設定されることになったようだ。ともあれ、全衆徳の北京本店ということで、北京というか中国で一番旨い（はずの）北京ダックを振る舞ってもらえるということだ。

午後六時四〇分に始まった晩餐会には、中国友誼促進会から陳少信副秘書長や徐明岳国際部顧問の他に国際部の幹部や通訳らが出席している。冒頭の挨拶で陳少信副秘書長は、「現在の中日間には問題がいろいろあるが、中国帰還者連絡会(注02)や『撫順の奇蹟を受け継ぐ会』(注03)など日本の民間団体と多くの日本の友人が中日友好のため頑張ってくれている。外国と友好を深めるために活動している中国友誼促進会も中日友好のため頑張りたい」と話す。

真宗大谷派訪中団からは、その活動概要を山内小夜子さんが説明し、「日中友好の基礎を固めるため、私たちの父母が犯した罪を直視し責任を担っていかねばならない。南京に通う一番の目的は謝罪だ」と話を結ぶ。続けて団長の長谷良雄師が、「自坊がある村の住人の中に、南京で虐殺に関わった人がいる。その人から、『万歳と言って私を中国に送り出したのはあなた（長谷良雄師）だ』と言われた。村の人たちは私に、『中国に行って謝罪してほしい』と言っている」と話す。

そんな挨拶のあと、中国で一番旨いはずの、そして実際に本当に旨い北京ダックと多様な料理を山ほどごちそうになる。

あとは私的な話になるが、日本の市民団体「中国山地教育を支援する会（注04）」の訪中に同行し二〇〇六年九月に河北省興隆県を私（青木）は訪ねたことがある（注05）。その時にガイドとして同行し案内してくれたのが徐明岳さんだ。思わぬところで一〇年振りに再会できたのは嬉しい驚きだ。

天津市烈士陵園・在日殉難烈士労工記念館

訪中二日目の一二月一一日は天津に移動し、中国人強制連行・強制労働に関わる施設を訪ねる予定だ。それで、真宗大谷派訪中団は、北京南駅を午前九時一七分に発車する高速鉄道に乗車し九時五二分に天津駅に到着する。そして専用の観光バスに乗り、天津市烈士陵園に向かう。

さて、天津市烈士陵園（注06）は、一九五五年六月に元の北郊区（現在の北振区）北倉鎮三義村に開設されたのが始まりだ。その後、一九七一年に北郊区から南開区の水上公園内に移転され、一九七五年八月に抗日殉難烈士記念館（建築面積二三七平方メートル）が新たに建設された。また、日本各地の一三五の事業所で死亡した中国人労工のうち六七二三名の名前が刻まれる抗日殉難烈士名簿壁も建立された。さらに、在日華僑中日友好促進会が六〇万元を拠出し抗日殉難烈士記念彫塑（塑像）を建立している。

そのあと天津市烈士陵園は、北辰区鉄東北路五九九八号に場所を移し新たに建設されることになる。そして二〇〇六年四月一〇日に新しい陵園が落成し、初めて正式に対外（一般）開放された。新しい陵園の敷地面積は八七亩《ムウ》（五万八〇〇〇平方メートル）、建築面積一三五二平方メートルの在日殉難烈士労工記念館を含む総建築面積は八〇〇〇平方メートルになる。

新しい施設の中核になるのは、建築面積が合わせて約七〇〇〇平方メートルになる在日殉難烈士労工記念館と革命烈士記念館と建国後烈士記念館の三館であり、そこに烈士の遺骨六九二四柱が安置されている。そのうち在日殉難烈士労工の遺骨が二三一四柱、無名烈士の遺骨二九九四柱を含む天津戦役烈士の遺骨が四一八九柱、建国後烈士の遺骨が四二一柱になる。(注07)このうち、在日殉難烈士労工の遺骨二三一四柱は、日中戦争時に日本に連行され日本各地の強制労働現場で死亡した中国人被害者の遺骨であり、一九五三年七月から一九六四年一一月の間に九次にわたり民間主導で中国に返還された(注08)二八六四柱（内一〇四柱は重複）の遺骨の一部である。

天津市烈士陵園は二〇〇九年に国務院により全国重点烈士記念建築物保護単位として認定された。さらに、日本に連行された強制労働被害者に関わる中国で唯一の記念館とされる在日殉難烈士労工記念館は二〇一四年に国務院から第一次の国家級抗戦記念施設・遺跡に指定されている。(注09)

そのあと天津市烈士陵園では、花岡事件七〇周年になる二〇一五年に合わせて花岡暴動記念園が新たに開設され、在日殉難烈士労工記念館の展示も全面的に刷新された。そして同年九月二日に、花岡事件の犠牲者の遺族一〇〇名余と中国人殉難者遺骨送還運動に携わった日本人や中国人と関係者が出席し、花岡暴動記念園の開園と労工記念館の展示の刷新を祝う式典が盛大に行なわれている。

さて、一〇時四〇分過ぎに天津市烈士陵園に到着した真宗大谷派訪中団が陵園の西口から入場すると、その先に、日本の大きな寺院の巨大な本堂を思わせるような造りの在日殉難烈士労工記念館と革命烈士記念館と建国後烈士記念館が並んで建っている。そして真宗大谷派訪中団は二名の女性解説員と写真係に案内され、手前側にある労工記念館に二階から入場する。

在日殉難烈士労工記念館の遺骨安置室

日本から送還された中国人被害者の遺骨のうち 2316 柱が、それぞれ白木の箱に入れられた状態で遺骨保管庫に安置されている。

労工記念館に展開されているのは、二〇一五年九月に全面的に刷新された展示だ。そのうち二階の展示では、最初に日本国内への中国人強制連行の全体像がまとめられ、次に花岡鉱山における鹿島組（現鹿島建設）に対する闘争を中心に各事業所における中国人労工の抵抗や闘争が紹介される。そして最後に、戦後の遺骨送還運動についてまとめられている。一方、一階の展示は戦後補償問題が主題であり、中国人被害者に対する日本での支援運動と中国人被害者側の活動、日本における裁判闘争、加害企業と中国人被害者の和解、日本の右傾化に抗し今も続く闘争などが紹介されている。

一階の展示室の奥にある労工祭悼《さいとう》庁には遺骨安置室が二

室あり、日本から送還された中国人被害者の遺骨のうち二三一六柱が[注10]、それぞれ白木の箱に入れられた状態で、駅などにずらりと立ち並ぶコインロッカーと同様の形式の遺骨保管庫に安置されている。また、遺骨安置室には、抗日殉難烈士の位牌が置かれた祭壇が据え付けられ、その脇に、「真宗大谷派中国労工追悼之旅」と記された大きな花輪が供えられている。

真宗大谷派訪中団は、宗教儀式である犠牲者追悼法要を勤めるための許可を事前に得ていて、僧侶は僧衣（法衣）に、カトリックの神父は神父の衣に着替え遺骨安置室に入室する。そして、日本から持参してきた本尊を祭壇に据え、長谷良雄師が導師を務め、日本に連行され犠牲になった被害者（労工）を追悼する法要を勤める。

そのあと、陵園の中央にそびえる高さ三二・六四メートルの革命烈士記念碑の西方に二〇一五年九月に開設された花岡暴動記念園を参観する。記念園に設置された長大な白い壁に、ツルハシや棒杭などを「武器」にして闘い、日本の官憲に捕らえられ拷問を受ける中国人被害者（労工）の姿が浮き彫りにされている。

花岡暴動記念園の南側には、日本に連行され犠牲になった約七〇〇〇人の中国人被害者の名前が刻まれる石造りの黒い長大な名簿壁が設置されている。さらに、その奥に、陵園が最初に開設される際に建立された記念碑が移設されて設置されている。

革命烈士記念館と建国後烈士記念館は時間の都合で観覧できず、午後一時過ぎに天津市烈士陵園を後にする。そして、近くの食堂に入り、少々味付けの濃い料理を食べながら、かつて中国人労工にふすまを食べさせたことが話題になる。

塘沽《とうこ》集中営万人坑

天津市烈士陵園の参観を終えた真宗大谷派訪中団は、天津市の中心部から五〇キロほど離れた渤海《ぼっかい》沿いに位置する塘沽《とうこ》に向かい、塘沽集中営万人坑記念碑が建立されている公園に午後三時半に到着する。その公園は、大きなビルが建ち並ぶ塘沽の市街地のただ中にあり、交通量の多い幹線道路がすぐ脇を通っている。

さて、塘沽集中営（捕虜収容所）は一九四三年の秋に塘沽港徳大埠頭にまず開設された。そのあと、ほどなく、新港卡子門《そうしもん》の四号埠頭付近にあった冷凍会社に移転され、名称が塘沽労工訓練所に変わる。

塘沽労工訓練所の任務は二つあった。そのうち主要な任務は、各地で捕まえた中国人農民や捕虜を「訓練」し労工として登録し、登録した労工を塘沽で部隊編成して東北（「満州国」）や日本へ送り出す労工訓練所としての本来の任務だ。もう一つの任務は、北平（北京）・石門（石家庄）・太原などの集中営（労工訓練所）で部隊編成され塘沽に送られてきた中国人労工を一時的に待機させ、輸送船の準備が整いしだい塘沽港まで護送するだけの任務だ。塘沽訓練所に一時待機したあと港に護送された中国人労工も東北（「満州国」）や日本に搬送される。

それで、塘沽労工訓練所における衣食住などの生活（生存）環境と「訓練」は理不尽かつ悲痛で過酷なものであり、二年に満たない開設期間中に訓練所内で死亡した労工は一万人に達する。犠牲者の遺体は訓練所の近辺に捨てられ（埋められ）塘沽集中営万人坑が形成された。その万人坑の地に現在の記念碑が建立されている。

塘沽集中営万人坑記念碑が建立されている公園に到着した真宗大谷派訪中団はさっそく記念碑を確認する。

塘沽集中営万人坑記念碑

塘沽集中営で死亡した一万人の遺体が埋められている万人坑に建立された。３本の白い柱と円筒状の黒い輪で構成されている。

記念碑は、高さ十数メートルの一本の白い石の柱と、高さ数メートルの二本の白い石の柱が三角形状に配置され、その三本の柱から鎖で吊られる直径三メートルほどの円筒状の黒い輪と、万人坑記念碑と刻まれる黒い石の台座で構成されている。黒い石の台座には、塘沽集中営と万人坑の歴史がびっしりと刻まれている。その記念碑の前に並び、塘沽集中営で犠牲になった中国人被害者を偲び追悼法要を勤める。（塘沽集中営と万人坑については『華北の万人坑と中国人強制連行』[注11]に詳しく紹介しているので、ぜひ御覧になっていただきたい。）

　塘沽集中営万人坑記念公園を午後四時に出た真宗大谷派訪中団は、一〇分ほどで塘沽港に移動する。塘沽港には、観光用のちょっとした遊園地が開設されている。また、遊覧船が運航されていて、塘沽港一帯を周遊することもできる。岸壁から眺める塘沽の海と港は霧にかすんでいて、夕陽の淡い紅い光もおぼろげだ。気温は氷点下になっているようで、路面の水たまりが凍り付いている。

　それで、主に塘沽港と青島港から乗船させ日本へ連行した中国人労工は三万八九三五人になる。そのうち塘沽港から乗船させたのは二万〇六八六人であり、日本へ連行された中国人被害者の五三パーセントを占める。また、日本の敗戦後に九次にわたり実施された強制労働犠牲者遺骨送還のうち第八次までは塘沽港で遺骨が中国側に返還されている。

そんな塘沽港を午後四時半に後にし天津市街に向かい、午後五時半過ぎに天津第一飯店（ホテル）に到着する。イギリス租界に建設され一九二六年に創業した天津第一飯店は、歴史的な建物の一つと言うこともできるのだろう。白い円柱状の大理石の柱が並び、天井の大きなシャンデリア（天井照明）が淡い光を放つ大広間がそのまま使用され、稼働してはいないが古いエレベーターがそのまま残されているなど租界時代の雰囲気を味わうことができる。この辺りは、租界時代に建築された建物が少し残されているほか、租界時代の様式に似せた多くの建物が新たに建設され、かつてのイギリス租界の様子を再現させているとのことだ。

夕食までの時間を利用し夕闇に包まれる街に出て、天津市内を流れる大きな川である海河の川縁《かわべり》を散策する。イギリス租界を再現するように建てられた巨大な建物が海河沿いにずらりと建ち並び、海河に架かる橋も含め街全体が照明で金色に光り輝いている。かつて中国を侵略したイギリスなどの侵略国が栄華を極めていた時代はこんな雰囲気だったのかなと思わせられる。日本租界だった地域にも、租界時代の建物を再現する建物がたくさんあるとのことだ。

南京、普徳寺叢葬地

訪中三日目の一二月一二日は、いよいよ南京に入る日だ。真宗大谷派訪中団は、午前九時三四分に天津南駅を発車する高速鉄道に乗車し、午後一時〇八分に南京南駅に到着する。南京南駅からは専用の大型観光バスが移動の足になり、南京南駅の近くにある超市（大規模小売店）で昼食と買い物を済ませたあと普徳寺叢《そう》葬《そう》地に向かい、午後三時半に到着する。
普徳寺は南京雨花台で有名な寺院だったが、文化大革命時に僧侶は追放され、寺は、日本の企業と提携するゴム靴製造工場にされた。ガイドの戴国偉さんは、その工場に日本語通訳として勤めていたことがある。その後、工場は倒産し、寺院の跡地は今は空き地になっているとのことだ。そして、普徳寺を再興する話もあるようだ。
さて、南京市内に一七カ所ある南京大虐殺犠牲者の埋葬地の一つである普徳寺叢葬地に建立されている記念碑の周囲は、翌日の一二月一三日に挙行される犠牲者追悼式に備え白色と黄色の花でびっしりと飾り付けられている。この地には九七二一人の犠牲者が埋葬されていて、記念碑の碑文に次のように刻まれている。

普徳寺叢葬地記念碑―碑文（原文は中国語、青木訳）

中国を侵略する日本軍が一九三七年一二月から南京で行なった大虐殺事件は世界を震憾させた。血は鍾山にそそがれ秦淮の水を赤く染めた。何の罪もないのに不幸にも難に遭遇した者は三〇万人を超える。晋徳寺は、わが遇難同胞の遺体を集団的に葬った地の一つであり、南京紅卍字会により前後してここに埋葬された遺体は合わせて九七二一体になる。その日付および遺体数を以下に記す。

一九三七年
一二月二二日　　二八〇体を葬る
一二月二八日　六四六〇体を葬る
一九三八年
一月三〇日　　四八六体を葬る

普徳寺叢葬地記念碑

12月13日に挙行される追悼式に備え、白色と黄色の花でびっしりと飾り付けられている。

二月一二日　一〇六体を葬る
三月二五日　七九六体を葬る
四月一四日　一七七体を葬る
五月二六日　二一六体を葬る
六月三〇日　二六体を葬る
七月三一日　三五体を葬る
八月三一日　一八体を葬る
九月三〇日　四八体を葬る
一〇月三〇日　六二体を葬る

中国人民坑日戦争勝利四〇周年にあたり、特別にこの石碑を刻み記念とする。その意図は、地下の死者を慰め、ここを訪れる後世の者に、悲痛の歴史を忘れず中華を振興する志を立てるよう永遠に督励することにある。

真宗大谷派訪中団は、二名の警備員が待機している記念碑の前で読経し犠牲者追悼法要を勤める。翌日は、大勢の南京市民がここに集い、国家公祭に合わせて犠牲者を追悼するのだろう。

普徳寺叢葬地で犠牲者追悼法要を勤めた真宗大谷派訪中団

は、毎年の恒例の宿泊先である夫子廟の状元楼酒店（ホテル）に入る。そして、別行動で南京に入っている五名と合流し、一七名の団員が全員そろう。

南京大虐殺遇難同胞記念館主催の晩餐会

一二月一三日に挙行される南京大虐殺犠牲者追悼式の前夜に、南京大虐殺遇難同胞記念館が主催する晩餐会が行なわれるのは毎年の恒例になっていて、今年も午後六時から南京市内のホテルで開催される。今年の会場は、ホテル内の特別に大きな広間に設営され、招待された大勢の人たち全員が、たくさん配置されている大きな丸い食卓にそれぞれ着席し一同に会する形になっている。

晩餐会の開会にあたり記念館の張建軍館長が歓迎の挨拶に立ち、宴席に参集している人たちを順々に紹介する。そして、それぞれの活躍に感謝の気持ちを伝え、年に一回南京に集うことができて嬉しいと話す。張建軍館長の挨拶は、四人の通訳により四カ国の言葉に翻訳され参加者に伝えられる。そして最後に張建軍館長は「平和のために乾杯」と発声しグラスの酒を飲み干す。その後は、料理と酒を楽しみながらの歓談になる。

この晩餐会に招待されているのは、南京大虐殺事件のただ中で多くの中国人の命を助けたジョン＝ラーベ氏・ジョージ＝フィッチ氏・ロバート＝ウィルソン氏ら恩人の子や孫になる人たちのほか、南京大虐殺記念館にゆかりがあったり記念館の活動に貢献している人々や団体などだ。招待されている人や団体を、私が把握している範囲で記しておく。

アメリカカリフォルニア大学納粋大屠殺基金会、アメリカ記念南京大屠殺聯合、アメリカニューヨーク聯合愛迪生公司、カナダ大安省江蘇商会、ポーランドグダンスク第二次大戦記念館、フランスカン記念

館、フランス著名画家、中国香港愛国実業家、韓国独立記念館、韓国五・一八記念財団、韓国五・一八記録館、日本銘心会、日本中日労働者交流協会、立命館大学教授、石川某氏、神戸南京を結ぶ会、熊本日中友好協会、日本東鉄道労組、二つの観音様を考える会、日本東アジア仏教史研究会、臨済宗妙心寺派平和法要訪中団、真宗大谷派平和法要訪中団

南京大虐殺記念館主催の晩餐会を終えて宿舎の状元楼酒店に戻った真宗大谷派訪中団は、翌日に挙行される犠牲者追悼法要（世界平和法要）の段取りや読経の打ち合わせを行なう。同じ真宗大谷派の僧侶であっても地域により読経の声調が微妙に異なるなど違いがいろいろあるようで、けんけんガクガク議論百出になる。門外漢の私には興味津々だ。議論百出の末に段取りを決めたあとは酒宴に移り、夜遅くまで話に花を咲かせる。

南京大虐殺犠牲者国家公祭

南京市と江蘇省の主管で毎年一二月一三日に開催されてきた南京大虐殺犠牲者追悼式典が、中国共産党中央委員会と中央政府・国務院が主管する国家行事＝国家公祭に「格上げ」されてから三回目となる二〇一六年の国家公祭は、今年も一二月一三日に南京大虐殺遇難同胞記念館で、朝から降り続く雨の中で挙行されることになる。

それで、前年と同じように、南京大虐殺記念館に通じる道路と記念館の周囲はバリケードで完全に封鎖されている。記念館入口の「保安検査」も前年同様に厳格だ。この日の朝にホテルで借用した赤色の傘は持込を許されず、事前に支給されている透明の簡易雨合羽を身に付け、雨が降り続く中を西門から記念館に入場する。

2016年の国家公祭
朝から降り続く雨の中で式典が挙行される。参列者が透明の雨合羽を着用しているので、会場全体が白っぽく見える。

国家公祭の「前段」の進め方も前年とほとんど同じようだ。僧衣（法衣）を身に付ける真宗大谷派訪中団など国外から招待されている人たちは、開式時刻の午前一〇時の二〇分から三〇分ほど前に控室から式典会場に案内され、前方中央部の十数列以外は大勢の参列者が既に整列を終えている会場に入り前方中央部に並ぶ。各個人の立ち位置は、地面に予め置かれている番号札で指定されていて、今回の私の立ち位置は一〇二番だ。白い花を模した大きなバッジと出席者証を身に付ける参列者は透明の簡易雨合羽を全員が着用しているので、会場全体が白っぽく見える。なお、式典の写真撮影は禁止されている。

開式時刻の二分くらい前に、趙楽際政治局委員ら最後の一〇名くらいが入場し最前列の中央部に並ぶ。そして、銃を捧げ持つ十数名の儀仗兵が正面の舞台の両脇に整列し準備が整う。

式典には、王勇国務委員、斉続春全国政治協商会議副主席、張又侠中央軍事委員会委員、李強江蘇省共産党委員会書記、石泰峰省長、抗日戦争に従軍した老兵士と老同志の代表、中央党政軍群関連部門および東部戦区・江蘇省・南京市の責任者同志、各民主党派および中央と全国の工商連の責任者および無党派人士の代表、香港・マカオ・台湾同胞の代表、抗日戦争の勝利に貢献した国際友人およびその遺族の代表、南京大虐殺の幸存者および犠牲同胞の遺族の代表、江蘇省各界の民衆代表らが参列している。さらに、紅領巾《こうりょうきん》と呼ばれる赤いネッカチーフを首に巻く少年先鋒隊の大勢の少年少女も参列している。

全国人民代表大会常務委員会の濬躍躍副委員長が主管する公祭儀式の本番の進行も前年と同様だ。国歌斉唱のあと、サイレンが鳴り響く中で参列者が一斉に黙祷する。そのあと、厳粛な音楽が流れる中で八基の大きな花輪が人民解放軍兵士の手で壇上に並べられる。そして、中国共産党中央政治局委員で中央組織部部長を務める趙楽際氏が登壇し演説する。

趙楽際中央政治局委員の演説（注12）

今日ここで私たちは南京大虐殺犠牲者国家公祭儀式を厳粛に挙行し、南京大虐殺の無辜の犠牲者を哀悼し、日本侵略者に殺戮された全ての犠牲同胞を追悼し、抗日戦争の勝利のために命を捧げた革命先烈と民族の英雄を偲び、歴史を記憶し過去を忘れず平和を愛し未来を切り開く中国人民の揺るぎない立場を宣言する。

残虐極まりない南京大虐殺は、国際条約に公然と背き踏みにじる暴挙であり、人類史上における暗黒の一ページである。この上なく残虐な日本侵略者に向き合わされ、国と民族の滅亡の危機に直面した中国人民は、中国共産党の呼びかけと統率の下で団結する。そして、敵に憤り最後まで激しく戦う空前の闘志を奮い起こし、中国の大地を、一致団結し勇往邁進《ゆうおうまいしん》する抗日戦場とし、八年におよぶ血戦を経て偉大な勝利を勝ち取り、「正義必勝・平和必勝・人民必勝」という千古の鉄則を示した。

私たちが南京大虐殺犠牲同胞を公に追悼するのは、忘れることのできない記憶を守り事実を否定することを許さず平和に対する想いを喚起し守るためであり、戦争の暗雲を人類から振り払い平和の陽光を人々にもたらすことを祈り願う。外敵の蹂躙を受け戦争の苦難を経験した人々は、正義の価値と平和の大切さを知った。中国人民は国際社会と共に国際公理を守り国際正義を守り第二次世界大戦勝利の成果を守り平和発展の道を歩み、世界平和の提唱者・推進者・守護者として断固として変わらず行動する。

この時この瞬間に受難同胞と革命先烈に私たちが伝えなければならないことは、中国各民族人民を率いて団結し立ち上がるところから、豊かになり偉大な飛躍を遂げるところまでを中国共産党が実現させたことだ。近代以降に中国が受けた侵略、さんざん屈辱された悲惨な運命に後戻りしてはならず、中華民族が不断に発展し偉大な復興と歴史の進歩に向かって歩み始めたことを後戻りさせてはならない。

私たちは、政治意識・大局意識・核心意識・手本意識を強固に確立し、中国の特色ある社会主義の道への自信、理論自信・制度自信・文化自信を堅持し、習近平同志を核心とする党中央の下に緊密に団結して「二つの一〇〇年」(注13)闘争目標を実現し、中華民族の偉大な復興という中国の夢を実現する長い道のりの中で新しい荘厳な章を書き上げよう。

趙楽際中央政治局委員の演説が終わると大量の鳩が放たれ会場を飛び回り、その下で鐘の音が響き渡る。そして一〇時二五分に式典が終了する。当日の同時刻に、南京市の一七カ所の南京大虐殺犠牲同胞埋葬地(合葬地)と二二カ所の社区(地域社会)および市級以上の愛国主義教育基地の多くで、南京大虐殺犠牲者を追悼する活動が同時に挙行されている。

なお、南京大虐殺記念館の張建軍館長から、真宗大谷派訪中団など日本の各団体に次の言葉が伝えられている。「中国と日本の間で歴史問題は川のような存在だ。渡るしかない。しかし、川を渡る日本人は、背負った荷物をまず降ろさなければならない。否認や反論する気持ちで歴史を見ているなら、川の水が染みてきて荷物はますます重くなる。最も大切なことは、人類そして生命に対する尊重だ。これが、軍国主義に対抗する最強の武器である。歴史の細部ではなく大局を見る史観を持つことでさらに成熟し、歴史の重荷を降ろし未来に向かって歩むことができる」(注14)。

南京市宗教局主催の昼食会

南京大虐殺犠牲者国家公祭に参列したあと、真宗大谷派訪中団は南京市内のホテルに移動し、南京市宗教局が前年と同様に主催する昼食会に出席する。この昼食会には、中国側から南京市仏教協会の僧侶と関係者が出席し、日本から真宗大谷派と臨済宗妙心寺派の僧侶らが招待されている。

一一時四〇分に南京市宗教局の幹部があいさつに立ち、一二月一三日の世界平和法要に参列を続けている日本の宗教者に感謝を述べる。そして、平和のために力を尽くしている南京の宗教者にも感謝の気持ちを伝える。南京市宗教局のあいさつのあと昼食会に移行する。各団体の責任者ら「主賓」が席に着く第一円卓の料理は全てが本物の精進料理ということだが、他の円卓の料理は、名目は精進料理だが肉も魚も鶏も何でもありの料理だ。

昼食会は午後一時二〇分に終了し、真宗大谷派訪中団など関係者は世界平和法要に参列するため南京大虐殺記念館に向かう。

世界平和法要

一九九五年に三〇〇〇人の名前を刻んで設置された南京大虐殺記念館の犠牲者名簿壁（嘆きの壁）に今年は一一〇人の名前が新たに加えられ、名簿壁に刻まれる名前は一万〇六一五人になった。その犠牲者名簿壁の前で、南京大虐殺犠牲者を追悼する世界平和法要が今年も勤められる。

今年の世界平和法要に中国側からは、南京市仏教協会に所属する僧侶と門徒や仏教関係者と、南京大虐殺の幸存者の代表六名とその家族らが参列する。日本からは、臨済宗妙心寺派、真宗大谷派、二つの観音様を考える会、東アジア仏教史研究会の僧侶や関係者が参列している。参列する僧侶は合わせて一一八名、門徒は一五〇名になるとのことだ。

朝から降り続いていた雨が止み雨具が不要となった曇天の下で午後二時四〇分に世界平和法要が始まり、南京市仏教協会会長の隆相師ら数名の高僧が主導する下で毘盧寺・鶏鳴寺・棲霞寺の一〇〇名ほどの僧侶が読経し犠牲者を追悼する。そのあと、臨済宗妙心寺派の則武秀南師ら数名の僧侶が法要を勤める。

最後に真宗大谷派の僧侶が勤める法要には、訪中団員の一人であるカトリックの神父が神父の正装を着用して加わっている。導師を務める長谷良雄師が読み上げる表白は、上海華東師範大学に留学中の馬場彩加さんが前年同様に中国語に翻訳して参列者に伝えられたが、その様子はテレビやラジオを通して広く（全国に？）報道されている。そして、中国と日本の僧侶による読経と法要は一時間ほどで終了する。

僧侶による読経が終わったあと、南京大虐殺幸存者の王義隆・楊翠英・陳桂香・金茂芝・傳兆増・王長発各氏とその家族が祭壇に焼香して跪拝《きはい》し、肉親家族に対する想いを表わす。そして、日本の僧侶の手を握り

2016 年の世界平和法要
隆相師ら高僧が主導する下で 100 名ほどの中国の僧侶が読経し、犠牲者を追悼する。

感謝の気持ちを伝えている。日本の僧侶が日本からやってきて犠牲同胞のために祈ってくれることを南京大虐殺の幸存者はとても嬉しく思ってくれているようだ。そんな幸存者と向き合い、手を取り合いながら涙を流す（文字通り号泣する）日本の僧侶もいる。

あと、世界平和法要が終了したあとの祭壇の前で一人静かに祈りを捧げる山崎妙円さんの姿もある。浙江省にある寧波大学に留学中の山崎妙円さんは僧侶の修業中の身でもあり、法衣をまとい頭を丸めた姿で前年に続けての世界平和法要への参列になる。本書では山崎妙円さんについて詳述しないが、中国人犠牲者に中国語で経《きょう》を上げたいという彼女の数奇な歩みを別の機会に紹介できればと思っている。

世界平和法要を勤め終えた真宗大谷派訪中団は、午後五時過ぎに記念館を出て、近くにある南京大牌档という居酒屋風の食堂で夕食をとる。今、南京で人気のある店とのことだ。

2016 年の燭光祭

雨が降り続く中で式典が挙行される。真宗大谷派の僧侶が祭壇の前で読経し、犠牲者を追悼する。

燭光祭

南京大虐殺犠牲者を追悼する通夜式＝燭光祭が一二月一三日の午後七時から南京大虐殺記念館で挙行され、真宗大谷派訪中団も前年に続けて参列する。燭光祭に参列するのは、南京大虐殺の幸存者と抗戦老兵とその家族、中国と日本の僧侶、四〇名の小学生代表を含む南京の青少年と学生の代表二〇〇名余、国内各記念館と専門学者の代表六〇名、ドイツ・アメリカ・カナダ・韓国・日本などの一〇〇名余の友好人士らだ。

夜になり再び雨が降る中で透明の雨合羽を着用する参列者は、火を灯したローソクをそれぞれが手に捧げ持ち追悼広場に参集する。追悼広場の正面の壁に白い巨大な花が浮かび上がり、花の中央に「奠《てん》」（供物を供えるの意）という黒い文字が記されている。その前に据えられた祭壇で紅色の炎が勢いよく燃えさかる。そして、大学生の合唱隊が「石城の記憶」を静かに斉唱する中で燭光祭が始まる。

最初に主催者が挨拶し、そのあと、中国の毘盧寺・鶏鳴寺・棲霞寺の僧侶が読経し法要を勧める。続けて、日本の臨済宗妙心寺派の僧侶と真宗大谷派の僧侶が順々に読経し、午後七時四〇分に燭光祭が終了する。雨の中を参列した四〇名の小学生を含む学生代表は、ローソクの火が消えないよう炎の上に手をかざしながら、自分たちが暮らしている南京の町がかつて苦難に晒されたことと平和の大切さを改めて学んだことだろう。

利済巷慰安所旧址陳列館の参観と人権教育基金会主催の昼食会

訪中五日目の一二月一四日は、前年と同様に午前中に利済巷慰安所旧址陳列館を参観する。二〇一五年一二月の開館から一年を経た利済巷陳列館は順調に運営され、その重要性をますます高めているようだ。そのあと、「世界平和と人権教育基金会」から招待されている昼食会に出席する。基金会主催の昼食会も真宗大谷派訪中団にとっては前年と同様であり、徐康英秘書長やアメリカ記念南京大虐殺連合会の劉祥会長らが歓待してくれる。しかし、南京大虐殺記念館前館長の朱成山さんは日本に招かれ、南京大虐殺の歴史と世界平和の構築について各地で講演を行なっているため、この年の南京での昼食会は欠席している。

毘盧寺《びるじ》

南京市内にある仏教寺院・毘盧寺《びるじ》の住職・伝義師から招待されている真宗大谷派訪中団は、「世界平和と人権教育基金会」主催の昼食会に出席したあと毘盧寺に向かう。毘盧寺は南京でも最大級の巨刹《きょさつ》であり、一九三一年から一九三七年と一九四六年から一九四九年まで中国仏教会が置かれ、仏教会の中で重要な役割を果たしていた。その後、文化大革命時に廃寺となり建物は工場として利用されたが、一九九八年に仏教寺院として再興されている。

さて、一九三七年に中国に対する全面侵略を始め南京大虐殺を引き起こすなどした日本は、中国人の怒りや恨みをなだめるため仏教を利用することを画策し、日華親善の象徴として観音像を贈ることにする。この話は、重慶に移った国民政府に代わって汪兆銘が南京傀儡《かいらい》政府を樹立し主席となった一九四〇年の春に始まったと思われる。そして観音像は、南京「遷都」一周年を記念し、「大東亜建設の聖戦に散った日華英霊のため全日本仏教徒の名で」（名古屋新聞）中国に贈られ、一九四一年三月二一日に毘盧寺に到着した。

南京傀儡政府に贈られた観音像は、愛知県で養鶏業で成功した伊藤和四五郎が仏師の門井耕雲に委嘱して製作し一九三二年に完成させた一木造りの十一面観世音菩薩であり、高さが約一〇メートルあったとされる東洋一の木造大観音像は東山観音と通称されていた。

汪兆銘「政権」は、東山観音が南京へ贈られることになった返礼として毘盧寺の千手観音を名古屋へ贈ることにする。清朝後期の作である高さ約四メートルの全身金色の千手観音は毘盧寺法堂の本尊だったが、中国仏教会の中心である毘盧寺も軍事政権の意向には逆らえなかったのだろう。一九四一年三月七日に南京市長から名古屋市長に、「千手観音贈与につき名古屋市に安置されたき旨」と公式に依頼があり、五月一〇日に東亜海運妙義丸で南京から運び出され、二九日に名古屋港に到着した。

日本に贈られた千手観音は、名古屋市の東別院にまず安置されたあと、延々と続く四五〇〇名の歓迎行列を従え覚王山に移される。そして、名古屋新聞が「興亜観音、覚王山へ安置」と報じているように、名古屋における大東亜共栄圏の象徴として扱われた（注15）。

それで、名古屋に贈られた千手観音は、戦乱のため覚王山から運び出され各所を転々としたあと、一九六四年に名古屋市平和公園に建設された平和堂に収納された。現在の保管担当者は名古屋市土木局であり、書類上は美術品とされ、仏像として扱われていない。毘盧寺住職の伝義師は七年か八年前に山内小夜子さんらと共に名古屋に行き千手観音を確認しているが、その前の晩に伝義師は、手の数が少ない千手観音の夢を見

毘盧寺中庭の仏像と４階建ての塔

中庭の奥にある塔状の建物の４階に、名古屋から千手観音を迎え入れるための部屋が準備されている。

た。翌日に平和公園に行き千手観音を確認すると、やはり手の数が少なかったということだ。

一方、南京に贈られ毘盧寺に安置されていた十一面観音は文化大革命時に紅衛兵により破壊され現存していない。しかし、一旦廃寺とされた毘盧寺は再興され、今では立派な大寺院になっている。そして、本尊のない毘盧寺の門徒は、失われた十一面観音を今でも崇拝しつつ、名古屋にある千手観音の一日も早い里帰りを願っている。

さて、午後二時半に毘盧寺に到着した真宗大谷派訪中団は、伝義師と寺の関係者の案内で寺院内を見て回る。前庭に池が造られ、池に架かる橋を渡った先に本堂がある。本堂の建物自体は昔のままだが、もともと建てられていた位置から三〇メートルほど前方に移動させ現在の位置に据えられたとのことだ。たくさんの仏像が安置されている本堂の中を一回りし、本堂の隣にある鐘楼を経て、本堂の奥（裏）にある中庭に出る。その広い中庭の中程に、石造りの白い巨大な仏像が設置されている。そこが、本堂がもともと建てられていた場所とのことだ。

中庭の両側（左右）に二階建ての建物があり、そのうち、現在の本堂の位置から見て左側になる建物の中に仏舎利（入滅した釈迦が荼毘に付された際の遺骨）が安置されている。その仏舎利を実際に見せてもらうことができた。

中庭の正面（奥）には巨大で壮麗な四階建ての塔状の建物が建っていて、その四階に、今は名古屋にある千手観音を迎え入れるための部屋が既に設置されている。何百体もの小さな仏像に取り巻かれる黒色を基調とするその部屋は何とも荘厳だ。千手観音が一日も早く名古屋から、また日本から南京に返還されることを願う。

伝義師らから歓待を受け、懇談の席で念珠の土産までいただいた真宗大谷派訪中団は、午後四時過ぎに毘盧寺を後にする。

なお、名古屋にＮＰＯ法人「二つの観音様を考える会」があり、「名古屋と南京との間で一九四一年に交換された名古屋市瑞雲寺旧蔵十一面観音像および南京市毘盧寺旧蔵千手観音像を通して郷土および日中両国の歴史を学び、その現在的意義を考究することによって両国市民の友好増進に寄与することを目的とする」という定款を掲げて活動している。そして、その定款に基づき毎年訪中団を組織し、南京大虐殺犠牲者追悼式典など南京で開催される一連の行事に参列している。

「考える会」理事の大東仁師は、今年も訪中団の一員として南京を訪れ、国家公祭等に参列するとともに南京大虐殺記念館に五点の史料を寄贈している。そのうちの一点は、大東仁師が日本の古書店で見つけた、一九三八年三月一六日付で内閣情報部が発行した『写真週報』だ。その中に、日本軍が南京を空襲し南京大校場飛行場を爆撃しているときの写真が掲載されている。二〇一六年一二月一四日付の南京晨報（日刊紙）は、それらの史料と写真を説明する大東仁師を、大きな紙面を割いて報じている。

南京民間抗日戦争博物館

毘盧寺の参観を終えた真宗大谷派訪中団は南京民間抗日戦争博物館に向かい、午後四時四〇分に到着する。昨年に続けての訪問になる。

それで、昨年の訪問時に団員の西山誠一さんが民間博物館の呉先斌《ごせんひん》館長に託した、南京攻略戦などに従軍した西山誠一さんの父の侵略犯罪を謝罪する手紙は、二〇一五年一二月一六日付の『現代快報』（日刊紙）の一面と共に展示室に掲示されていた（第二章の「南京民間抗日戦争博物館」と「南京から上海へ」の項を参照）。その『現代快報』は、一面トップで半ページ余の紙面を充て、父の南京攻略戦を父に代わって西山誠一さんが謝罪したことを報じている。

そんな展示がされている民間博物館を一回り観覧したあと呉先斌館長と懇談する。懇談の中で呉先斌館長は、「八月に日本に行き各地で講演した。(注16) この訪日で、中日の民間交流に重要な一歩を踏み出すことができた。これからも交流を続けたい。そして、戦争に反対し平和を求める日本人がたくさんいることを中国人に伝えていきたい」と話す。

懇談のあと午後六時半から、呉先斌館長の招待による南京料理の夕食会が開催された。その夕食会に、国民党軍の元兵士で一〇〇歳になる李超然さんと、李超然さんら元兵士を支援している「南京一二一三支援者同盟」（無恩給兵士を支援する会）の文心さんらが同席している。

本職は編集業である文心さんらが設立した「南京一二一三支援者同盟」は、元国民党軍兵士の捜索、証言の聞き取り、そして、恩給が支給されず生活に苦労している元国民党軍兵士の生活支援などを行なっている。

そんな活動を続けている「支援者同盟」は六〇〇名の元国民党軍兵士を探し出したとのことだが、日本軍の性奴隷にされた被害女性や、日本に連行され強制労働させられた被害者が、戦後の中国社会の中で被害者であることを隠さねばならなかったように、元国民党軍兵士も国民党軍兵士であったことを隠し続けなければならない情況があるのだろう。

それで、夕食会で同席した元国民党軍兵士の李超然さんが一二月一三日に書いた文書(注17)を受領したので紹介しておこう。

平和の尊重

有史以来われわれ中国人は平和を愛し戦争を起こしませんでした。なぜなら、戦争は何よりも残酷であり、人民の命を奪い、国家最大の財産を破壊してしまうからです。われわれは、日本の友好人士のみなさんが平和を愛し、日本の軍国主義分子の侵略行為に立ち向かってくれることを心から願っています。ご存じのとおり、第一次・第二次世界大戦の元凶であるドイツのヒトラー、イタリアのムッソリーニ、そして日本の裕仁や東条英機らの企てはみな失敗に終りました。ほとんどの日本人は覚醒したので、中国人民と協力して安倍晋三（首相）の現行の手法に反対し、永遠の友好関係を築いていくべきです。

中国百歳抗日戦元兵士　李超然

二〇一六年十二月十三日　南京にて

夕食会が御開きになり、午後八時半に民間博物館を出て宿舎の状元楼酒店に戻る。そのあと、夫子廟の門前町を散策する。

中国「慰安婦」歴史博物館

訪中六日目の一二月一五日は、午前一〇時〇八分に南京南駅を発車する高速鉄道で上海に移動し、上海師範大学に開設されている中国「慰安婦」歴史博物館をじっくりと参観する予定でいた。しかし、上海虹橋駅から上海師範大学に向かう途中の高速道路上で観光バスが故障して立ち往生する。そのため、代替バスを手配するなどで到着が大幅に遅れ、博物館の滞在時間は短くならざるをえないようだ。

さて、中国「慰安婦」歴史博物館の前身は、上海師範大学の蘇智良教授が中心になり二〇〇六年八月に開設された中国「慰安婦」資料館だ。上海師範大学の構内にある文苑楼の狭い地下室内に開設されたその小さな資料館は、日本軍性暴力問題に関わる中国で初めての施設になった。(注18)

その小さな、しかし大変に貴重な資料館が、文苑楼の狭い地下室から広い二階に移設され整備されたのが中国「慰安婦」歴史博物館だ。約三四〇平方メートルに拡張された館内には、上海師範大学中国「慰安婦」問題研究センター(蘇智良センター長)が収集した数万点の史料の一部や、性奴隷被害者が使用していた生活用品などが展示されている。そして、この新しい博物館で、中国と韓国の日本軍性暴力被害者が出席し二カ月前の一〇月二二日に開館式が行なわれている。

また、文苑楼の前に広がる芝生の広場に、日本軍性暴力の被害を受けた中国と韓国の二人の少女がそれぞれの民族衣装を着て座っている平和の碑(少女像)が設置された。中国と韓国の二人の少女像が中国で設置されるのは初めてということだ。

さて、真宗大谷派訪中団は午後一時四〇分に上海師範大学に到着する。さっそく、文苑楼の二階にある中国「慰安婦」歴史博物館に行くと、入口の受付に四名の若い女子学生がいて参観者を受け入れてくれる。そのうちの一人は、真宗大谷派訪中団の団員で上海華東師範大学に留学中の馬場彩加さんの友人だ。

狭い地下室から二階の「一等地」に移設された展示場は広くて明るく快適だ。展示パネルや写真などは一新されている。日本軍性暴力を主題とする博物館（記念館）は、この時点で中国に四カ所が開設されているとのことだが、大勢の若い学生が集う大学の構内に開設されている意義はとても大きいのだろう。

真宗大谷派訪中団は三〇分ほどの時間で博物館を駆け足で観覧し、午後二時一五分に上海師範大学を後にする。これで中国での予定は全て終了し、あとは上海浦東空港から日本に向けて飛び立つだけだ。

一二月一三日の国家公祭と燭光祭は雨の中で挙行されたが、南京大虐殺記念館に参集した人たちは降り続く雨をいとわず犠牲者を追悼した。真宗大谷派訪中団は、その最大の目的である世界平和法要を無事に勤めることができた。そして、一二月一三日の前後にも色々なことを体験できた。この成果を大切にし次につなげていきたい。

第三章　注記

（注01）日中戦争時に日本の民間営利企業が中国全土で強行した強制労働により死亡した中国人労工（被害者）は約一〇〇〇万人になると私（青木）は推定している。それで、日中戦争による中国人の犠牲者が二一〇〇万人であれば、その半数を日本の民間企業が殺害したことになる。詳細は、青木茂著『万人坑に向き合う日本人——中国本土における強制連行・強制労働と万人坑』花伝社、二〇二〇年、一七頁を参照。

（注02）次の書籍などを参照
中国帰還者連絡会編『帰ってきた戦犯たちの後半生—中国帰還者連絡会の四〇年—』新風書房、一九九六年

新井利男・藤原彰編『侵略の証言――中国における日本人戦犯自筆供述書』岩波書店、一九九九年
撫順戦犯管理所編『日本戦犯再生の地――中国撫順戦犯管理所』五洲伝播出版社（中国―北京）、二〇〇五年
星徹著『私たちが中国でしたこと――中国帰還者連絡会の人びと―増補改訂版』緑風出版、二〇〇六年
岡部牧夫・荻野富士夫・吉田裕編『中国侵略の証言者たち――「認罪」の記録を読む』岩波書店、二〇一〇年
大澤武司著『毛沢東の対日戦犯裁判――中国共産党の思惑と1526名の日本人』中公新書、二〇一六年
金源著、大澤武司監修、中川寿子訳『撫順戦犯管理所長の回想――こうして報復の連鎖は断たれた』桐書房、二〇二〇年
石田隆至・張宏波著『新中国の戦犯裁判と帰国後の平和実践』社会評論社、二〇二二年

（注03）次の書籍などを参照
青木茂著『二一世紀の中国の旅――偽満州国に日本侵略の跡を訪ねる』日本僑報社、二〇〇七年、一八四頁
青木茂著『日本の中国侵略の現場を歩く――撫順・南京・ソ満国境の旅』花伝社、二〇一五年、一三頁

（注04）中国・山地の人々と交流する会著『興隆の旅――中国・山地の村々を訪ねた14年の記録』花伝社、二〇一七年

（注05）青木茂著『万人坑を訪ねる――満州国の万人坑と中国人強制連行』緑風出版、二〇一三年、第五章、二四九頁

（注06）青木茂著『華北の万人坑と中国人強制連行――日本の侵略加害の現場を訪ねる』花伝社、二〇一七年、一〇二頁

（注07）二〇二三年七月時点の天津市烈士陵園ホームページによる。

（注08）次の文献などを参照
大澤武司著『日中民間人道外交における中国人遺骨送還問題』中央大学社会科学研究所年報第八号、二〇〇三年、三四五頁
山内小夜子著『中国人殉難者遺骨送還運動――戦後の日中友好交流の先駆』（真宗大谷派宗務所発行）教化研究第一四二号、二〇〇八年、一一三頁

（注09）一九四二年一一月の東条内閣の閣議決定に基づき約四万人の中国人が日本に強制連行され苦役を強いられた。

そのうち、一九四四年八月から一九四五年六月までに九八六名の中国人が三組に分けて秋田県花岡町に連行され、鹿島組により苦役を強いられ非人間的な扱いを受けた。中国人労工は虐待と侮辱に反抗するため一九四五年六月三〇日の夜に暴動を起こす。しかし、二万二〇〇〇名余の日本の軍と警察と憲兵による残忍な鎮圧を受け、その前後も合わせて四一九名が異国の地で惨殺された。歴史はこれを花岡惨案あるいは花岡事件と呼ぶ（天津市烈士陵園が二〇一五年に発行した小冊子『在日殉難烈士労工記念館』の説明による）。

（注10）記念館の解説員から直接教えられた数。現場で手渡で受領した冊子にも一三一六柱と明記されている。

（注11）青木茂著『華北の万人坑と中国人強制連行――日本の侵略加害の現場を訪ねる』花伝社、二〇一七年、八二頁

（注12）二〇一六年一二月一四日付け南京晨報（日刊紙）を主に参考にしている。

（注13）中国共産党創立一〇〇年に当たる二〇二一年に小康社会（ややゆとりのある社会）建設を達成し、国内総生産と都市・農村部住民の所得を二〇一〇年比で倍増する。次に、中華人民共和国建国一〇〇年を迎える二〇四九年に、富強・民主・文明・調和をかなえる社会主義現代国家の建設を実現し中等先進国の水準に達する。「二つの一〇〇年」の努力目標は、「中国の夢」の壮大な青写真と明るい将来を具体化している。

（注14）山内小夜子編『第一四次真宗大谷派平和法要友好訪中団・報告集』非売品、二〇一七年、二五頁

（注15）毘盧寺と「二つの観音様」については、主に、愛知県史編纂委員会近代史社会文化部会特別調査委員や名古屋市史編纂委員会近代史部会調査員を務める西秀成氏の説明による。

（注16）二〇一六年八月四日には、山内小夜子さんらが主催し京都で講演会を行なっている。その講演会に、真宗大谷派訪中団の多くの団員が参加している。

（注17）山内小夜子編『第一四次真宗大谷派平和法要友好訪中団・報告集』非売品、二〇一七年、八頁

（注18）青木茂著『日本の中国侵略の現場を歩く――撫順・南京・ソ満国境の旅』花伝社、二〇一五年、一五〇頁

第二部　雲南

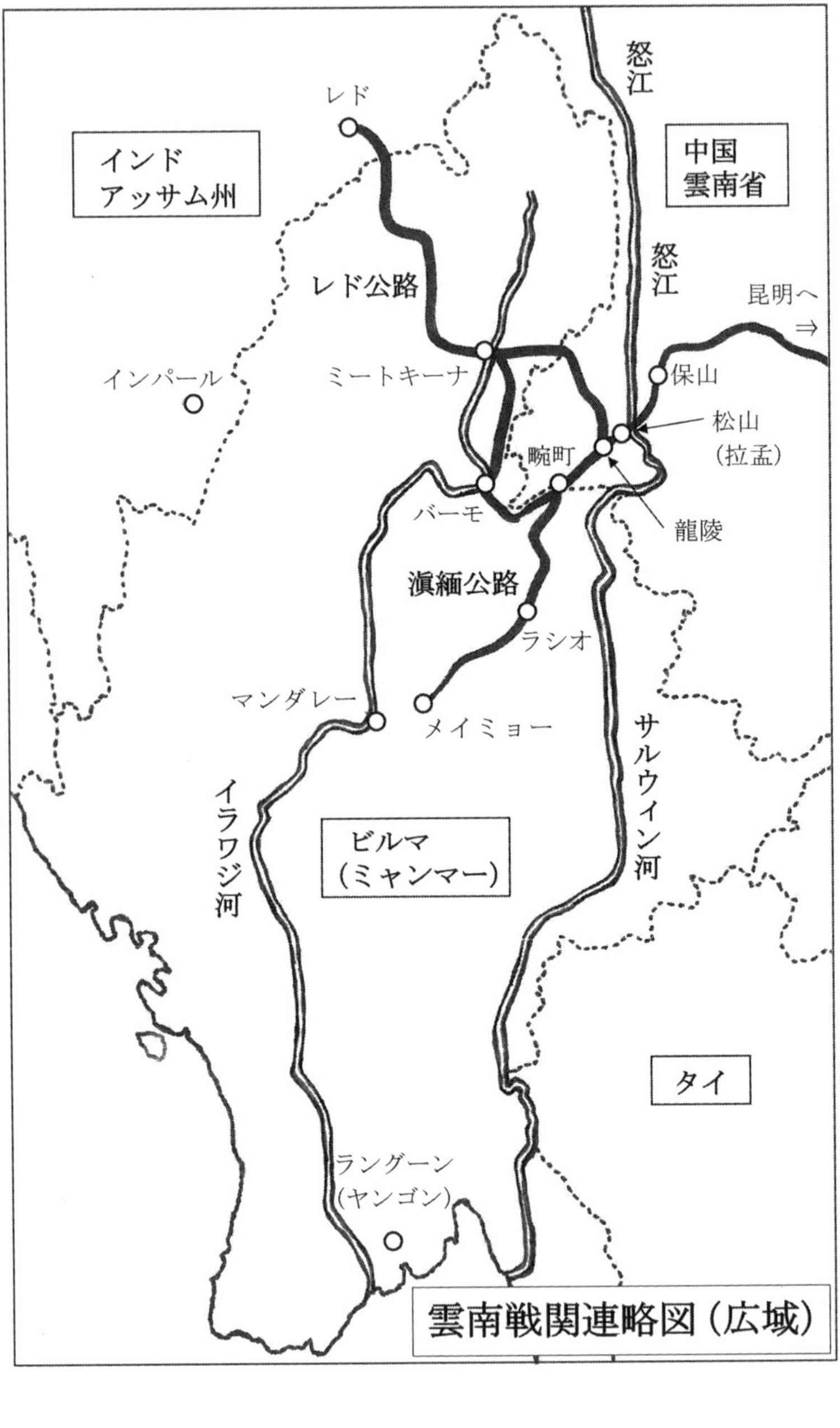
怒江
レド
インド
アッサム州
中国
雲南省
怒江
レド公路
昆明へ
⇒
ミートキーナ
インパール
保山
松山
(拉孟)
畹町
龍陵
バーモ
滇緬公路
ラシオ
マンダレー
メイミョー
サルウィン河
イラワジ河
ビルマ
(ミャンマー)
タイ
ラングーン
(ヤンゴン)
雲南戦関連略図(広域)

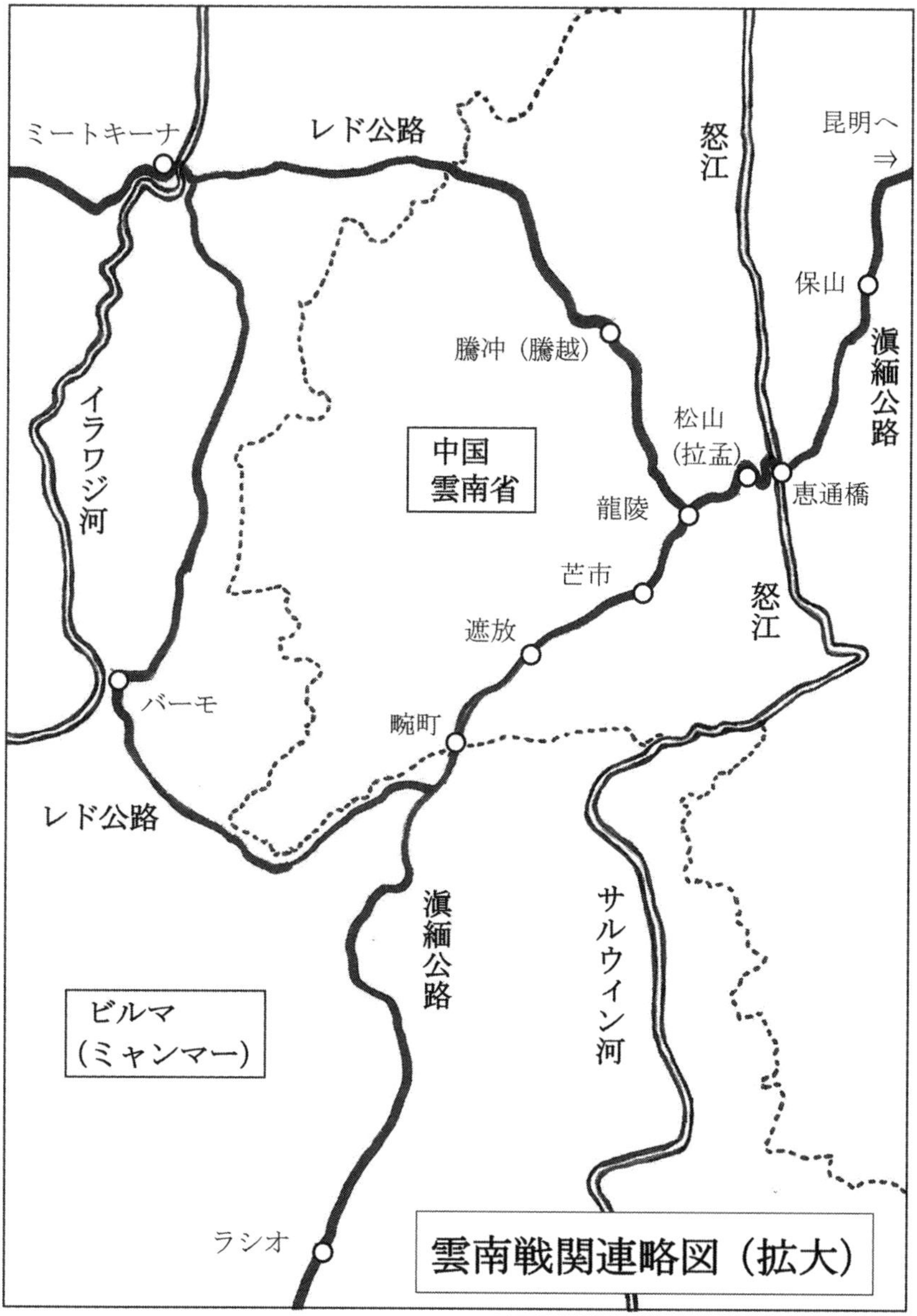
ミートキーナ
レド公路
怒江
昆明へ
⇒
保山
滇緬公路
騰冲（騰越）
松山
（拉孟）
恵通橋
中国
雲南省
龍陵
芒市
怒江
遮放
イラワジ河
バーモ
畹町
レド公路
滇緬公路
サルウィン河
ビルマ
（ミャンマー）
ラシオ

雲南戦関連略図（拡大）

第四章　雲南戦＝滇西《てんせい》抗戦

中国・雲南省西部におけるビルマ援蔣《えんしょう》ルートをめぐる戦い

本章では、中国で滇西《てんせい》抗戦と呼ばれる雲南省西部におけるビルマ援蔣《えんしょう》ルートをめぐる日本と中国の戦い（雲南戦）について、遠藤美幸著『「戦場体験」を受け継ぐということ――ビルマルートの拉孟《らもう》全滅戦の生存者を尋ね歩いて』(注01)に基本的に依拠し、第五章で紹介する李枝彩著『実証滇西抗戦』(注02)なども一部で参照しながら簡略にまとめておく。

援蔣ルート

一九三七年七月七日に引き起こした盧溝橋事件を口実に中国に対する全面侵略を始めた日本は、同年一二月一三日に中国国民政府（蔣介石政権）の首都・南京を陥落させる。その際の南京攻略戦と南京陥落後に日本軍が引き起こした中国軍民に対する暴虐事件は南京大虐殺として知られている。

日本軍により南京を追われた中国国民政府（蔣介石政権）は、南京西方の長江（揚子江）上流に位置する武漢を経て、さらに上流（西方）の内陸奥地に位置する重慶に逃れ、一九三八年六月に重慶を国民政府の臨時首都に定める。

それで、日本による一方的な侵略を受け首都・南京を追われるなど苦戦を強いられる中国国民政府を支えるため、アメリカやイギリスやソ連（現ロシアの前身）は支援の軍需物資などを主に四つの通行路（陸路）から中国国民政府に送り届けようとする。その四つの通行路は、①広東ルート（中国東南の広東から）・②仏印ルート（現ベトナムのハイフォンから中国南部を経由）・③西北ルート（ソ連から新疆ウイグル地区を経由）・④ビルマルート（現ミャンマーから中国西南の雲南を経由）であり、これらの通行路を日本は援蒋《えんしょう》ルート（蒋介石政権を支援する通行路）と呼んだ。

その四つの援蒋ルートのうち、①広東ルートや②仏印ルートが日本軍の侵攻を受けて圧迫される情勢の中で重視されるようになるのが、一九三七年末に建設が開始され一九三八年八月に全線が開通した④ビルマルートだ。

ビルマルートは、ビルマ（現ミャンマー）中部に位置するメイミョーから北上してラシオを経由し、国境を越えて中国雲南の畹町《えんちょう》（ワンチン）に入り、雲南省の省都・昆明を経て国民政府の臨時首都である重慶に至る。全長は一四〇〇キロにもなり、そのうち九五九キロが中国国内に敷設されている。そして、その通行路を中国は滇緬《てんめん》公路と呼んでいる。ちなみに滇は雲南省の略称（旧称）であり、緬はビルマの中国語名＝緬甸《ミエンディエン》に由来する。こうして、中国の蒋介石政権にとってビルマは、ビルマ援蒋ルートを通してアメリカやイギリスから軍需物資などの支援を受ける重要拠点となる。

一方、日本にとっては、ビルマ援蒋ルート（滇緬公路）を遮断し中国への補給や支援を断つことは、中国国民政府を屈服させるために不可欠となる。そのため日本はビルマを中国西南内陸部（雲南地区）侵攻の拠点と位置づけ、ビルマを占領支配し、ビルマから中国雲南に攻め入り滇緬公路を遮断することを狙うことになる。

ビルマ援蒋ルートをめぐる攻防

(一) 日本軍によるビルマ援蒋ルート遮断

一九四一年一二月八日にアメリカとイギリスに宣戦布告し太平洋戦争を始めた日本は、アメリカ領のフィリピンやオランダ領のインドネシアなどと共にイギリス領のビルマに侵攻し、これらの地域をまたたく間に占領する。そのうち、日本によるビルマ侵攻の最大の狙いは、アメリカやイギリスからの中国に対する支援を断つためビルマ援蒋ルートを遮断することだ。

一九四二年三月八日にビルマ(現ミャンマー)の首都・ラングーン(現ヤンゴン)を占領した日本は、第五六師団がビルマから国境を越えて中国の雲南に侵攻する。そして、五月上旬には、雲南西部を南北に貫流する大河・怒江《どこう》(下流のビルマではサルウィン河と呼ぶ)の線までビルマルート(滇緬公路)沿いに進攻(東進)する。

それで、ビルマルートにおける怒江の渡江地点は、古くから南方シルクロードの交通の要衝でもあったところで、日本が進攻した当時は、一八七五年に竣工した中国式吊り橋である恵通橋《けいつうきょう》が架橋されていた。流れの両側(東西)に標高二〇〇〇メートル級の山脈がそびえ連なる険しい山岳地帯に巨大な渓谷を形成して北から南に向けて貫流する大河・怒江の流れは非常に激しく、標高六〇〇メートル余の地に架橋されている恵通橋から見上げる左右(東西)の山脈は、まるで壁のようにそそり立っている。そのような険しい地を流れる怒江に、東方と西方をつなぐ適当な渡江地点を見出すのは極めて難しいと思われ、恵通橋は文字通りビルマルートの要衝だ。

そして、ビルマから国境を越えて雲南西部に侵攻した日本軍により怒江の線まで退却させられた中国軍は、日本軍の更なる東進を阻止するため怒江の左岸側（東側）に撤退し、一九四二年五月五日に恵通橋を爆破して日本軍を怒江の右岸側（西側）に押し止めた。

さて、恵通橋（怒江）の西側に壁のようにそそり立つ松山は、雲南西部に南北方向に連なる標高二〇〇〇メートル級の高黎貢《こうれいこう》山脈の南端に位置し、松山主峰の標高は二〇六七メートルだ。その松山主峰の山頂付近をビルマルート（滇緬公路）が、古くは南方シルクロードが通っている。

怒江の右岸（西側）まで侵攻した日本は、ビルマルートの要衝となる松山主峰を中心とするビルマルート沿いに一九四二年五月から陣地の構築を始める。そして、松山主峰とその周辺に二年間をかけて堅固な陣地を構築した。その松山を日本は拉孟《らもう》と呼んでいたので、[注03] 松山に構築された日本軍陣地は日本では拉孟陣地あるいは拉孟として知られることになる。そして、第五六師団第一一三連隊拉孟守備隊の一三〇〇人が拉孟（松山）に駐屯し滇緬公路を遮断する。

その拉孟（松山）陣地から、松山の東側を流れる怒江が形成する巨大な渓谷と怒江の流れをほとんど直下に見下ろすことができるが、松山と怒江の標高差は一四〇〇メートルほどもある。松山から、ほとんど垂直に近いと思えるような標高差一四〇〇メートルもの崖をころがり落ちると恵通橋に行き着くという位置関係になる。

こうして拉孟（松山）に拠点を構築した日本軍は、雲南省西部にある古くからの町である騰越（現在の騰冲）や龍陵や芒市などビルマルートの他の要衝にも部隊を配置して雲南西部を支配し、ビルマルートを完全に遮断する。

そのうち騰越（現在の騰冲）は古くから翡翠（ヒスイ）の産地として知られ、シルクロードの時代から東西交易の要衝として、またヒスイ公益の拠点となる宿場町として賑わっていた。そして、高さ五メートルの城壁で囲まれる一片が一一〇〇メートルの正方形の城郭都市が形成された。イギリスは、インドを拠点にビルマを経由し中国に進出するため雲南西部を掌握することが重要であると認識し、早くから騰越に目を付け領事館を開設している。騰越城の西門付近に現存するイギリス領事館の建物は一八九九年に竣工したものだ。その騰越に、雲南に侵攻した日本軍の騰越守備隊二〇〇〇名が駐屯する。そして騰越は、滇緬公路に代わる新たなビルマルートとして後《のち》に建設されるレド公路（後述）の要衝となる。

一方、龍陵は、盆地に形成された町（市街地）の中央をビルマルート（滇緬公路）が貫き、新たなビルマルートとして建設されることになるレド公路（後述）との分岐点になる。ビルマ側から龍陵に入り三叉路を右に進むと五二キロ先に松山（拉孟）があり、三叉路を左に折れて北に向かい、後にレド公路の一部になる騰龍（騰越―龍陵）公路を進むと騰越（騰冲）に至るという位置関係になる。そして、前線の拉孟や騰越の後方基地・司令部として第五六師団歩兵団司令部が龍陵に置かれた。

また、龍陵の西方のビルマルート（滇緬公路）上に位置する要衝の芒市に日本軍は第五六師団司令部を配置し、雲南戦を統括する「大本営」とした。

（二）中国アメリカ連合軍によるビルマ援蒋ルート奪回

ビルマ中部に位置するメイミョーから北上しラシオを経由して中国の雲南西部に入るビルマ援蒋ルート＝滇緬公路を日本により遮断された中国は、新たなビルマ援蒋ルートとなるレド公路を、アメリカの支援を得て建設することになる。

その新ビルマルートは、インドの東部に位置するレドを起点とし、インドとビルマの国境を越えてビルマの北部に位置するミートキーナに抜けたあとミートキーナで北と南の二つの経路に分岐し、それぞれが別々に国境を越えて中国の雲南西部に入り、二つの経路が龍陵で合流し松山（拉孟）に至る街道であり、アメリカと中国の工兵部隊が協力し一九四二年一二月に建設を開始する。その新ビルマルート＝レド公路も、松山（拉孟）を経由しその直下に位置する恵通橋で怒江を渡ることになり、松山と恵通橋が新ビルマルートの鍵になる要衝であることに変わりはない。

そして、新ビルマルート＝レド公路を開通させるため、雲南西部（滇西）奪回の反攻作戦を一九四四年五月に中国アメリカ連合軍が開始する。このとき、東側から怒江を強攻渡江し怒江右岸（西側）に渡った中国軍の兵力はおよそ四万人であり、怒江の西方に配置されている日本軍の各陣地に迫る。

拉孟（松山）では、日本軍と中国軍の間で六月二日から戦闘が始まるが、日本軍の拉孟守備隊一三〇〇名に対し中国軍の兵力はその一五倍以上になる。そして、約一〇〇日間にわたる死闘・攻防戦の末、九月七日に日本軍拉孟守備隊は、脱出に成功した少数の者を除いて全滅する。(注04) 龍兵団（第五六師団）戦没者名簿によると、拉孟の死者として一三二三名が記録されている。

騰越（騰冲）でも、日本軍騰越守備隊二〇〇〇名と中国軍の間で激戦が展開され、追い詰められた騰越守備隊は英国領事館などに立てこもり最後まで抵抗する。しかし、支援を断たれている部隊に反撃する力は残されておらず、九月一四日に騰越守備隊も全滅する。

第五六師団歩兵団司令部が置かれている龍陵でも、龍陵市街を取り囲む山上陣地の争奪戦と市街戦が六月から一〇月にかけて展開され（龍陵会戦）、第三三軍高級参謀・辻政信（後述）は自ら龍陵まで遠征し、雲龍寺から作戦を直接指揮する。しかし、一〇月末に何回目かの総攻撃を発動した中国軍は日本軍部隊の大部分をついに壊滅させ、一一月三日に龍陵を奪回する。その際に日本軍の一部の現地部隊が無断撤退したので、龍陵の日本軍は全滅を免れることになる。

一一月初めに龍陵を奪回した中国軍は、日本軍「大本営」が置かれている芒市に大挙して向かう。すると、日本軍第五六師団長の松山佑三中将は、本格的な戦闘が始まる前に芒市を放棄することを決断しビルマ国境に向けて撤退する。こうして日本軍は中国雲南地区および北ビルマから完全に排除された。

日本軍追放後の一九四五年一月二八日に、ビルマ国境の畹町《えんちょう》（ワンチン）で、レド公路開通を祝う式典が中国アメリカ連合軍により挙行され、レド発の最初の輸送隊＝自動車隊一二〇台が中国雲南の昆明に二月四日に到着する。

（三）日本軍主力は拉孟や騰越の守備隊を支援せず

前項に記したように、二年間をかけて堅固な陣地を構築した拉孟（松山）や騰越（騰冲）の日本軍守備隊が、一九四四年五月に反攻を開始した中国軍により全滅させられ、日本軍が司令部を置いた後方の龍陵や芒市もあいついで奪回されてしまった。そのように雲南の日本軍が（強力な反撃もできないまま）敗れ去った背景を簡単に記しておきたい。

それで、第一五軍司令官・牟《む》田《た》口《ぐち》廉《れん》也《や》中将は、ビルマ奪回を狙うイギリスの作戦拠点であるインド東北端のインパールを攻略するため、ビルマ北部を起点とするインド侵攻作戦＝インパール作戦を一九四四年三月に発動する。しかし、補給を無視する無謀なインパール作戦は自滅の道を突き進んで完全に失敗し、日本軍大本営はインパール作戦の中止を七月三日に命令する。

一方、同年六月に支那《ママ》派遣軍から第三三軍に着任したばかりの高級参謀・辻政信は、インパール作戦の中止を受け、新ビルマルート＝レド公路の貫通阻止・遮断のための作戦を中国西南の雲南地区を拠点として実施することを七月一〇日に決定する。ミートキーナなどビルマ北部は放棄するというのが、辻政信が下した決断だ。辻政信が命令したこの作戦はビルマルート遮断作戦＝断作戦と呼ばれる。その断作戦の狙いは、第五六師団歩兵団司令部を置いている龍陵の確保が第一で、次に拉孟と騰越の各守備隊の支援と救出ということだ。

しかし、一九四二年五月から雲南地区の防衛を担当している第五六師団は、一九四四年三月に発動されたインパール作戦に多くの兵力を取られているため、単独で断作戦を遂行することは不可能だった。そのため、ビルマ南西海岸から第二師団を、北ビルマから第一八師団などを雲南地区に集結させ断作戦に投入しようとする。ところが、広大なビルマを縦断する形で展開している第二師団の集結が難航するなどで予定が大幅に遅れ、断作戦の開始は九月三日とされた。

六月初めから中国軍の猛攻撃を受け苦闘を続ける拉孟や騰越の守備隊は司令部に対し支援要請を矢のように繰り返していた。しかし、断作戦の発動が遅れ支援を受けることができなかった拉孟守備隊は九月七日に、騰越守備隊は九月一四日に相次いで全滅する。そのあと龍陵も芒市も続けて中国軍の手に落ち、断作戦は失敗に終わった。龍兵団（第五六師団）戦没者名簿によると、雲南戦場における他の師団も含む戦没者は一万〇四四五名と記録されている。

朝鮮の性奴隷被害者・朴永心さん

雲南西部における日本と中国の戦いについて前節までにその概要を記したが、この戦役に巻き込まれた朝鮮の日本軍性暴力被害者（性奴隷）の一人である朴永心《パクヨンシム》（朴英深）さんのことを最後に紹介しておきたい。「慰安所」にいる女性たちをアメリカ軍が撮影しアメリカ国立公文書館に所蔵されている公的な写真に写っている性奴隷被害者の中で名前が特定されている被害女性だ。(注05) アメリカ軍が撮影した性奴隷被害者の写真はごくわずかしか発見されていないうえに、名前が特定されている人はさらに少ないので朴永心さんは貴重な存在だ。

それで、朴永心さんは、(注06) 一九三九年八月に朝鮮平安南道南浦市から平壌を経由して中国の南京に連行された。朴永心さんが一七歳のときのことだ。そして南京では利済巷東雲慰安所の一九号室に監禁され、歌丸という名で性奴隷として屈辱の日々を強いられた（第二章「南京利済巷慰安所旧址陳列館」の項を参照）。

そのあと、一九四二年初夏に朴永心さんはビルマに連行されラシオの慰安所・イッカク楼に監禁される。そこでは若春という名を付けられ、ラシオでもまた性奴隷として屈辱の日々を強要された。

さらに一九四三年初頭に朴永心さんは中国の雲南に連行される。その中国の雲南で朴永心さんに与えられた名は、ビルマ時代の若春のままだ。そして、龍陵や騰越（騰冲）などを経て最後は拉孟（松山）で性奴隷として性暴力を受け続けることになる。それで、拉孟は、前節までに記しているように、二〇〇〇メートル級の山中にある人里離れた山林に突然構築された日本軍陣地であり、朴永心さんは日本兵専用の性奴隷として日本軍部隊内に直接監禁されたのだ。

雲南に移されてから約一年半後の一九四四年九月に、中国軍の猛攻を受け全滅寸前に陥った拉孟陣地から命がけで脱出した朴永心さんは中国軍に捕らえられ、中国が管理する昆明の収容所に収容される。そこには、大勢の日本兵らと共に二三名の朝鮮人性奴隷被害者が収容されていたが、そのうち一〇名は拉孟陣地に、他の一三名は騰越陣地に監禁されていた被害者だ。昆明の収容所には、その他に朝鮮人の男性二名も収容されていた。

日本が降伏したあと解放され朝鮮に帰った朴永心さんは、日本から一言の謝罪も一片の補償も受けることがないまま、故郷の南浦市の自宅で二〇〇六年八月七日に八五歳で永眠した。

第四章　注記

（注01）遠藤美幸著『「戦場体験」を受け継ぐということ——ビルマルートの拉孟《らもう》全滅戦の生存者を尋ね歩いて』高文研、二〇一四年
（注02）李枝彩著『実証滇西抗戦』雲南大学出版社（中国—雲南省昆明）、二〇一六年
（注03）松山が位置する腊勐《せきもう》（地名）の中国語の発音＝lameng（ラモン）を真似て日本兵が「ラモウ」と発音したのが「拉孟」の始まりだと思われるが、定かではない。
（注04）品野実著『異域の鬼——拉孟全滅への道』谷沢書房、一九八一年
（注05）伊藤孝司著『無窮花《ムグンファ》の哀しみ——［証言］〈性奴隷〉にされた韓国・朝鮮人女性たち』風媒社、二〇一四年、二〇三頁
（注06）（注01）二一〇九頁

第五章　中国の視点で見る滇西《てんせい》抗戦

雲南西部におけるビルマ援蒋《えんしょう》ルートをめぐる中国と日本の戦いである雲南戦（滇西《てんせい》抗戦）に詳しい遠藤美幸さんは、二〇一四年に出版した著書『「戦場体験」を受け継ぐということ』(注01)に次のように記している。

「(二〇一二年に）雲南西部の戦場跡を歩いてみて、想像以上に戦争遺跡が整備、保存されていることに驚いた。戦跡碑の建立年月日を見るといずれも新しく、私（遠藤美幸さん）が見た中では二〇〇四年以降のものが多い。その頃から雲南戦の戦跡の保存、整備が積極的に行われてきたようである。

その理由は何か。一九八〇年代頃までは、中国政府は、中国が日本に唯一完全勝利した雲南戦の担い手が蔣介石の国民政府軍であったことから、拉孟戦や騰越戦はずっと黙殺しつづけてきた。ところが、一九九〇年代の江沢民政権期になって、歴史認識問題などで愛国主義教育の機運が高まるなか、雲南戦においても日本軍の侵略戦争の史実の証拠収集が盛んに行われるようになったという。九四年9月《ママ》には、党中央宣伝部の名で『愛国主義教育実施綱要』が公布された。

こうして中国政府は、近年、雲南戦における『歴史の空白』をようやく埋め始めている。ただし、雲南戦跡に刻まれた文言をよく見ると、雲南戦はあたかも共産党軍が主導の戦争であったかのように再解釈されて記録されていることがわかる(注02)」。

さらに、「現在の中国政府は、東南アジア諸国と国境を越えた南の地域の一体化をよりいっそう進めるため、雲南西部を東南アジアと東アジアの経済発展及び軍事的な拠点として再び注目しつつある。複雑な文化圏で居住する雲南西部の少数民族社会をうまく掌握し、中国社会の一員に組み込むための一つの政策として、抗日戦争を共に戦った『中華民族』構想というレジェンドを創出しようとしているのではないだろうか。地図を眺めてみると雲南西部は中国の中央から見れば辺境に違いないが、外国との接触、交流に視点を移せば、窓であり玄関口なのである」[注03]。

そこで、現在の中国が雲南戦（滇西抗戦）をどのように捉えているのかを知るため、李枝彩著『実証滇西抗戦』（雲南大学出版社、二〇一六年）の第一部分・「滇西抗戦史実考証」の全文を本章で紹介する（原文は中国語、青木訳）。

李枝彩著『実証滇西抗戦』は、中国政府（共産党政権）による滇西抗戦の見直しがある程度まで進んだ後だと思われる二〇一六年に出版され、滇西抗戦における激戦地の一つである騰冲（旧騰越）に二〇一三年に竣工・開設されたばかりの近代的で巨大な博物館＝滇西抗戦記念館の書籍売場で平積みで販売されている本なので、現在の中国政府の意向から大きく外れてはいない、現在の中国の視点で見る滇西抗戦像が記述されているのだと思われる。

李枝彩著『実証滇西抗戦』第一部分　滇西抗戦史実考証

天地正気　歴史豊碑（天地公明　歴史の記念碑）

滇西《てんせい》軍民抗戦史略述（雲南西部軍民抗戦史略述）

中国の八年にわたる抗戦史（抗日戦争史）の中に、雲南西部の保山や徳宏と怒江や臨滄《りんりん》などの地で戦われ、かつ、国際反ファシズム戦争（第二次世界大戦）に統一的に（一体として）直接関わる血なまぐさい戦役があった。それは、世に有名な滇西《てんせい》抗戦（雲南西部抗戦。「滇」は雲南省の略称・旧称）である。

この血戦は、東南アジアと中国西南後方を結び大海（インド洋）に至る街道に対する、つまり、ビルマ（現ミャンマー）と滇西《てんせい》（雲南西部）に対する日本軍による攻撃を発端とし、三年近くにわたり続いた。その戦闘の経過は、およそ次の三つの段階に分けることができる。

（最初の）一九四二年三月から五月上旬までは日本軍侵攻の期間（段階）である。この期間に、「中英共同防御滇緬《てんめん》路（雲南ビルマ公路）協定」に基づき中国国民政府が一〇万人の遠征軍を編成してビルマに入り、日本軍に対抗しようとした。しかし、ビルマとイギリスの当局は抗日に関心がなく、中国軍がビルマに入るのを何度も押しとどめたので、有利な戦機を取り逃がしてしまう。

さらに、中国遠征軍がビルマに入ったあと、（中英）同盟軍の上層部が互いに不信を抱いて指揮が混乱し、ビルマに侵攻する日本軍に付け込む隙《すき》を与えた。すると、日本軍の奇襲部隊が長距離を移動して中国軍を背後から急襲し、中国軍の退路を遮断する。中国の一〇万の抗日将兵は日本軍と戦う気概を持っていたが劣勢を挽回することはできず、退路を分散して中国に撤退するかインドに逃れるしかなかった。

勢いよく始めたビルマ救援作戦は失敗に終わり、雲南（中国）とビルマの国境地帯と、滇西（雲南西部）の怒江(注04)以西の広大な国土が相次いで日本軍の手に落ちた。

（次の）一九四二年五月中旬から一九四四年五月上旬までは、日本軍と中国軍が相拮抗《きっこう》する段階である。この期間（の最初）に、日本軍の侵攻体制を抑え込み中国西南後方の安全を確保するため、中国政府は滇西守備軍に適時に命令して滇緬《てんめん》公路の恵通橋を爆破し、日本軍を怒江の西側に押し止めた。併せて、宋希濂《そうきれん》の第一一集団軍を緊急増派し、怒江の（左岸＝東側の）天険沿いに防御態勢を構築し、雲南を侵略する日本軍と怒江を挟んで対峙する局面を作り出す。

同時に、兵力の一部を派兵して密かに怒江を越え、幾つもの間道（抜け道）から、日本軍後方の騰冲《とうちゅう》（騰越）や龍陵《りゅうりょう》と怒江や徳宏などの地に深く入り込む。そして、滇西被占領区の各民族の人々と共闘して日本軍後方の広大な地域で遊撃戦を展開し、日本軍の戦力を大きく消耗させた。

（最後の）一九四四年五月中旬から一九四五年一月下旬までは大反攻期間（段階）である。それで、この期間に（先立ち）中国政府は、日本軍の封鎖を打ち破り滇緬国際運輸街道を再開するため、第一一集団軍と第二〇集団軍の二つの野戦部隊と関連の支援部隊から合わせて二〇万人を振り向け中国遠征軍を再編成する。そして、著名な愛国高級将校・衛立煌《えいりつこう》の指揮下で、滇西の大理や保山や臨滄《りんりん》などの地に分駐し（軍事）訓練を展開した。

こうして長期間の準備を経たのち、好機を見計らい、国際反ファシズム戦争（第二次世界大戦）において形勢が逆転する有利な情況（時期）に乗じ、一九四四年五月に左右（南北）両翼に分かれて怒江を強行突破する。そして、滇西（雲南西部）の高黎貢山《こうれいこうさん》・松山（拉孟）・騰冲《とうちゅう》（騰越）・龍陵《りゅうりょう》・平達《へいたつ》・芒市《ぼうし》・畹町《えんちょう》（ワンチン）などの地を占領している日本軍第五六師団などの数万人の部隊に対し全面反攻（反撃）を開始した。

それから八カ月余にわたる血みどろの戦闘を経て二万一〇〇〇人余の日本兵を前後して殲滅し、一九四五年一月二日に（ビルマ）国境の畹町を奪還する。そして、一月二七日に、ビルマ東北部の小さな町である芒友で、インドからビルマ北部に進撃してきた中国とアメリカの駐インド軍と勝利のうちに合流し、滇西抗戦の最終的な勝利を勝ち取った。

滇西抗戦は、中国の八年にわたる抗日戦争において最も早く日冦《にちこう》（日本侵略者）に反撃を始めた重要な戦役であり、同時に、第二次世界大戦のアジア反ファシズム戦場において失敗から勝利に向けて歩み出した反攻（転換）戦役の一つである。

この血戦で日冦（日本侵略者）は、残忍な焼・殺と命がけの抵抗を始めから終わりまで常に行なった。しかし、中国の軍民は、強暴を恐れず犠牲にひるむことなく、日本軍に対し血と命をかけて頑強不屈の血まみれの戦いを最初から最後まで展開する。そして、中国人民抗日戦争と国際反ファシズム戦争史上において愛国主義と英雄主義の頌歌《しょうか》（賛歌）を生み出し、いまだかつてない輝かしい一章を残した。

一・西南後方　抗戦血線

滇西すなわち雲南西部の主要な地域には、現在の瀾滄江《らんりんこう》より西方の保山や徳宏両州市と付近の怒江や臨滄《りんりん》の一部地域を含む。そこは、東方は大理に接し昆明や成都に通じ、西方はビルマ（現ミャンマー）に接しインド洋に出ることができる。域内に、怒山や高黎貢山《こうれいこうさん》と瀾滄江《らんりんこう》や怒江や龍川江などがあり、高山と大河が南北に縦貫する地形は複雑だ。一方で資源も豊富だ。そして古くから、中国西南地区の国境防備の主要な玄関口であり、対外往来の主要街道でもある。

さて、一九三七年に日本帝国主義が七七事変（盧溝橋事件）をけしかけ中国に対する全面侵略戦争を発動し、中国の華北・華中・華東・華南の大部分の国土を相次いで占領する。そして、中国東南の海に通じる街道は日本軍により全面封鎖され、中国西南の四川と貴州と雲南の三省は全国抗戦の主要な大後方となる。

日本軍による封鎖を打破し、ソ連やアメリカやイギリスなど西方の同盟国との陸路の連絡を継続して確保するため、雲南省主席の龍雲は、全国抗戦と雲南地方発展の大局を考慮し、国民政府中央軍事委員会の全面的支持の下で、雲南各民族の二〇万余の人々を組織的に動員する。そして、滇西（雲南西部）地区の険しい（山高谷深）地形や疫病が蔓延する劣悪な環境を克服し、三五〇〇名余の犠牲という代償を払い、中国西南後方と西方同盟国との陸路交通線＝滇緬《てんめん》公路をわずか八カ月余の期間で緊急に修復して開通させた（一九三八年八月完成）。滇緬公路の東は雲南省の省都・昆明から始まり、西に向かい楚雄・大理・保山を経由して徳宏の畹町《えんちょう》（ワンチン）に至る。そして畹町でビルマとの国境を越え、ビルマ東北鉄道の終点・腊戌《シーシュー》（ラシオ）に繋がり、全長は一一四六キロになる。

滇緬公路の車両通行が可能になると中国政府は滇緬公路運輸処を設立し、陳嘉庚《ちんかこう》と梁金山《りょうきんさん》を代表とする多数の愛国華僑の支持と協力の下で公私の車両を大量に集め、ビルマのヤンゴンの海港から中国の昆明に至る国際運輸線を開通させる。そして、西方同盟国が援助する武器・弾薬・車両・燃料など大量の軍需物資を続々と絶え間なく中国国内の各地に搬入し、前線軍民の抗日闘争を力強く支えた。

二　日本軍の南方侵入　中国の退路を断つ

滇緬国際運輸線の開通と大量の支援物資の（中国国内への）搬入は中国軍民の抗戦能力を大幅に増強させた。これを深く憂慮する日本軍大本営は、中国の重要な戦略補給路を奪い、中国戦場に対する東西からの挟み撃ちと全面封鎖を実現するため太平洋戦争を発動する。そして、日寇《にちこう》（日本侵略者）は、一九四二年に中南半島（東南アジア）を初めて越えて大軍を派兵し、中国西南後方から海（インド洋）に通じる街道＝ビルマに向けて大規模な侵攻を開始する。そして、一九四二年二月に日本軍はタイ国から国境を越え（ビルマに侵攻し）、ビルマ南部の重要鎮である大力其《ダーリージー》とビルマの首都・ヤンゴンをまず攻略する。

中国政府は、中国とイギリスの双方で締結した「中英共同防衛滇緬路協定」に従い、第五・第六・第六六の三軍を迅速に動員して抗日のために編成した一〇万人の遠征軍を三月一日に（ビルマに）出国させる。そして、中国遠征軍先鋒部隊である第二〇〇師団・戴安瀾《たいあんらん》部隊と新三八師団・孫立人部隊は、ビルマ南部の同古《トングー》や仁安羌《レンアンチアン》などの地で前後して日本軍と激戦を展開し、日本兵の攻撃の士気を大いにくじいた。

しかし、残念なことに、ビルマ防衛の責任を持つ英印（イギリス・インド）当局が中国軍のビルマ派兵に対し当時は疑念を持っていたため、有利な戦闘機会をたびたび見誤る（失う）。さらに、中国遠征軍がビルマに入ったあと、上層部の指揮機構の多くの部門から指令が出てくるので各部隊の将兵は何に従えばよいのか分からず、ビルマに侵攻している日本軍に付け込む隙《すき》を与えた。そうこうするうちに日本軍は東線から長駆し、ビルマ東北部の交通の要衝である腊戍《シーシュー》（ラシオ）を急襲して中国のビルマ遠征軍の退路を遮断し、戦況に急転直下の変化をもたらした。

中国の一〇万の抗日将兵は、敵（日本軍）と戦う気概は持っていたが情況を挽回する力は無く、分散して退却しビルマ国境の小道（間道）から中国に戻るか、あるいは、ビルマ北部の未開の山地を転々と移動しインドに撤退するしかなかった。大きな気勢を上げてビルマに駆けつけた中国軍の遠征作戦は失敗に終わり、すばやく短期間のうちにビルマ国境は日本軍に占領された。

ビルマ戦で敗北し国境を突破された中国に対し、日本軍の先陣部隊が虚を突いて（滇西に）侵入する。一九四二年五月三日に中国滇西辺境の玄関口（国境の町）である畹町に攻め入った日本軍は、滇緬公路に沿って一路東進（東侵）し、わずか一週間余のうちに、怒江以西の徳宏や龍陵や騰冲など広範な地域を攻略する。ここに至り、開通してからわずか三年の滇緬国際運輸線は再び遮断され、中国軍民の抗日闘争は、敵と味方が相対峙する空前の苦しい段階に追い込まれた。

三、滇西（雲南西部）陥落　人民受難

侵略者の日本は、ビルマを占領し滇西（雲南西部）を陥落させて狂気の目的を達成し、ほしいままに勝手なことをする。彼らは、「大東亜共栄圏建設」という旗印を打ち立て、手中の最新鋭の武器を用い占領区で焼殺略奪をほしいままに強行し、東南アジアの華僑と滇西各民族の数十万の人々を一歩一歩苦難の深淵に追い込んでゆく。

ビルマの占領区では、日本軍は、買収したビルマのスパイを操りあらゆるところで（人々を）摘発・告発し、ほしいままに捜査し逮捕して虐殺する。あるいは、ビルマを行き交う広範な華僑を武力で追いやり、無数の人々が住居を失い家族が離散し没落する。

滇西地区では、日本軍は飛行機や大砲を用い、公路沿線の町や村に対し狂ったように砲撃し無差別に爆破する。あるいは討伐隊を組織し、占領区の人々に対し気が狂ったような掃討を行ない、聞く人を驚かす血なまぐさい惨案の数々を次々に引き起こした。

（例えば、）一九四二年五月三日、日本軍快速部隊（先陣部隊）が畹町《えんちょう》（ワンチン）から国境を越えて（中国滇西に侵攻し）、遮放《しゃほう》を経由し芒市《ぼうし》一帯を攻撃する。夕刻には龍陵《りゅうりょう》県城を攻略し、避難が間に合わなかった現地の多数の老幼婦子が日本軍の市街に向けた機銃掃射を受け、六〇人余がそのまま街頭で殺害された。

一九四二年五月四日と五日の両日、日本軍は滇西各地で大規模な地上攻撃を強行する。同時に、滇西の重要都市である保山に対し延べ一〇〇機余の戦闘機を前後して派遣して大規模な爆撃を実施し、市内に住む無

辜の人々一万人近くをその場で爆死させ、公私の建物三八〇〇間余を爆破した。

さらに、保山に対する爆撃がコレラや脳炎などの恐ろしい伝染病を引き起こし広範囲に流行させた。そのため、もともと人家が密集している保山の市街地と周辺の至る所に死体が横たわることになり、十戸のうち九戸が空き家になるなど、わずか一カ月余のうちに五万人から六万人が死亡した。

一九四二年五月一九日、日本軍は、大勢の華僑の女性や子どもと騰冲の女子中学生（高校生）を、騰冲《とうちゅう》（騰越）から界頭《かいとう》を経由し高黎貢山《こうれいこうさん》の北斎公房《ほくさいこうぼう》を越え怒江の六庫栗柴堰の渡し場まで追跡する（追いかける）。そして、渡し舟が破壊され逃げ道を無くした二九〇名余の無辜の女性を強姦し残忍に殺害した。鮮血は、数十里にわたり怒江を赤く染めた。

一九四二年一一月三日、日本軍は中国遠征軍の遊撃隊を捜査するため、龍陵勐冒《もうぼう》の倒淌水《とうしょうすい》の山村を急襲して包囲する。そして、集落の二〇戸余の民家を全て焼き払い、その場で日本兵が村民二四人を強姦し殺害した。

四．占領支配に甘んぜず抗争に奮い立つ

滇緬公路が遮断され（中国の）西南後方は緊迫する。緊急に転機（作戦の見直し）が必要になった中国滇西守備軍は、滇緬公路の（要衝である）恵通橋を命がけで爆破し、日本軍を怒江の西側に押し止める。

雲貴（雲南省と貴州省）監察使・李根源と駐滇（駐雲南省）第一一集団軍総司令・宋希濂《そうきれん》は、国民党中央軍事委員会の要請を受け昆明から保山に緊急に赴任する（駆けつける）。そして、第七一軍の第三六・第八七・第八八師団などの部隊を速やかに集結させて怒江防衛組織を立ち上げ、怒江沿いに防御体制を構築する。

それとともに、金鶏村で軍民抗戦動員大会を招集・開催して「告滇西父老書」（雲南西部の年輩者に告げる書）を発表し、団結して日本軍に抵抗し郷土を守ることを中国辺境（国境地帯）の各民族の人々に呼びかけた。

この時から中国と日本の双方は、軍備を互いに増強しながら怒江を隔てて二年以上も対峙することになる。しかし、この期間中も、陥落地区の人々は占領支配に甘んぜず次々と蜂起し、日寇《にちこう》（日本侵略者）に対し闘争を展開する。

（例えば）騰冲では、張問徳と劉楚湘を代表とする愛国人士が臨時県務委員会と騰冲抗日県政府を前後して組織し、騰冲北部の曲石や界頭《かいとう》などの地を長期にわたり防御する。それと同時に、人民が協力する遠征軍遊撃隊を組織し日本軍の後方で闘争を展開する。日寇（日本侵略者）の金銭による誘惑や残忍な掃討の全てが、抗戦を誓う彼らの決意を揺るがすことは最後までできなかった。

龍陵や潞西《ろせい》一帯では、朱家錫《しゅかせき》と常紹群《じょうしょうぐん》を代表とする熱血青年が省政府に対し自主的に前線を志願し、龍潞《りゅうろ》区抗日遊撃支隊を組織する。そして、日本軍後方の平達・象達・木城・中山・勐戛《もうかつ》・遮放《しゃほう》や梁河《りょうか》大庵《だいあん》・隴川《ろうせん》戸撒《こさん》などの地に危険を冒して潜入し長期にわたり闘争を展開した。その二年間に前後して殺傷した日偽軍（日本兵）は八〇〇人余に達する。

騰冲や龍陵周辺の潞江《ろこう》・登埂《ドンゲン》・南甸《なんでん》・千崖・隴川《ろうせん》・遮放《しゃほう》・勐板《もうはん》のそれぞれの土司（行政区の長）が管轄する地区では、各民族の青年を中心とする幾つかの民衆自衛隊がそれぞれの地区で活躍している。彼らは、それぞれの地区の土司や頭人（土司の下位に位置づけられる行政区の長＝集落長や族長など）である線光天・段綬・刀京版・趙宝忠・趙宝賢・許本和らの人たちの支援と指導の下で、農村にやって来て物資を略奪する日本軍を、常に要害に頼って待ち伏せ攻撃し、敵（日本軍）の将兵を殺傷した。

これら以外にも、各地の民間に、騰冲勐連《もうれん》鎮長の楊紹貴、潞西《ろせい》救亡団長の楊思敬、保山の雲南芝居の玉林班（劇団名）の男役役者の張輔廷、畹町《えんちょう》公路段長の余在海、龍陵黄草壩の農婦の趙押鳳ら多くの愛国志士がいる。そして、彼らの全てが夫々の異なるやり方で日本軍と渡り合い、雲南に侵攻する日本軍の掃討と滇西国土の奪還を加速するため重要な貢献を果たした。

五．駝峰航路（ハンプ航路）危機を支える

滇緬公路を遮断され外国からの支援物資の供給が止まり中国軍民の抗日闘争が空前の困難な情況に陥る中で、前方（中国正面戦場）の戦局を支えるため、中国アメリカ両国の上層部は何回もの協議を重ねる。その結果を受けアメリカ同盟軍は、史迪威《シーディーウェイ》（スティルウェル）将軍の提唱と計画の下で空軍第一〇航空隊を派遣し、中国航空公司と力を合わせて中米航空運輸隊を編成し、中国とアメリカの数百機の輸送機を配備する。そして、一切の対価を求めず、インド阿薩姆《アーサームー》（アッサム）の邦汀江《バンティンジアン》飛行場などから飛び立ち、形がラクダのこぶに似ている世界の尾根＝ヒマラヤ山脈を越え、中国戦場（中国正面戦場＝前方）に向けて戦略物資の輸送を一九四二年五月中旬から開始する。

それから二年余の間に「駝峰（ラクダのコブ）航路」（ハンプ航路）は、中国の昆明や成都や重慶などの地に向け、抗戦に緊急に必要な各種の武器や弾薬や燃料などの戦略（軍需）物資七〇万トン余を前後して空輸する。そして、中国国内戦場（前方）における物資の深刻な欠乏という巨大な圧力を緩和するのに大いに貢献した。

しかし、険しい高山沿いにある航空路の気象条件は相当に劣悪であり、加えて、ビルマ北部の密支那《ミージーナー》

（ミートキーナ）などの地に駐留している日本軍の戦闘機が頻繁に奇襲攻撃を仕掛けて妨害する。そのため、中米同盟軍はこの間に多大で深刻な被害を受けた。「駝峰航路」を運行した二年余の間に各種の大型・中型輸送機五〇〇機余を前後して墜落で失い、犠牲あるいは行方不明になった航空要員は一五〇〇名余になる。

六．大軍を集結し再戦に備える

中国遠征軍によるビルマ派兵作戦が失敗し、日本軍は一路滇西（雲南西部）を急襲し攻略を成功させた。これが、背中に刺さった毒剣のように中国軍民の抗戦能力を容赦なく削り取る（弱体化させる）。

後路（後方）を遮られ両側から敵（日本軍）に挟撃される不利な局面を早期に打開するため、一九四三年四月に中国政府は、滇西の各民族の人々を組織動員し抗戦に奮起（参加）させるのと同時に中国遠征軍司令長官部隊を再編成することを決定する。そして、陳誠上将（高級将校）を司令長官とし、四川省と雲南省と貴州省の各地にもともと駐屯している宋希濂《そうきれん》第一一集団軍の第七一軍・第六軍・第二軍および霍揆彰《かくきしょう》第二〇集団軍の第五三軍・第五四軍などの野戦部隊一六万人と、関連する工兵・砲兵・通信兵・輜重《しちょう》兵や野戦病院などの支援部隊四万人余を集結させ、滇西地区の大理・保山・怒江・臨滄《りんりん》などの地に移駐し組織的大反攻の時に備える。

同年一一月、国民党の有名な抗日高級将校である衛立煌《えいりつこう》上将が（前任の）陳誠上将から引き継ぎ遠征軍司令長官の任務に就く。すると衛立煌上将は、大反攻のための各種の準備工作を実情に即して着実に進め、一方で、日本軍の動静と中国軍指揮管理部隊（の実情）を素早く理解し掌握するため、長官部（司令部）を滇中（雲南中部）の楚雄から怒江の前線に隣接する保山馬王屯に直ちに移転させる。同時に、アメリカ同盟軍総司令・史迪威《シーディーウェイ》（スティルウェル）将軍の承認を取り付け、インドなどの地から経験豊富な大勢のアメリカ軍教官を招聘して中国軍部隊を指導させ、大規模な戦前（戦闘）訓練と養成を実施して戦闘準備を整え再戦に備えた。

七．怒江強行渡江　日本軍包囲

かつて潞江《ろこう》と呼ばれた怒江《どこう》は、滇西怒山と高黎貢山《こうれいこうさん》の二つの山脈の間に位置する。その地の山々は峻険で谷は深く（怒江の）流れは急で、古来から「水無不怒石、山有欲飛峰」（急流の中は鋭利な岩ばかり、山々は天空に突き抜ける）と称された。

一九四二年五月に日本軍は滇緬公路に沿って滇西に侵攻した。しかし、中国の恵通橋守備軍が恵通橋を切断（爆破）し通行できなくしたので、日本軍が天険（地形の険しい自然の要害＝怒江）を越えるのは困難になる。このため日本軍は「東侵北進」の計画を放棄させられた。

一九四四年になると、国際反ファシズム戦争（第二次世界大戦）の局勢が（中国にとって）しだいに好転する。それに呼応し、ビルマ北部の密支那《ミージーナー》（ミートキーナ）などの地区に対する反攻でインドに駐留している中米軍と連携するため、同年五月一一日に中国駐滇（駐雲南）遠征軍は、北は六庫栗柴堰から南は施甸《しでん》旧城罕《じょうかん》に至る曲がりくねる約二〇〇キロの戦線から、夜陰と雨期の濃霧に紛れて怒江の渡江を開始する。そして、左右（南北）両翼に分かれ、滇西に二年余も盤踞《ばんきょ》する日本軍第五六師団など各部隊の数万人に対し全面反攻を始める。

そのうち、右翼（北方）の第二〇集団軍に属する二つの部隊の約六万人は、高黎貢山―騰冲（騰越）方面の反攻任務を分担（担当）する。そして、一カ月余にわたる各方面からの攻撃により、高黎貢山の夫々の険しい峰にある戦略要地と、龍川江沿いの夫々の渡し場に通ずる街道上に設置された多重に防護柵を施す日本軍の防御線を前後して攻め落とす。さらに、七月上旬に、日本軍後方の騰龍（騰冲—龍陵）公路を遮断して三方から騰冲平原を包囲し、騰冲城および付近の宝峰山や飛鳳山や来鳳山などの主要な拠点で、騰冲に侵入（駐留）している日本軍主力の第一四八連隊などの部隊を次々と制圧する。

左翼（南方）の第一一集団軍に属する三つの部隊の約七万人は、松山—龍陵と平達—象達—芒市方面の反攻任務を分担（担当）する。そして、一カ月余にわたる多方面からの次から次への戦闘により、滇緬公路沿いの鎮安や勐冒《もうぼう》および南線中段の象達一帯に日本軍が設置していた多数の陣地を次々に攻め落とす。さらに、七月下旬に、龍陵に侵入（駐留）している日本軍第一一三連隊・第五六砲兵連隊および第一四六連隊などの主力を、松山（拉孟）と龍陵と南部の平達の三大要塞内に次々と追い込んで包囲する。

この渡江作戦で、中国の左右（南北）両翼の大軍は、三〇次余の大小の戦闘を経て日本軍（兵）一一二八人を各地で前後して銃殺し、日本軍を次々に包囲するという最初に設定した目標を前後一カ月余の間に達成した。

八. 松山（拉孟）を仰ぎ見て攻略　街道を打開する

松山（日本軍は拉孟と呼称した）(注05)は龍陵県腊勐《せきもう》郷内に位置し、主峰の海抜は二〇六七メートルである。その地は、北は潞江堰と高黎貢山に接し、西は鎮安街と龍陵県城に続き、東は万丈の深さの怒江大峡谷に臨み、山々は急峻にそそり立ち地勢は極めて険しい。滇緬公路が滇西辺境に入る要衝の地として昔から人々は「東方の直布羅陀《ジーブールオトゥオ》（ジブラルタル）」[注06]と称した。

一九四二年に日本軍は松山（拉孟）を占領し、第五六師団第一一三連隊の三〇〇〇人余を派兵して防衛任務に就かせ長期間にわたり駐屯する。その間に、松山山頂を中心とし、東は恵通橋峡谷（怒江峡谷）から西は鎮安大堰街に至る滇緬公路に沿って数十キロに亘る強大な防御体制を構築し、怒江を隔てて中国滇西守備軍と対峙する主要な拠点とした。そして、「中国兵一〇万人を犠牲にしたくなければ、松山（拉孟）を攻めようなどと考えるな」と言い放つ。

中国左翼（南方）の第一一集団軍は（一九四四年五月一一日に）怒江を渡ったあと、公路街道（中国インド公路）を早期に開通させるため一九四四年五月下旬に第七一軍主力を派遣し、施甸攀枝花《しでんはんしか》などの地点から怒江を渡り、松山を正面に仰ぎ見ながら（日本軍陣地を）攻撃する。そして、一カ月余にわたる繰り返しの争奪戦を経て、松山外周の恵通橋と腊勐街《せきもうがい》や竹子坡《ちくしは》などの日本軍陣地を前後して攻略した。しかし、中国軍部隊は死傷者が多く戦闘能力が大きく損なわれたため、そのあとの攻撃任務を長官部（司令部）直属の第八軍が引き継ぐ。

（攻撃任務を引き継いだ）第八軍は、腊勐街《せきもうがい》から松山山上に向け七月五日に攻撃を開始する。後方の砲兵が集中砲撃し日本軍陣地を弱体化させ、前方の歩兵が日本軍の前線に波浪式に繰り返し突撃し前進する戦略を採用したことにより、松山外周の長嶺崗や鷹墩山《ようとんさん》や滾龍坡《こんりゅうは》などの敵陣を一つ一つ攻め落とす（突破する）。そして、日本軍松山（拉孟）守備隊を、山頂の子高地・狗頭坡《くとうは》・馬鞍山《ばあんさん》・馬槽洼頭《ばそうわとう》および付近の黄土坡《こうどは》・大垭口《ダーヤーコウ》・黄家水井・馬鹿塘などの四平方キロに満たない狭い地域内に押し込めた。

八月初め、中国軍は二個師団の兵力を集中し、松山山頂を包囲して攻撃する。しかし、松山主峰の子高地に構築された日本軍の二大主要陣地はあまりにも堅固で隙が無く、爆撃機や重砲を用いる幾度もの集中砲撃や、決死隊による敵陣への突撃や爆破工作のいずれもが効果をあげることができない。そういう状況下で地下道作戦に切り替え、日本軍の（子高地の二大主要）陣地から一五〇メートルのところに位置する道人坪子から山頂に直接達する二本の爆破用地下道（トンネル）を掘り、爆薬一二〇箱（三トン）を詰め込む。そして八月二〇日午前九時に、二本の地下道の爆薬を同時に起爆させ、巨大な爆発が（子高地の）日本軍陣地を瞬時に粉々に破壊し空高く吹き飛ばした。

そのあとは中国軍に有利な状況になり、その勢いに乗り、松山主峰後方の黄土坡《こうどは》・黄家水井・大垭口《ダーヤーコウ》・馬鹿塘などの日本軍陣地に対し全面攻撃を発動する。そして、再び半月以上にわたる繰り返しの激戦を経て、ついに九月七日に松山（拉孟）を完全に奪還した。

この戦役で、日本軍第一一三連隊松山（腊勐《せきもう》）守備隊の一二〇〇名余は要害に頼って（松山陣地を）死守したが、最終的に全滅した。中国軍は、山上に向けた強攻による七六〇〇名余の犠牲という代償を払い大反攻の前進街道を開通させた。

九．騰冲包囲　日寇《にちこう》殲滅

かつて騰越と呼ばれた騰冲は、大理・保山から怒江を越えて徳宏・ビルマに至る古代の南方シルクロードの交通の要衝に位置している。その騰越に、明代初頭に王驥《おうき》（明代の政治家・名将）が麓川に三度遠征した際に堅固な石造りの城塞を構築し、「周辺一番の城」と称された。

日本軍は、一九四二年に滇西に侵攻したあと、第五六師団第一四八連隊の三〇〇〇人余を騰冲に派兵して長期にわたり駐屯し、騰冲を取り巻く飛鳳山や宝峰山や来鳳山などの有利な地形と城塞の堅固な城壁を利用し何重にも構える軍事基地を構築する。そして、騰冲と、その西北に位置するビルマの主要拠点・密支那《ミージーナー》（ミートキーナ）と、騰冲の南に位置する（滇緬）公路の要衝・龍陵による三地点一線（一体）の拠点を構成した。

（一方、）中国遠征軍右翼（北方）の第二〇集団軍は、日本軍の高黎貢山―龍川江防御線を突破したあと、一九四四年七月初めに騰冲平原を三方から包囲し、さらに、日本軍後方の騰龍（騰冲―龍陵）公路を遮断する。

七月中旬、中国遠征軍正面主力は日本軍（騰冲城）の周囲に攻撃を仕掛け、北と西と南の三方から騰冲城を取り巻いて防御している飛鳳山や宝峰山や来鳳山などの日本軍の拠点を、それぞれに対する半月余にわたる包囲攻撃を経て七月下旬に全て打ち破る。そして、守りにつく日本軍第一四八連隊主力の二〇〇〇人余全員を、二平方キロに満たない騰冲城内に追い込んで包囲する。

八月二日、中国遠征軍は四個師団の兵力をもって四方から城塞攻撃を開始し、航空機と大砲による代わるがわるの砲爆撃と、工兵隊を組織し壕を掘り爆破することで、日本軍が「金城湯池《きんじょうとうち》の守り」と呼号した城壁防御線を八月中旬に全て撃破する。そして、爆破により城壁に開けた多数の突破口から中国遠征軍の主力部隊が騰冲城内に突入し日本軍と市街戦を展開する。

それからまた、それぞれの地区の個々の建屋の隅々にまで至る一カ月余にわたる血まみれの争奪戦を経て、城内各所の至る所に配置されている一〇〇カ所以上の日本軍の各種トーチカを全て攻め落とし、九月一四日についに騰冲城を奪還した。

この戦役で、優位な兵力と鉄壁の包囲をもって日本軍の退路を断ち中国遠征軍が四方から強攻する中で日本軍は最後まで抵抗を続けた。そして血戦の結果、日本軍守備隊第一四八連隊長の蔵重康美大佐と後任の太田正人大尉が率いる二〇〇〇名余はことごとく死亡し、誰一人として逃れることはできなかった。一方、この戦役における中国遠征軍の死傷者は一万八〇〇〇人余に達した。激戦が終わった後の騰冲古城は市街が破壊され尽くし、一面の廃墟となっていた。

一〇．龍陵を三度《みたび》攻撃　要害を奪回

龍陵は、滇緬公路の龍陵―保山路と騰冲―龍陵支線の分岐点に位置し、その地は、東は怒江を越えて保山に至り、北は龍川江を越えて騰冲に連絡し、南は南天門を下り芒市平原に通じる。龍陵は、古くから滇西地区の交通の要衝であり中心でもある。

日本軍は、一九四二年に龍陵に侵攻したあと、その地の四方の険しい山と守りやすく攻められにくい有利な地形を利用し、廣林坡《こうりんは》・老東坡・廟房坡《びょうぼうは》・西山坡など周囲（周辺）の四方の高地と市街区（城塞区）を連結するクモの巣状の防御体制を構築する。そして、第五六師団前線指揮所を城塞区（市街区）内に配置し、松山（拉孟）や騰冲などの前線部隊に対する統合指揮と物資搬送の拠点とした。

（一方、）中国遠征軍左翼（南方）の第一一集団軍は、怒江を強引に渡ったあと、第七一軍と第六軍の夫々一部から選抜して突撃隊を組織し、松山（拉孟）正面を迂回して、一九四四年六月に東北の鎮安や龍江と東南の勐冒《もうぼう》などの地から龍陵県城に直接進攻する。しかし、日本軍の動静を事前に把握しないまま軽率に攻撃を始めたため戦闘の途中ですぐに日本軍主力に正面から反撃を受け、中国の両師団（両部隊）は兵力の半分以上を失い最初の攻撃は失敗に終わる。

（そのあと、）松山（拉孟）と騰冲の二つの日本軍主力陣地を包囲した中国遠征軍は、日本軍南翼の象達防御線を掃討したうえで七月下旬に両軍の兵力を龍陵に送り、東と北と南の三方から龍陵を包囲する。しかし、日本軍は、騰冲と芒市の夫々から数千人の増援を緊急に振り向けたので、中国遠征軍攻撃部隊は日本軍の反撃を両側から受けることになる。そのため中国軍の死傷者は膨大になり、戦闘からバラバラに撤退せざるを得なくなる。こうして、二度目の攻撃もまた失敗に終わる。

（さらにそのあと、）松山（拉孟）と騰冲を包囲し攻撃する戦役が九月中旬に勝利に終わると、中国遠征軍南北両翼の主力は公路に沿って龍陵に集結する。そして、龍陵の四方を取り巻く高地を激戦の末に奪回する。さらに、芒市から龍陵に至る公路の通行を遮断した上で、一〇個師団を集結させる強大な兵力を龍陵城に差し向け、一〇月二九日に中国遠征軍は総攻撃を開始する。そして、五日間におよぶ繰り返しの激戦を経て一一月三日に日本軍守備隊の大部分を壊滅させ、重要戦略要塞である龍陵を奪回した。

この戦役は、全ての滇西反撃戦の中で最大規模となる要塞争奪戦である。その四カ月余にわたる戦闘に中国軍は一〇万人以上の兵力を前後して投入し、三次にわたる一進一退の攻防戦を経て合わせて一万〇六四〇人の日本兵を殺害した。一方で、中国側の死傷者は二万八三八四人になった。

一一・芒市《ぼうし》・畹町《えんちょう》（ワンチン）を掃討、残存日本軍を追撃

芒市《ぼうし》は、滇西地区では面積が比較的広く農作物が割合に多く収穫できる平坦地（にある町）の一つだ。さらに、滇緬公路上に位置する芒市は、中国辺境（国境）地区で最大の物資集散地でもある。

日本軍は、一九四二年五月に芒市を占領したあと、広い土地と豊富な物産や交通の便の良さを利用できる芒市の市街地に第五六師団司令部を配置する。そして、大量の軍需物資を集積し、東方の龍陵―松山（拉孟）に通じ北方の騰冲―高黎貢山を占領（支配）するための「大本営」とした。

（一方、）中国第一一集団軍は、一九四四年に龍陵を初めて攻撃している間に、南部側翼の第二軍の兵力の一部で、平戛《へいかつ》や象達一帯から芒市平原の東北に位置する中東や下東などの地区に向けて攻撃を行ない、一九四四年七月に相継いで占領（奪回）する。その結果、芒市—龍陵の通行を支配し、さらに、芒市市街の南天門・紅岩山・桐果園・青樹坡などの拠点を脅かすことが可能となった。

（そのあと、）龍陵を包囲する戦闘が一一月初めに終結すると、中国軍主力は滇緬公路沿いに大挙して南下する。すると、日本軍第五六師団長の松山佑三中将は、危険も無く防御可能な情況下で、芒市市街にある糧秣物資を大量に貯蔵する全ての基地を爆破するよう命令する。そして、ビルマ中部との国境地帯に位置する勐戛《もうかつ》・遮放・畹町《えんちょう》（ワンチン）一帯に向けて慌てふためいて撤退した。

中国遠征軍は芒市で少し休み態勢を整えたあと、三手に分かれ南に向けて一一月二二日に追撃を開始する。そして、勐戛《もうかつ》白羊山や遮放三台山や戛中《かっちゅう》虎尾山などの地に日本軍が設置した防御陣地を一カ月余の掃討作戦の末に前後して攻め落とし、一九四五年元旦には国境の畹町に近づく。

そして、中国中路主力の第六軍と第七一軍および左翼の第二軍と右翼の第五三軍は、畹町周辺の黒勐龍《こくもうりゅう》や回龍山や黒山門などの地に対し一月三日に同時に攻撃を仕掛け、繰り返しの攻防戦を経て、畹町鎮東北の障壁である黒山門埡口《ヤーコウ》を一月一九日に攻略する。さらに、その翌日に、畹町鎮とその南側に位置するビルマの九谷街《ジウグージエ》に攻め入り、両地点を死守していた日本軍第五六師団の残存部隊五〇〇〇人余のうち、滇緬公路沿いに南に向かって潰走《かいそう》した少数の者を除く大部分を殲滅した。

中国遠征軍は各路から日本兵を追い、インドからビルマ北部に進撃してきた中米（中国アメリカ）駐インド軍と、ビルマの東北国境の小さな町である芒友《ぼうゆう》に集結する。そして、一月二七日に声高らかに合流式典を挙行する。ここに至り、八カ月余を費やした滇西大反攻は勝利に終わり、二年余にわたり占領されていた滇西国境地帯を奪回した。

一二　軍民一心　公路再建

滇西およびビルマ北部における中米（中国アメリカ）同盟軍による反撃と勝利は、日本帝国主義が中国に対して発動した東西挟撃の陰謀（作戦）を徹底的に粉砕し、中国の抗日戦場（正面戦場）と米英同盟国との間の陸路による連結を継続的に確保することになる。

それで、外国からの支援物資を十分に活用して中国国内の正面戦場における反攻進撃を加速し全国抗戦の最終勝利を勝ち取るため、中米駐インド軍はビルマ北部で一九四三年には既に反撃を開始していた。

そのあとすぐに中米同盟軍は体制の組織化に着手し、中国西南後方と西側同盟国との間を連結する陸路交通線（中国インド公路）を再構築する作戦を始める。そして、大勢の中米工兵と滇（雲南）・インド・ビルマ各国の数万の人民による共同の努力（作業）により作戦（中国インド公路の建設）を完遂した。

そして、中国遠征軍と中米駐インド軍の部隊が一九四五年一月二七日に（芒友《ぼうゆう》で）合流すると、それと同時に、この新しい国際交通路＝中国インド公路（史迪威《シーディーウェイ》（スティルウェル）公路とも称する）も正式に開通する。中国インド公路の西の起点は、インド東北部に位置する鉄道の終点である利多《リードゥオ》鎮（レド鎮）であり、途中でビルマ北部と中国の滇西を経由し、その東方に位置する雲南省の省都・昆明に至る。

それで、中国インド公路は、具体的には途中で北と南の二路に分かれている。そのうち北路は、インドの利多《リードゥオ》（レド）からビルマの密支那《ミージーナー》（ミートキーナ）に至ったあと東南に向かい伊洛瓦底江《イールオワーディ》（イラワジ川）を越え、ビルマ中部の辺境・猴桥《ホウチアオ》を経由して中国滇西の騰冲に入る。そして南に向きを変え龍陵県城に至り、龍陵で滇緬公路に接続し昆明に通じる。全長は一五六八キロである。

南路は、利多《リードゥオ》（レド）から密支那《ミージーナー》（ミートキーナ）に至ったあと南に向きを変え元々《もともと》の緬北公路沿いに南下し、八莫《バーモー》（バーモ）を経て東に向きを変え中国滇西の畹町《えんちょう》に至り、畹町で滇緬公路に接続し昆明に通じる。全長は一七三二キロである。

中国インド公路が貫通したあと、中米両国が共同で組織する中米物資運輸隊により一九四五年一月二〇日に中国に向けてアメリカの支援物資の搬送が開始される。この後の八カ月間に、合わせて延べ一万台余の車両が往来し、全部で五万トン余になる各種の抗戦物資を搬送し、中国国内戦場（正面戦場）における大反攻を力強く支えた。

中国インド公路の通行開始と同時に、中国国内における厳しい燃料欠乏問題を解決するため中米双方はさらに人力と物力を投入し、インドの加尔各答《ジアアールグオダー》（旧カルカッタ＝コルカタ）から始まり公路沿いにビルマ北部と滇西を経由し中国昆明に直接繋がる中国―インド送油管を架設する。そして、一九四五年五月から中国に向け石油輸送を始め、一九四五年一〇月の抗戦勝利までに合わせて一〇万トン余の燃料を輸送し、戦争遂行に必要な需要を満たした。

一三　歴史の記念碑　世界に永遠に刻まれる

滇西抗戦は、中国の八年にわたる抗日戦史上において規模が最大で影響が最も強い重要な戦役の一つである。同時に、第二次世界大戦におけるアジアの抗日戦場において日本侵略者に対し最も早く反撃を起こし転機をもたらした戦役の一つでもある。戦闘は、最初の失敗から（始まり）、異常な苦難に満ちた曲折の過程を経て最後に勝利した。

国家の存亡に関わる生命をかけた決戦において、中国遠征軍とアメリカ同盟軍と愛国華僑と滇西各民族の人々は心を一つにして団結し、勇敢に奮戦し、鮮血と生命をかけて愛国主義と英雄主義の頌歌《しょうか》（賛歌）を生み出した。彼らの精神と成し遂げた成果は、各党派団体や各社会階層に属する全ての中国人民と、平和を愛する世界の全ての人々の広範な支持と尊敬を勝ち取った。

戦争の終結から現在までの七〇年余の間に世の中の激しい移り変わりを経験したが、誠意に満ちたこのような想いは終始一貫している。永年にわたり中断することなく続けられる追悼や記念に関わる各種の活動、天地にそびえ立つ各種の数多くの記念碑や記念塔、継続して大量に出版される各種の学術書と各種の文芸作品の中で、心の内からほとばしり出る真情を表現しないものはない。

歴史を回顧し、未来を明示し、私たちは次のことを固く信じる。多くの抗日烈士が鮮血と生命をかけて作り上げた愛国主義と英雄主義の精神は、中国の改革開放と社会主義精神文明建設事業の不断の進展に伴い前進と広範な発揚を必ず勝ち取り、今日の中華振興と人類の平和発展に対し私たちの努力を促す大きな力となるだろう。

李枝彩著『実証滇西抗戦』に見る滇西抗戦

李枝彩著『実証滇西抗戦』の第一部分「滇西抗戦史実考証」の全文を前段までで紹介した。そのまとめとなる「一三．歴史の記念碑　世界に永遠に刻まれる」の節で著者の李枝彩は、「滇西抗戦は、中国の八年にわたる抗日戦史上において規模が最大で影響が最も強い重要な戦役の一つである。同時に、第二次世界大戦におけるアジアの抗日戦場において日本侵略者に対し最も早く反撃を起こし転機をもたらした戦役の一つでもある」と総括し、続けて、「国家の存亡に関わる生命をかけた決戦において、中国遠征軍とアメリカ同盟軍と愛国華僑と滇西各民族の人々は心を一つにして団結し、勇敢に奮戦し、鮮血と生命をかけて愛国主義と英雄主義の頌歌《しょうか》（賛歌）を生み出した」と記し、中国遠征軍やアメリカ同盟軍と共に愛国華僑と滇西各民族の人々を讃えている。

そのうち、総括の前半で記している滇西抗戦の歴史的評価について李枝彩は前文でも記していて、「滇西抗戦は、中国の八年にわたる抗日戦争において最も早く日寇《にちこう》（日本侵略者）に反撃を始めた重要な戦役であり、同時に、第二次世界大戦のアジア反ファシズム戦場において失敗から勝利に向けて歩み出した反攻（転換）戦役の一つである」と指摘している。

こうして、滇西抗戦が歴史的に極めて重要な戦いであったということを指摘し強調したうえで、愛国華僑や滇西各民族の人々の献身についても同様に前文で、日本軍と中国軍が相拮抗《きっこう》する一九四二年五月中旬から一九四四年五月上旬の段階で中国軍は「滇西被占領区の各民族の人々と共闘して日本軍後方の広大な地域で遊撃戦を展開し、日本軍の戦力を大きく消耗させた」と紹介し、滇西各民族の人々を讃えている。

この前文に続けて第一節で、滇緬公路の修復と開通に関し、「雲南省主席の龍雲は、全国抗戦と雲南地方発展の大局を考慮し、国民政府中央軍事委員会の全面的支持の下で、雲南各民族の二〇万余の人々を組織的に動員する。そして、滇西（雲南西部）地区の険しい（山高谷深）地形や疫病が蔓延する劣悪な環境を克服し、三五〇〇名余の犠牲という代償を払い、中国西南後方と西方同盟国との陸路交通線＝滇緬《てんめん》公路をわずか八カ月余の期間で緊急に修復して開通させた」と記して雲南各民族の人々を讃え、さらに愛国華僑についても、「陳嘉庚《ちんかこう》と梁金山《りょうきんさん》を代表とする多数の愛国華僑の支持と協力の下で公私の車両を大量に集め、ビルマのヤンゴンの海港から中国の昆明に至る国際運輸線を開通させる。そして、西方同盟国が援助する武器・弾薬・車両・燃料など大量の軍需物資を続々と絶え間なく中国国内の各地に搬入し、前線軍民の抗日闘争を力強く支えた」と記し賞賛している。

そして、第四節で、雲貴（雲南省と貴州省）監察使の李根源と駐滇（駐雲南省）第一一集団軍総司令の宋《そう》希濂《きれん》が、「団結して日本軍に抵抗し郷土を守ることを中国辺境（国境地帯）の各民族の人々に呼びかけた」のに呼応し、雲南西部の「陥落地区の人々は占領支配に甘んぜず次々と蜂起し、日寇《にちこう》（日本侵略者）に対し闘争を展開」したと記している。その際に、政府や軍の著名な指導者と同列に、保山の雲南芝居の玉林班（劇団名）の男役役者の張輔廷や龍陵黄草堰の農婦の趙押鳳ら滇西各民族の名も無い人々の個人名を数多く列挙し、夫々の活躍を讃えている。

このように見てくると、本章の冒頭で引用している、「現在の中国政府は、東南アジア諸国と国境を越えた南の地域の一体化をよりいっそう進めるため、雲南西部を東南アジアと東アジアの経済発展及び軍事的な拠点として再び注目しつつある。複雑な文化圏で居住する雲南西部の少数民族社会をうまく掌握し、中国社会の一員に組み込むための一つの政策として、抗日戦争を共に戦った『中華民族』構想というレジェンドを創出しようとしているのではないだろうか（注03）」という遠藤美幸さんの指摘は的を射ているように思える。

一方、同盟軍であるアメリカ軍に対しては、ヒマラヤ山脈を越える駝峰航空路（ハンプ航空路）を開設し二年余にわたり成都や重慶などに支援物資を搬送（空輸）し続けたことを第五節で紹介し、第六節で、経験豊富な大勢のアメリカ軍教官をインドなどから派遣して中国軍部隊を指導・訓練し反攻戦の体制を構築したことを記している。さらに第一二節で、新たな援蒋ルートとなる国際交通線＝中国インド公路の建設と物資搬送への支援や、中国―インド送油管を架設し貴重な燃料を中国に送り届けたことが紹介されている。

一九八〇年代頃までの中国政府（共産党政権）は、「中国が日本に唯一完全勝利した雲南戦の担い手が蔣介石の国民政府軍であったことから、拉孟戦や騰越戦はずっと黙殺しつづけてきた」(注07)。しかし、「雲南西部を東南アジアと東アジアの経済発展及び軍事的な拠点として再び注目しつつある」(注03)現在の中国政府は、「複雑な文化圏で居住する雲南西部の少数民族社会をうまく掌握し、中国社会の一員に組み込むため」(注03)滇西抗戦（雲南戦）に対する評価や対応を見直す必要にせまられた。そして、雲南戦を再評価する際に、愛国華僑や滇西各民族の人々とアメリカ同盟軍の活躍を強調することで、雲南戦（滇西抗戦）勝利に対する国民政府（蔣介石政権）の貢献を薄めたいという狙いがあるのかもしれない。しかし、ともあれ、李枝彩著『実証滇西抗戦』が、雲南戦勝利に対する国民政府の貢献を無視したり否定したりしていないことは確かだ。

第五章　注記

（注01）遠藤美幸著『「戦場体験」を受け継ぐということ――ビルマルートの拉孟《らもう》全滅戦の生存者を尋ね歩いて』高文研、二〇一四年
（注02）（注01）八二頁
（注03）（注01）九七頁
（注04）雲南省西部を南北に貫流する大河。下流のビルマではサルウィン河と呼ばれる。
（注05）松山が位置する腊勐《せきもう》（地名）の中国語の発音＝lameng（ラモン）を真似て日本兵が「ラモウ」と発音したのが「拉孟」という名称の始まりだと思われるが、定かではない。
（注06）イベリア半島の南東端に突き出したスペイン領の小半島。ジブラルタル海峡を望む良港を持つため、地中海の出入口を押さえる戦略的要衝の地として重要視されてきた。
（注07）（注01）八三頁

第六章　滇西《てんせい》抗戦の激戦地は今どうなっているのか

第一節　四川省を歩く

「万人坑《まんにんこう》を知る旅」訪中団、中国西南の四川と雲南へ

現在は旅行会社の代表（社長）を務める野津加代子さん（注01）は、市民団体「撫順の奇蹟を受け継ぐ会」関西支部代表としての活動を本業の旅行業に結びつけて「万人坑を知る旅」訪中団を組織し、中国に現存する万人《まんにん》坑《こう》（注02）と強制労働の現場を数多く訪ね歩いてきた。その「万人坑を知る旅」訪中団は、二〇〇九年に実施した第一回目に中国東北（旧「満州国」）の遼寧省を訪れたのを皮切りに、東北・華北・華中・華南の各地への訪問を順次実現し、二〇一七年に実施した第八回目の訪中団では遼寧省を再訪している。（注03）

この間、「万人坑を知る旅」訪中団に同行し解説役を務めてくれたのは、遼寧政治経済学院教授や中国共産党遼寧省委員会共産党幹部学校教授などを歴任している中国近現代史の研究者・専門家である李秉剛《リビンガン》さんだ。二〇〇八年に共産党幹部学校教授を定年で退官し時間に少し余裕のできた李秉剛さんは、二〇〇九年に

実施した第一回目から「万人坑を知る旅」訪中団に解説役として同行してくれたのだ。

しかし、第一回目を始めてから一〇年近くが過ぎ「万人坑を知る旅」の解説役からそろそろ引退したいという李秉剛さんの意向があり、遼寧省を再訪した二〇一七年の第八回目を、李秉剛さんが同行してくれる最後の「万人坑を知る旅」に（とりあえず）することになる。

それで、李秉剛さんの「万人坑を知る旅」からの（とりあえずの）引退を受け、それまでお世話になったことへの感謝と慰労という趣旨で李秉剛さんを招待し、「万人坑を知る旅」ではそれまで訪れたことがない普通の一般的な観光地を気楽にのんびりと遊覧する「李老師と巡る平和学習と観光の旅」を野津加代子さんが企画する。そして、李秉剛さんの意向（希望）を受け、行き先を中国南方の西南地域に決める。

しかし、企画の中に、日中戦争における加害の跡を訪ねることも併せて織り込み、ビルマ援蒋ルートをめぐり雲南西部で繰り広げられた日本に対する中国の戦い（滇西《てんせい》抗戦＝雲南戦）の跡も訪ねることになる。こうして、「万人坑を知る旅」訪中団が中国西南の四川省と雲南省を訪ねる旅が二〇一九年二月に実現することになった。

李老師と巡る平和学習と観光の旅　～四川省と雲南省～

二〇一九年二月二〇日の正午に、野津加代子さんを含む九名の訪中団が関西空港に集合し、午後二時一〇分に関西空港を飛び立つ中国東方航空ＭＵ五一六便で中国の上海浦東国際空港に向かう。そして、上海浦東国際空港で、午後六時五分（これ以降は中国時間）に出発する中国東方航空ＭＵ五二九七便に乗り継ぎ、午後九時四〇分に四川省の成都双流国際空港に到着する。

夜もけっこう遅い時間に到着した成都双流国際空港で、先に到着していた李秉剛さんと合流する。そして、四川省のガイドを担当してくれる唐琪《とうき》さんの案内で、成都市内にある銀河王朝大酒店（ホテル）に大型観光バスで向かう。

ホテル着は深夜の午後一一時二〇分で、訪中初日のこの日は移動だけの一日だ。とはいえ、ホテル着で一日は終わらない。それぞれの部屋に荷物を一旦下ろしたあと、ホテルの近くにある便利屋（小売商店）に行ってビールなどを買い込み、ホテルの一室に集まり旅が無事に始まったことを祝う。

建川《けんせん》博物館集落

訪中二日目の二月二一日は、成都市内にあるホテルを午前九時に出発し、快適な大型観光バスで、五〇キロほど先の成都市大邑《だいゆう》県安仁鎮に開設されている建川《けんせん》博物館集落に向かう。博物館集落がある安仁鎮までの移動時間は一時間三〇分くらいだと見込んでいる。

さて、建川博物館集落は、世界反ファシズム戦争（第二次世界大戦）勝利六〇周年と中国人民抗日戦争勝利六〇周年を記念するため、実業家の樊建川《はんけんせん》氏が一億元余を投じて建設し二〇〇五年八月一五日に開館させた中国最大の民間博物館だ。共産党抗日軍隊館・国民党抗日軍隊館・援華米軍（中国を支援するアメリカ軍）抗戦館・中国抗戦捕虜記念館・川軍（四川省軍）抗戦館など八つの分館からなる開館時の建築（建屋）面積は一万五〇〇〇平方メートルになる。

そして、二〇〇五年に開館したあとも、抗日戦争・民俗・革命時代・震災救助(注04)という四つの主題を中心に施設が次々に拡充され今日に至っている。それで、敷地面積が三三万平方メートル余にもなる現在の建川博物館集落の状況については、次項に引用する、二〇一五年八月二一日付の人民網日本語版の記事（注05）で確認しておきたい。

建川博物館館長「平和のために戦争を収蔵する」

成都市中心部から車で約一時間半ほど離れた大邑《だいゆう》県安仁鎮に、民間投資額最多、建設規模・展示面積最大、収蔵品数最多の民間博物館・建川博物館集落がある。集落の敷地面積は約三三ヘクタール、建築面積は一〇万平方メートルに及び、収蔵品は八〇〇万点余に達する。「抗日戦争」・「民俗」・「革命時代」・「震災救助」（注04）の四大テーマを中心に三〇もの博物館が立ち並び、巨大な博物館群を形成している。

四大テーマのうち最も人気が高く観光客が最も多いのが、「抗日戦争」をテーマにした博物館だ。「中流砥《し》柱《ちゅう》館」（注06）・「正面戦場館」・「フライング＝タイガー奇兵館」・「不屈戦争捕虜館」（注07）・「川軍抗日戦争館」・「抗日戦争老兵手印広場」・「中国抗日壮士群塑広場」といった展示館と屋外展示エリアがあり、展示品の九〇％が日本から集められたものだ。さらに、日本の犯罪行為を紹介する「日本中国侵略犯罪行為館」は、日本の著名な建築家・磯崎新《いそざきあらた》氏（注08）によって設計されている。展示品から建築物に至るまで、両国有識者のあの歴史への反省の念が込められている。

なぜ民間博物館が、これほど大規模な抗日戦争文化財を収蔵しているのか。その背景にはどんな物語が秘められているのか。中国人民抗日戦争ならびに世界反ファシズム戦争勝利七〇周年を迎える今年、人民網記者は建川博物館集落を訪問し、そうした疑問を館長にぶつけた。

「平和のために戦争を収蔵する」という設立理念

「平和のために戦争を収蔵する。未来のために教訓を収蔵する。安寧のために災難を収蔵する。伝承のために民俗を収蔵する」。その理念の中に、館長の「平和への思い」が貫かれていた。軍人家庭に生まれた樊建《はんけん》川《せん》館長は、父に語り継がれた戦争の記憶やその人生に触発されて「戦争を収集する」ことへの興味を強め、戦争の記録を留めることが十数年にわたり館長の人生における重要な一部となった。

　戦争の遺留品を集めることはそんなに容易なことではないが、抗日戦争をテーマにした博物館内の展示品の構成からは、抗日戦争時代に漂う空気やエネルギーを全面的に表現しようとする館長の並大抵でない努力と思いが感じられた。この中には、中国共産党が指揮する軍と民衆が一致団結し八年にわたって抗日戦争を戦い抜いた歴史を紹介する「中流砥柱《しちゅう》館」(注06)、国民政府の戦績を紹介する「正面戦場館」、飢えに耐えながら果敢に戦った俘虜の不屈の精神と悲劇を紹介する「不屈戦争捕虜館」、抗日戦争時代に中国を支援した米軍やクレア＝リー＝シェンノート将校とフライング＝タイガーの伝説の経歴を紹介する「フライング＝タイガー奇兵館」、後方から戦場の最前線へ勇敢に飛び込んだ四川人民の抗日戦争史を紹介する「川軍抗日戦争館」(注07)、日本軍の中国での大罪を明らかにする「日本中国侵略犯罪行為館」があり、この他屋外に「抗日戦争老兵手印広場」と「中国抗日壮士群塑広場」が設けられている。

　七〇年という歳月が過ぎ戦火が消え去った今、悲惨な戦争を経験し見届けた一枚一枚の肩章やボロボロに擦り切れた軍服、機関銃、兵士が使った水筒といった戦争文化財は静かに館内に眠り、戦争の残酷さを人々に語りかけ、平和な暮らしの尊さを訴え、まさに平和のために戦争が収集されている。

生活感のある数々の収蔵品

民間で使用されていた戦争の遺留品は現代の人々との距離を縮める。博物館には、老兵や遺族・退役米兵、ひいては日本の老兵の子孫から長年かけて館長が集めてきた文化財が展示されている。戦争をテーマにした博物館といえば大きな銃や大砲を想像するが、ここに眠る収蔵品は小物が多く、人々の戦争記録や勝利への願いが込められた生活用具、鹵獲《ろかく》した戦利品など決して高価なものではないかもしれないが、これらには、抗日戦争時代を生きた人々の暮らしの匂いが漂っており、こうした生活用品が展示されていることも建川博物館の大きな特徴の一つだ。

「抗日戦争到底革命成功」と刺繍されたハンカチには女性たちの勝利への信念と期待が込められ、「鉄血救国抗日戦争到底」や「打倒日本抗日戦争到底」と書かれた陶器には当時の職人の戦争勝利への決意が反映され、椅子の背もたれに掘り込まれた「打倒日本」という四文字から人々の侵略者に対する憎悪の念までが感じられる。また、日本軍の日記や戦争文化財、写真、メディアの報道などを紹介している資料は、日本軍国主義が発動した侵略戦争の残忍さや非人道的な側面を十分に訴えている。

日本の若者に語り継がれなくなった侵略戦争

建川博物館集落に建てられた博物館のうち二つは外国人によって設計された。一つは米国人が設計したもので、もう一つは日本の著名な建築家・磯崎新《いそざきあらた》氏(注08)が設計したものだ。

磯崎氏が設計した日本中国侵略犯罪行為館は日本の侵略者が「自らその罪を証明する」場となっていて、約一万点にのぼる侵略物証や四〇〇枚余の写真、一〇点の国家一級文化財が、一九三一年から一九四五年の侵略の犯罪行為を証明している。この展示館の設計のため磯崎氏は六回にわたり成都を訪れ、その心血を注いだ。樊《はん》館長の目に磯崎氏は、中日両国民に苦痛をもたらしたあの歴史をはっきりと認識する知識人の代表として映っている。

一九一九年生まれの小林寛澄氏は侵略戦争に参戦した人物だが、俘虜となってから反戦同盟の八路軍兵士となり、帰国後は対中友好の人となって日本の侵略戦争の真相を各地で語った人物だ。館内には、小林寛澄氏の題字と手帳が陳列されていた。二〇回にわたり訪中し侵略戦争を謝罪した老兵の塩谷保芳氏も、かつて使用した軍服やかばん・ラッパなどを寄贈しており、戦争の記憶を人々に喚起している。樊館長の元には、あの戦争に正しい認識を持つこうした人々によって日本国内各地から侵略戦争の文化財が集まり、博物館の完成を様々な面から支えているのだ。

樊館長は、多くの日本人と交流を持つ中で、直接的あるいは間接的にあの戦争を経験した日本人は侵略戦争に対して全面的な認識を持ち中国国民に与えた苦痛を反省している人が多いものの、若者に関しては、全面的で正しい認識を持っている人は非常に少ないと語る。戦争への認識が受け継がれていないのだ。

「あの戦争から七〇年も過ぎたのだから、それをいつまでも引きずることはない」、「日本はあの戦争でアメリカに負けたのであり、中国人に負けたのではない」といった誤った認識を持つ人もいれば、東京大空襲や広島・長崎への原爆投下など日本の被害だけを記憶に留める人もいる。こうした日本人の戦争への認知は、戦争の全容を知らしめるテーマ博物館を建てたいという館長の思いをさらに掻き立てるとともに、一人でも多くの日本人に自分の博物館に足を運んでもらい、一九三一年から一九四五年までの間に日本軍が犯した数々の罪を自らの目で見てもらいたいと切に願うようになった。

日本中国侵略犯罪行為館では、中国人の寛容さや慈善の心を世界の人々に感じてもらうため、日本軍が犯した大罪と、戦後中国が日本人俘虜や開拓団を日本に送り返した資料を対比させる形で陳列している。「日本の敗戦後、生き残った兵士や一般の日本人すべてを日本に送り返した。一四年間におよぶ殺戮・虐殺・爆撃について何ら清算しなかった。アメリカ人もイスラム人もオーストラリア人も、どの国のどの民族もできなかったことだ。旧ソ連に至っては日本人捕虜をシベリアに送り込み鉄道や道路を建設させ、最後は皆そこで死に絶えた。（中国が）賠償を放棄したことは言うまでもなく、中国ほどの寛容さをもって敗戦国の全ての人々を送り返した民族はない。残念ながら、そうした事実も多くの日本人が知らない」と館長は語った。

「あの歴史を正視してこそ、次なるページを捲《めく》ることができる」

中日両国は数千年という交流史を有し、「和」こそ主流であり「戦」はその支流にすぎない。両国は互いに文化の輸出を続け、唐代が日本に与えた影響はもちろんのこと、多くの中国人留学生が日本から医学や科学といった近代的知識を学んだ。抗日戦争を指揮した多くの将軍でさえ日本で軍事知識を学んでいた。

今日樊《はん》館長が掲げる「平和のために戦争を収蔵する」という事業は、人々にこの戦争における加害者と被害者を明確にさせ、日本にあの歴史を正視させるためであり、そうしてこそ中日両国国民は次なる美しい未来へと邁進することができ、日本が中華民族に災難をもたらしたという歴史の一ページはようやく次へと捲《めく》られるのである。（編集ＩＭ）

——抗日戦争勝利七〇周年インタビューシリーズ第七期／人民網日本語版　二〇一五年八月二一日

建川博物館集落を歩く

二月二一日の午前九時に成都市街にあるホテルを出た「万人坑を知る旅」訪中団は、一〇時四〇分過ぎに建川博物館集落に到着する。そこは、①抗日戦争・②民俗・③革命時代・④震災救助という四つの主題に沿って展示している三〇もの博物館が広大な敷地に建ち並ぶ博物館の集落だ。

その建川博物館集落に開設されている三〇もの博物館は夫々が巨大な施設であり、一般的には大規模だと位置づけられるような博物館が三〇館も集まっていると思えばよい文字通りの博物館の集落だ。広大な集落には電動の小型バスが運行されていて、それも利用しながら各博物館を見て回ることになるが、まともに観覧しようと思えば数日滞在しても時間は足りないだろう。そうは言っても私たちが観覧するのはこの日一日だけなので、抗日戦争を主題とする博物館をまず見て回ることにする。

それで、抗日戦争を主題とする博物館は八館あり、そのうち二〇一五年七月七日に開設された日本侵華罪行館（日本中国侵略犯罪行為館）が一番新しい。そして、午前一〇時四〇分過ぎから途中に昼食休憩を挟んで午後五時過ぎまで建川博物館集落を見て回ったが、抗日戦争を主題とする博物館に限ってもほんの一部しか観覧することはできなかった。

しかし、樊建川《はんけんせん》館長が指摘する、「抗日戦争における中国人の死傷者は三五〇〇万人であり、そのうち死者は、中国国防軍の死者三六〇万人を含めて二〇〇〇万人にもなる。それなのに、抗日戦争勝利後に中国は、一三〇万人の残留日本兵と百数十万人の日本人残留開拓団員を罪に問うこともなく帰国させ、さらに、日本の侵略犯罪に対する賠償も放棄（免除）した」という史実を日本人は真摯に受け止めなければならないと強烈に再認識させられた。ともあれ、建川博物館集落は、とんでもなく巨大で有意義な「博物館」だ。

あと、樊建川館長と李秉剛さんは旧知の友であり、樊氏が博物館にいれば紹介してもらえる予定だったが、あいにくこの日は樊氏の都合がつかず面会はかなわなかった。それで、李秉剛さんによると、樊氏は一九五七年生まれで、教員や軍人や公務員などを経験したあと建設会社を経営して財を築いたとのことだ。

この日の宿舎は、建川博物館集落の事務所からゆっくり歩いても一〇分はかからないところにある金桂公館酒店（ホテル）だ。中国共産党との関わりが深い歴史と風格を感じさせる古いホテルで、日本人（外国人）は利用できないという話も直前まであったようだが、無事に宿泊することができた。あとは私的な話になるが、この日の夕食を、李秉剛さんの古希を祝う宴席と位置づけ、金桂公館酒店の多種多様の四川料理を味わいつつ、訪中団に参加する夫々がお祝いと感謝の言葉を述べ、贈り物や記念品を李秉剛さんに手渡した。

四川省成都のパンダ園

訪中三日目の二月二二日は、四川省成都にあるパンダ園と、成都に残る古い街並みである寛窄巷子《かんさくこうし》を訪れる「観光旅行」の一日だ。「万人坑を知る旅」訪中団は、大邑《だいゆう》県安仁鎮にあるホテルを午前八時三〇分に出て、成都の中心街から一〇キロほどのところに開設されているパンダ園＝成都熊猫（パンダ）繁殖研究基地に一〇時三〇分に到着する。

自然の山林の中に設けられた敷地面積六七万平方メートルの広大な施設内に二〇〇頭ほどのパンダ（熊猫）を飼育している成都パンダ園は、パンダの保護と繁殖や育成を担う科学研究機関だ。同時に観光にも力を入れていて、パンダを年齢別に分けるなどで設営された飼育舎が敷地内にたくさん点在しているので、パンダの日常を間近に見ることができる。そして、それを目当てにこの日も大勢の観光客が訪れ賑わっている。

地元のガイドの唐琪さんが、一歳くらいの子どものパンダが活発に動いて遊び回るので見ていて面白いと教えてくれ、子どものパンダがいる飼育舎を主体に園内を見て回る。子どものパンダは活発に動き回るので見ていて確かに面白い。竹を食べる様子も間近でじっくり観察できる。そして、二時間ほどのんびりとパンダ園を見て回る。

午後一時にパンダ園を出て、四川で有名な店だという成都市内の「陳麻婆豆腐」に入り昼食をとる。四川料理は辛いと言われるがそれほど辛いということもなく、麻婆豆腐をはじめとする幾種類かのとても旨い四川料理を味わう。

寛窄巷子《かんさくこうし》

昼食を済ませたあと、成都の古い街並みが残る寛窄巷子《かんさくこうし》に向かう。そのバスの車中で、一九八一年生まれのガイドの唐琪さんが母方の祖父について次のように話してくれる。

貧しい農家の次男として一九二〇年代に生まれた（唐琪さんの）祖父は、農業を生業として暮らしていた。ある日、祖父が兄と二人で畑で農作業をしているところに国民党軍の兵士がやって来て、兄を兵士として連行（徴兵）するという。しかし、兄は長男で妻と子がいて徴兵されると困るので、次男で独身だった祖父が身代わりを申し出て許可される。こうして祖父は徴兵され、国民党軍の兵士として抗日戦争を闘った。そして解放後は、国民党軍の元兵士として年金が支給され、年金できちんと暮らすことができた。

唐琪さんは祖父についてこんなふうに話してくれたが、国民党軍の元兵士で年金をもらえず生活に苦労している人もいるのが中国の現実のようだ。(注09) こんな話をしているうちに午後二時五〇分に寛窄巷子に到着する。

さて、清朝の康熙帝（一六五四年～一七二二年）は、チベットを鎮圧するため北方の兵士を派遣し、そのあと一〇〇〇人くらいの北方の兵士を成都に駐屯させた。その兵士たちによって四合院の建築様式で造られた建物が建ち並んでいるところが寛窄巷子だ。

現在の寛窄巷子は、寛巷子・窄巷子・井巷子という三本の路地（横町）からなる一帯が二〇〇八年に観光地として徹底的に「きれい」に整備され、オシャレできらびやかな現代風の繁華街になっている。そして、きれいに整備された四十数軒の四合院様式の建物が、現代風の繁華街の中に取り込まれるようにして残っている。

そんな寛窄巷子にこの日も大勢の観光客が訪れ賑わっているが、たくさんの人でごったがえしているという感じだ。人波にもまれて歩く寛窄巷子は、どこにでもある現代的で派手な繁華街という雰囲気であり、古い時代の街並みの風情を静かに楽しむという気分にはなれない。

四川から雲南へ

寛窄巷子の観光で四川省での予定は終了し、この日のうちに雲南省の騰冲に移動することになっている。それで、午後四時に寛窄巷子を後にした「万人坑を知る旅」訪中団は四〇分ほどで成都双流国際空港に移動する。四川でお世話になったガイドの唐琪さんとは空港で別れることになる。そして、午後六時三〇分発の中国東方航空MU九七四八便で成都を飛び立ち雲南省の騰冲に向かう。

第六章第一節　注記

（注01）青木茂著『万人坑に向き合う日本人——中国本土における強制連行・強制労働と万人坑』花伝社、二〇二〇年、一五七頁、第三部に主人公として登場している。

（注02）主に日中一五年戦争時に、中国本土に進出した日本の民間企業が強行した強制労働で死亡した（殺された）中国人の遺体がまとめて捨てられた「人捨て場」を中国の人たちは万人坑と呼んでいる。そして、二一世紀

の今も膨大な数の万人坑（人捨て場）が中国に現存している。それで、例えば、青木茂著『中国に現存する万人坑と強制労働の現場』（花伝社、二〇二二年）などに数多くの万人坑が紹介されている。

（注03）「万人坑を知る旅」については次の書籍を参照。著者はいずれも青木茂。
『万人坑を訪ねる──満州国の万人坑と中国人強制連行』緑風出版、二〇一三年
『日本の中国侵略の現場を歩く──撫順・南京・ソ満国境の旅』花伝社、二〇一五年
『華北の万人坑と中国人強制連行──日本の侵略加害の現場を訪ねる』花伝社、二〇一七年
『華南と華中の万人坑──中国人強制連行・強制労働を知る旅』花伝社、二〇一九年
『万人坑に向き合う日本人──中国本土における強制連行・強制労働と万人坑』花伝社、二〇二〇年

（注04）二〇〇八年五月一二日に四川省で巨大地震が発生し、死者六万九〇〇〇人、行方不明者一万八〇〇〇人もの被害が出た。その四川大地震について展示し紹介している。

（注05）語順と読点と段落の一部と、数字と名前と一部の漢字の表記を、原文（日本語文）から意味を全く変えない範囲で変更している。

（注06）中流の砥柱《しちゅう》。意志が堅固で、指導的役割を果たすことができる個人または集団のたとえ。大黒柱。中核。

（注07）「川」は四川省の略称で、「川軍」は四川省軍を指す。

（注08）アメリカ・ロサンゼルス現代美術館や茨城県のつくばセンタービルなどの設計で知られる建築家。二〇二二年一二月二八日逝去、九一歳。

（注09）生活に困窮している国民党軍の元兵士を支援する民間団体の活動家に私は南京で会ったことがあり、本書第三章の「南京民間抗日戦争博物館」の項にそのことを記している。共産党軍が活躍した南京などの地域と、国民党軍が活躍した四川や雲南などの地域では、国民党軍の元兵士に対する扱いが異なるのだろうか？

第二節　雲南省を歩く

訪中三日目の二月二二日の午後六時三〇分に中国東方航空MU九七四八便で四川省の成都を後にした「万人坑を知る旅」訪中団は、午後八時三〇分に雲南省の騰冲駝峰空港に到着する。

騰冲駝峰空港では二人のガイドが迎えてくれる。一人は、地元の騰冲在住の李永結さんで、日本語は話せないが雲南の事情にとても詳しい。もう一人は、日本語の堪能な馬鋭敏さんで、通訳を担当しつつ色々なことに何でも気さくに対応してくれる。そして、空港で観光バスに乗車し、この日の宿舎になる民航假日酒店（ホテル）に午後九時頃に到着する。

騰冲（騰越）

訪中四日目の二月二三日は、滇西抗戦の激戦地の一つである騰冲（騰越）の各所を終日見て回る予定だ。その騰冲については、第四章と第五章で概要を説明しているが、ここでもう一度確認しておこう。

それで、清朝時代には騰越と呼ばれていた騰冲は、四方を山々に囲まれる標高一六〇〇メートル超の平原（盆地）に位置する。古くから翡翠（ヒスイ）の産地として知られる騰越は、シルクロードの時代からヒスイ交易の拠点として栄え、また東西交易の拠点となる宿場町として賑わった。そして、高さ五メートルの城壁で周囲を囲まれる、一片の長さが一一〇〇メートルの正方形の城郭都市が形成された。

イギリスは、インドを拠点にビルマ（現ミャンマー）を経由して中国に進出するため雲南西部を掌握することが重要だと認識し、早くから騰越に目を付け領事館を開設している。騰越城の西門付近の城外に現存しているイギリス領事館（旧領事館）の石造りの堅牢な建物は一八九九年に竣工したものだ。

さて、一九四二年二月にタイから国境を越えてビルマに侵攻し首都・ラングーン（ヤンゴン）などを攻略した日本は、雲南西部に位置するビルマとの国境の町・畹町《えんちょう》（ワンチン）から中国雲南に五月三日に攻め入り、一週間余のうちに怒江以西の徳宏や龍陵や騰冲など広範な地域に進攻する。そのうち騰冲は五月一〇日に攻略し、日本軍騰越守備隊二〇〇〇名が駐屯する。そのあと騰冲は、日本によって遮断された滇緬公路に替わる新たな援蒋ルートとして建設されるレド公路（中国インド公路）の要衝に位置することになる。

新たな援蒋ルート（レド公路）の貫通を狙う中国は、アメリカの協力を得て、一九四四年五月に怒江を越えて反攻作戦を開始する。騰冲でも六月から日本軍騰越守備隊と中国軍の間で戦闘が始まり、兵力で圧倒する中国軍に騰越守備隊はしだいに追い詰められる。そして、最後はイギリス領事館などに立てこもり抵抗したが、支援を断たれている騰越守備隊に反撃する力は残されておらず、九月一四日に全滅した。

滇西抗戦記念館

二月二三日の午前九時過ぎに騰冲市内にあるホテルを出た「万人坑を知る旅」訪中団は一〇分ほどで滇西抗戦記念館に到着する。滇西抗戦記念館は、滇西抗戦で死亡した中国軍将兵の墓地である国殤墓苑の隣に建設され二〇一三年八月一五日に開館したばかりの巨大で近代的な資料館だ。

その正面の入口から入場すると、バスケットボールのコートを設営できるくらいの大きな吹き抜けの部屋

滇西抗戦記念館

2013年に開館した記念館の、寺院の建物のように見える入口。この入口を通り抜けると巨大な展示場が現れる。

が最初にあり、その正面の壁際に、三名の人物が並んで立っている大きな像が設置されている。その三名は、滇緬公路を造った中国人と、国民党軍の兵士とアメリカ軍のスティルウェル将軍とのことだ。

そこから順路に従い館内を観覧するが、二階建ての巨大な記念館には展示室が数えきれないほど配置されている。そして、それぞれの展示室に、銃・大砲・弾丸・爆弾・軍刀などの武器類、防毒マスク・薬ビンなど化学戦に関わるもの、軍装・勲章・生活用品・写真ネガ・書類・ボート・民俗資料など抗日戦当時の膨大な数の遺品が多数の写真や図表と共に展示されている。私たちは広い館内を二時間以上見て回ったが、膨大な展示を全て確認し理解することはとてもできない。滇西抗戦記念館は、滇西抗戦に関する文物史料が中国で最も充実している記念館だということだ。

国殤墓苑

一一時四〇分に滇西抗戦記念館を出て、すぐ隣にある国殤墓苑に歩いて移動する。国殤墓苑は、雲南戦（滇西抗戦）で死亡した中国軍将兵九一六八名の墓苑で、もともと一九四五年七月七日に落成し開園していた。そのあと、文化大革命時に破壊されてしまったが、一九八四年に修復され現在に至っている。

国殤墓苑の中心は、もともと開園当初から設置されていた高さ五〇センチから六〇センチくらいの石造りの墓標（墓石）が整然と並んでいる大きな円形古墳のような小高い山だが、その小高い山に一九八四年の修復により三三四六基の墓標（墓石）が並べ（立て）られているとのことだ。そして、少なくない墓標に生花が供えられている。遺族や関係者や地元の人たちが途切れることなく墓参にやってくるようだ。

それで、円形古墳のような小高い山には、その高い位置に高位の軍人の墓標が配置され、それよりも低い位置に低位の軍人の墓標が置かれ、一番下に二等兵の墓標が並んでいる。現役時の階級は死後もそのまま維持されるのだ。そして、古墳状の山の頂には、高さが一〇メートル以上はありそうな大きな記念碑が建立されている。

その古墳状の山の頂にある記念碑から墓標の間を通って斜面を下る際に、国殤墓苑に隣接する隣の山の斜面に別の墓苑が見える。それは、一九五〇年に共産党軍と地元の豪族（ガイドの馬鋭敏さんは日本語で「土《ど》匪《ひ》」と表現＝通訳した）との間で戦闘があり、その際の犠牲者が埋葬されている墓苑とのことだ。「中央」では一九四九年に新中国（共産党政権）が誕生していても、「地方」には複雑な事情がまだまだ残されていたようだ。

墓標（墓石）が並ぶ円形古墳状の山の正面側には、国殤墓苑の本来の入口になる広い庭園があり、きれいな芝の広場と樹林が広がっている。その庭園の中に、雲南戦を戦った人々を題材とする等身大のブロンズ像が幾つも設置されていて、滇緬公路の建設作業に協力する民間の人たちや抗日闘争に参加する少年兵らの他に、負傷し介護されるアメリカ兵やアメリカ軍指揮官であるスティルウェル中将やシェノート少将の像もある。

国殤墓苑

3346基の墓標が並ぶ円形古墳状の山の頂に大きな記念碑が建立されている。

国殤墓苑

円形古墳状の山に並ぶ墓標を上から見下ろす。山の高い位置に高位の軍人の墓標が配置され、低い位置に低位の軍人の墓標が並んでいる。

倭塚
３人の日本軍将校の亡骸が埋葬された墓。「倭塚」と呼ばれている。

あと、興味深いのは、「倭塚」と刻まれる石造りの銘板が添えられ庭園の片隅に設置されている、直径一・五メートルで高さ数十センチほどの円筒状の「墓」だ。それで、一九四四年九月一四日に中国軍が騰冲を奪還したあと、一九四四年の末に着工し国殤墓苑の建設を始めるとき、中華民国の元老・李根源は、三人の日本軍将校の亡骸を国殤墓苑に埋葬することを提案した。その提案を受けて設置されたのが倭塚だ。

そして、李秉剛さんの説明によると、アメリカ軍の航空機による爆撃で死亡した日本兵の死体は最初は「普通」に埋められたが、国殤墓苑を整備するときにその死体が掘り返され、膝を折り頭を下げる姿勢（土下座埋葬）で埋め直され倭塚が作られている。それは民衆の気持ちであり、日本の侵略で甚大な被害を受けた騰冲の人たちが侵略者である日本兵を強く憎み、日本兵に謝罪させるため土下座埋葬で埋めたということだ。

一方、騰冲在住の地元ガイドである李永結さんが、地元の騰冲抗戦研究の専門家から聞いた説明によると、倭塚に埋葬された三人の日本軍将校のうちの一人は日本軍第五六師団第一四八連隊の連隊長・蔵重康美大佐で、蔵重大佐は一九四四年八月一五日にアメリカ軍航空部隊（愛称はフライング＝タイガー隊）の爆撃機に爆撃され騰冲県城内で死亡している。他に倭塚に埋葬されたのは、一九四四年九月一三日に割腹自殺した第一四八連隊の副官・太田正仁大尉と同副官・桑弘大尉で、桑弘大尉の死因は不明だ。そして、民間では土下座埋葬（ひざまずく姿勢での埋葬）と言われているが、地元の騰冲抗戦研究の専門家は土下座埋葬ではないと説明しているとのことだ。

あと、李永結さんは次のようにも話している。雲南に暮らす人々は、日本の滇西侵略という歴史を心に深く刻んでいて、非友好的な日本の「好戦家」に対し強烈な憤りを抱いている。しかし、一般の日本の人々を歓迎し、あなた方（私たちの訪中団）のように歴史に真摯に向き合う人々を特別に歓迎する。そして、中日友好のために止むことなく奔走し中日の民間交流に貢献するあなた方に感謝している。

一二時四〇分過ぎに国殤墓苑を出て、すぐ近くにある食堂に入り昼食をとる。四合院造りの古い住居を改装し小ぎれいな店に仕立てた食堂で、料理はとても旨い。それで、ガイドの馬鋭敏さんは回族のイスラム教徒で、豚肉を食べれないなど食事にはいろいろ苦労があるようだ。

和順僑郷（和順古鎮）

かつてキャラバン（隊商）は、西南地域のシルクロードを通して、古代中国の絹・陶磁器・鉄器・食塩・茶葉などを西洋諸国に運んだ。また、アジアや欧州のヒスイ・宝石・香料などが中国国内に運ばれた。その間に、中原文化・西洋文化・南詔文化・国境地域文化が融合し、独特の僑郷文化やキャラバン文化が中国の西南地域に生まれている。

その西南地域の西部に位置する騰越の和順僑郷（和順古鎮）は、華僑を多く輩出した有名な僑郷であり、成功した華僑が中国に戻って住み着いた所でもある。和順僑郷は、保存状態の良い明清時代の古い建物が一〇〇棟以上、清王朝と中華民国時代に建造された宗祠《そうし》が八棟、登録されている古樹や名木も一一〇本余が残る情緒溢れる古鎮であり、今も六〇〇〇人の住民が暮らしている。そして、二〇〇五年に中国十大魅力名鎮の一つに選定され、国家級歴史文化名鎮などの賞を受けている。

さて、国殤墓苑を参観し昼食をすませた私たちは、午後二時に食堂を出て、騰冲市街の近くにある和順僑郷（和順古鎮）を訪れる。そこは、古い時代の建物が数多く軒を並べる昔からの集落がそのまま残り、街並みの脇を流れる水路を生かして公園が整備され、多くの人が訪れる観光地になっている。しかし、この日は観光客が少なく、古い時代の歴史有る風情をゆっくり楽しむことができるようだ。

それで、滇西抗戦時に中国遠征軍第二十集団軍は、清朝時代に和順僑郷に建造された寺院に司令部を置いた。そして、その寺院の建物を利用し二〇〇五年七月七日に滇西抗戦博物館が民間博物館として開設され、滇西抗戦の史実を伝えてきた。そこに収蔵され展示された貴重な史料や遺物などは、その後、二〇一三年に竣工し開館した滇西抗戦記念館に移管されている。この日の午前中に私たちが参観した巨大な記念館だ。

二〇一三年に閉鎖された民間の滇西抗戦博物館は、その役割を滇西抗戦記念館に移管し博物館としての使命は終えているものの、清朝時代に建造された建物はそのまま残り、壁面などに掲示された写真や解説パネルなども多くが残されたままになっている。そのため、民間博物館として公開されていた頃の様子を想像することができる。そして、寺院として建造されたその建物は、古い時代から続く和順僑郷の街並みにすっかりなじんでいる。

親しみを込めて「極地の灯台」と呼ばれた和順図書館は中国最大の郷村図書館ということだが、現在も地元の人たちに利用されている現役の図書館だ。その建物は、古い時代の豪壮華麗な相当に大きな木造建築で

滇西抗戦博物館

中国遠征軍第20集団軍が司令部を置いた寺院。その寺院に、2005年に滇西抗戦博物館が開設された。

和順僑郷と来鳳山

街並の中を流れる水路の先に、雲南戦の激戦地の一つである来鳳山がそびえる。

あり、木版画による糸綴じの古書二万冊など一〇万冊の書籍を所蔵している。

街並の脇を流れる水路を生かして整備された広い公園には、ヒスイの歴史を記録する資料館や民俗文化を紹介する展示館や馬を使う古くからの交易である馬幇《ばほう》（馬を使う輸送隊）を分かり易く示す博物館などが開設されていて、和順僑郷の歴史を学ぶことができる。それで、ビルマ北部に位置するカチン州にヒスイ鉱山があり、カチン州に近い騰越（騰衝）の人々はヒスイ加工の先駆者となり六〇〇年以上の歴史がある。そして騰越（騰冲）の和順村は、主にヒスイ交易のため馬幇《ばほう》が行き交う村として繁栄し、東南アジアとの交流が古くから行なわれていたとのことだ。

あちこち歩き回り和順僑郷の各所を見て回ったあと、公園に開設されている御茶屋で休憩する。コーヒーは三五元（約六〇〇円）で、有名な観光地なので安くはない。気候が温和で降雨量も多い和順古鎮の周囲に農地が拡がり、その農地を育む平原の周囲を山々が取り巻いている。雲南戦に従軍した元日本兵は、山容を見ると何という山かすぐ分かるとのことだが、激戦地の一つであり和順から二キロくらい東方に位置する来鳳山も目の前にどっしりとそびえている。その来鳳山の標高は一九〇〇メートルを超えるが、和順平原の標高も一六〇〇メートルを超えているので来鳳山との標高差は三〇〇メートルほどということになる。そして、来鳳山の向こう側（東側）に騰冲の中心街が広がっている。

畳水河瀑布《じょうすいがばくふ》

午後五時半に和順僑郷を出て、一〇分ほどで畳水《じょうすい》公園の駐車場に到着する。その駐車場からしばらくは観光客相手の商店が細い通りに沿って軒《のき》を並べ、その先は、豊かな樹林が生い茂る山地になる。そして、樹林の中を通る坂道を少し下りると、落差四六メートルの滝・畳水河瀑布《じょうすいが》の前に出る。間近に見る畳水河瀑布は水量が豊かで迫力があるのと同時に、周囲の美しい樹林と親和していてとてもきれいだ。

畳水河瀑布と畳水公園を三〇分ほど散策したあと、金水閣という食堂に移動し夕食をとる。金水閣は、相当に大きな古い木造家屋《かおく》を改装した食堂で、民族色豊かな工芸品などが店内にたくさん飾り付けられている。それで、中国の民族は、漢族と五五の少数民族を合わせて五六民族とされているが、実際には、一つの民族に区分される中に、それぞれに言葉も風俗も異なる数多くの別々の民族が存在しているということだ。

金水閣での夕餉の宴が終わりに近づく午後七時四〇分頃に太陽が沈み、周囲がようやく暗くなる。二月の下旬にこの時刻まで日没が遅れるのは、はるか東方に位置する北京などと時差が無いためだ。そして午後八時に食堂を出てホテルに戻り、それからまたビールなどを買い込み、酒宴の一時を過ごす。

雲南住民の、消えることのない「反日感情」

訪中五日目の二月二四日は日曜日で世間一般は休日だが、旅行者（観光客）の私たちに世間の休日は関係ない。騰冲のホテルを午前八時四〇分に出て、直線距離で騰冲の南東六〇キロほどの所に位置する松山＝拉孟に向かう。そして、松山で少し休憩を取ったあと、この日の最初の目的地となる恵通橋に一一時くらいに到着する予定だ。その騰冲から恵通橋までの二時間半ほどの行程は、まず高速道路で南に向かい四〇分ほどで龍陵に入り、龍陵で東に向きを変え、クネクネと曲がりくねる滇緬公路を通るとのことだ。中国軍と日本軍が死力を尽くして戦ったビルマ援蒋ルート・滇緬公路の現状を実際に見ることができるのは大きな楽しみだ。

さて、高速道路を走行中の午前九時一〇分過ぎに、龍川江に架かる龍江大橋を通過する。それで、龍川江は、高黎貢山山脈を挟んで怒江の西側を北から南に向かって流れる大河だが、その龍川江の流れを遙か下方に（龍江大橋の橋梁と龍川江の川面との高度差は二八〇メートル）見下ろしながら龍川江の両岸にそそり立つ山地（台地）を結ぶ壮大な龍江大橋は、中国の経済発展の勢いを強烈に感じさせる。

そして九時半に龍陵県鎮安鎮で高速道路を降り、そこから東に向きを変え松山（拉孟）に向かう。すると、高速道路を出たところから、私たちが乗車している大型観光バスの後を黒塗りの乗用車が付いてくる。それは「政府」の車だということだが、「政府」の車が私たちのバスに付いてくる理由（背景）について、黒塗りの乗用車に乗っているのは文化旅遊局と公安警察と「政府」の職員だが心配することは特に無いと前置きしたうえで李秉剛さんが次のように説明してくれる。

滇西抗戦（雲南戦）の激戦地になった雲南西部では、日本が侵攻し支配している期間に日本語の使用を強制したり、多数の慰安所を開設し若い女性を性奴隷として拉致するなど日本軍は住民に厳しく不当に接した。そのため、日本に対する滇西住民の怒りは今も鎮まっていない。そういう人たちが暮らしている雲南西部は、（中国の「中心部」から見れば）ミャンマーとの国境に近い内陸の辺鄙な地域であり、日本人観光客があまり訪れないところだ。

その雲南西部にあるとき元日本兵がやってきて、雲南戦で死亡した日本人犠牲者を追悼するため慰霊祭を行なった。犠牲になった家族や知人や友人を追悼し慰霊するのは自然なことだが、相手の心情や立場を理解し、そして自らの立場や場所をわきまえないといけない。無神経な元日本兵が行なう、侵略者であり加害者である日本兵に対する慰霊行為を地元の住民が心良く思わないのは当然だ。そのため地元の人々が怒って反発し元日本兵との間で騒動が起きた。このとき元日本兵は謝罪したが、その場を取り繕うだけの見せ掛けであり心からの謝罪でないことはすぐに分かる。こうして地元住民との騒動に巻き込まれた元日本兵が、日本に帰ったあと文化旅遊局に抗議してきたので、文化旅遊局の方でも対応に苦慮した。

そのような事情を踏まえ、今回の私たちの訪中団については関係当局と事前にあれこれ相談している。その中で、日本が侵略者であったことを私たちの一行がきちんと理解し日本の加害責任を認めていて、史実を正しく知るために当地を訪れるということを説明し、関係当局の理解を得て今回の訪問を許可してもらっている。そして、地元の住民との騒動を未然に防ぐため、さらに、もし騒動が起きそうになったとき私たちを守るため「政府」や公安警察の担当者が同行してくれることになった。こういったことをきちんと説明しておく方が良いと思い、私たちに今《いま》話している。

このように李秉剛さんが、文化旅遊局と公安警察と「政府」の職員が私たちの訪中団に付いてくる理由を説明してくれた。文化旅遊局など当局との交渉は、今回の訪中団の受入窓口である北京鴻錦嘉合国際商務旅行社が、李秉剛さんの助言を得ながら行なったのだろう。そして、今回の私たちの訪中団を受け入れる中国側を代表して李秉剛さんが私たちに説明してくれたということなのだろう。それで、それはそれとして、遼寧省の共産党幹部学校元教授という李秉剛さんの肩書きは、当局との交渉で威力を発揮したことだろう。

あとは私の勝手な推測だが、文化旅遊局や公安警察の担当者が同行するのは、地元の住民とのいざこざを避けるという目的の他に、私たちを監視するという目的もあったのだろうと思う。つまり、雲南西部では、雲南戦（滇西抗戦）で犠牲になった日本兵の遺骨の収集や慰霊祭の実施などは今も一切認められていない。それどころか、戦場跡などから、一握りの土はおろか虫けら一つ、木の葉一枚を持ち去る（持ち帰る）ことすら許されてはいない。そういう雲南西部に特有の難しい事情があり、戦場跡などから私たちが何一つ持ち去らないよう監視するという目的もあったのではないかと推測するのだ。

あと、李秉剛さんの説明とは別に、騰冲在住の地元のガイド・李永結さんは中国の人たちの心情を次のように率直に話してくれた。

中国政府と中国人民（民間）は、戦死した日本侵略者（日本兵）の祭祀（慰霊）をこれまでずっと禁止してきた。日本政府の上層部（指導者）が靖国神社に参拝するたびに中国政府は厳重な抗議声明を発しているが、中国国内で日本人戦死者を慰霊することを禁止しているのは、靖国神社参拝を認めないのと同じ理屈だ。中国は、日本ファシズムがもたらした被害を最も深刻に受けた国であり、中国を侵略した当時の日本兵は誰もが中国人の鮮血で手を染めていた。だから、日本人が中国に来て侵略者である日本兵を慰霊することを中国人は受け入れることができない。日本政府の高位指導者は西ドイツのブラント首相(注01)に学び、歴史に正しく向き合い被害国の人々に謝罪すべきだ。

日本人との通り一遍の付き合いや関わりの中では決して話さない、しかし中国人の誰もが抱いているであろう日本人に対する中国人の想いを李永結さんはこのようにきちんと話してくれた。

松山（拉孟）から恵通橋へ

二月二四日の午前九時半に龍陵県鎮安鎮で高速道路を降りた私たちは、じきに滇緬公路に入る。道路のようすや路面の舗装状況などは雲南戦当時の滇緬公路とは異なるのだろうが、道路が通る場所はほぼ同じなのだろう。経路の多くで標高二〇〇〇メートルを超える山地（台地）を通る滇緬公路の周辺は豊かな樹林で覆われ、所どころで姿を見せる土壌は鮮烈な赤い色が際立つ赤土だ。

雲南西部では、ミャンマーとの国境を越えて南アジアや東南アジアに通じる高速鉄道と高速道路の建設が

大垭口村の新しい街並
レンガ造りの新しいピカピカの建物が公路に沿って建ち並ぶ。

進行中であり、その工事現場を走行中に時々見かける。それらのうち、保山が地中への入口になる高速道路のトンネルは長さ四三・六八キロで、完成すると世界で一番長いトンネルになるとのことだ。

午前一〇時に、松山（拉孟）陣地のすぐ手前にある大垭口《ダーヤーコウ》村の集落に到着する。その大垭口村では、山間地にあった古い集落がこの数年内に近代的な街並にいきなり作り変えられたようで、橙色のレンガ造りの新しいピカピカの三階建ての建物が公路に沿ってずらりと建ち並んでいる。そして、公路のすぐ脇にある集落との隣接地に巨大なクレーン塔が設置され、巨大な建物の建設が進められている。山中にあるこの小さな集落に博物館が新たに造られるとのことだ。それで、七年前の二〇一二年に遠藤美幸さんらが訪れたときの大垭口村は、掘っ立て小屋のような建物しかない山間《やまあい》の小さな寒村に過ぎなかった。

大垭口《ダーヤーコウ》村に新しくできた食堂でトイレを借用し少々休憩したあと、一〇時一〇分過ぎに村を出て恵通橋に向かう。大垭口村は、標高二〇〇〇メートル前後の山地（台地）上にあり、そこから、深くて広大な怒江峡谷を眼下に眺めながら滇緬公路をたどり、標高六百数十メートルの位置にある恵通橋までの約一四〇〇メート

大垭口村に新しい博物館！

山中の小さな集落に巨大なクレーン塔が設置され、巨大な博物館の建設が進む。

滇緬公路

山肌に沿い曲がりくねる滇緬公路の路面。10 センチから 20 センチの大きさに砕いた石が敷き詰められている。

ルもの標高差を一気に駆け下ることになる。

山肌に沿い曲がりくねる滇緬公路の路面は、一〇センチから二〇センチくらいの大きさに砕いた石が敷き詰められている石畳路だ。この辺りの土壌が赤土であることは、鮮烈な赤色の山肌が広がるのを見ればすぐ分かるが、赤土の大地（山地）は石畳路にしないと自動車（トラック）の車輪が埋まってしまい走行できないのだろう。石畳の滇緬公路は、抗日戦争を闘い抜くため中国の人々が自らの手足で造り上げた血と汗の結晶なのだ。それで、大垭口村から恵通橋の少し手前まで続く現在の石畳の路面は、だいたい二〇〇九年から二〇一〇年までに新しく補修されたものだが、滇緬公路の元々の姿を保持するためていねいに工事が行なわれているとのことだ。

怒江が流れる巨大な峡谷を見下ろしながら山を下ると標高と共に植生が変化し、亜熱帯域の花や草木が増えてくる。途中には小さな集落もある。そして、大垭口村を出てから三〇分ほど山を下ると、遙か眼下を流れる怒江をまたいで建設工事が進行中の大きな橋も見えてくる。そういう風景を見ながら山を下り、大垭口村を出てから四〇分ほどすると、滇緬公路の路面が石畳から現代風のアスファルト舗装に変わる。

そこから更に一〇分ほど山を下ると怒江の流れもずいぶんと近くなり、建設中の鉄道橋・怒江大橋の脇を通過する。大理白族自治州の大理市と徳宏《とくこう》傣族《たいぞく》頗族《はぞく》自治州のミャンマーとの国境の町である瑞麗市を結ぶ鉄道の要衝となる怒江大橋は長さ一〇二四メートルで、四・六万トンの鉄鋼を使用するとのことだ。その巨大な橋を支えるための土台となるアーチ型の基礎部分は既に形になっている。

怒江大橋の建設現場から怒江沿いにさらに数分進み、一一時一〇分に恵通橋に到着する。大垭口村を出てから一時間ほどが経過している。

恵通橋

両側に連なる二〇〇〇メートル級の山脈に挟まれる雄大な渓谷を形成して流れる大河・怒江は、緑色に見える水を川幅いっぱいに湛えている。五月から一〇月頃にかけての雨期には水嵩が増し、怒江という名前のとおりに荒れ狂う大河も、乾季にある二月の流れは穏やかだ。その怒江の両岸を、中国式の吊り橋である恵通橋がつないでいる。

それで、一八七五年に竣工していた恵通橋は、滇緬公路をめぐる雲南戦（滇西抗戦）の開戦早々に怒江の西岸まで進攻した日本軍が怒江を越えてさらに東方に進撃するのを防ぐため、一九四二年五月五日に中国軍自らの手で一旦破壊された。しかし、それから二年後の一九四四年五月に開始した反撃で、雲南に侵攻している日本軍を中国軍が打ち負かしたあと恵通橋は修復され、アメリカやイギリスからの支援物資を重慶などに搬送するのに活用された。

現在は、恵通橋から数百メートルほど下流に建設された新恵通橋＝紅旗橋が道路橋として利用されているので恵通橋は使用されていない。そして、一九九三年に雲南省人民政府により文化保存橋に指定された恵通橋には、恵通橋と記された大きな看板が道路（公路）脇に掲げられている。しかし、私たちが訪れたときには他に見物に来ている人はいない。

さて、その恵通橋。怒江の両岸の夫々流れに近い位置に、主綱（主ケーブル）を支える高さ八メートルくらいのコンクリート製の主塔が設置され、川岸から少し離れた位置に据えられた土台（アンカーレッジ）から、それぞれ十本ほどからなる綱（ケーブル）が主塔頂面の両側（左右）に延びている。そして、主塔頂面

恵通橋

1875 年に竣工した中国式の吊り橋。怒江の両岸をつないでいる。

の両側で十本ほどの綱（ケーブル）がそれぞれ束ねられて一本の主綱（主ケーブル）になり、主塔の左右から二本の主綱が対岸の主塔に延びている。その主綱から吊り下げられるたくさんの吊り綱（ハンガーロープ）が橋桁を支える（吊り上げる）構造だ。

実際に車両や人が通る橋桁の幅は数メートルほどで、横方向に板材がびっしりと敷き詰められた上に、車両の両側のタイヤが通る位置に縦方向に板材が載せられている。恵通橋本体（橋桁）の対岸までの長さは一〇〇メートル程度と思われる。

私たちが立っている右岸側の主塔の上部に、赤い大きな文字で「恵通橋」と書かれている。その主塔の前に鉄製の頑丈な柵が設置され、橋桁への立ち入りは完全に遮断されているので、恵通橋を渡ることはできない。また、対岸（左岸側）の主塔の上部には、中国政府を象徴する「紅星」（五角形の赤い星形）が大きく描かれているが、一九九七年一月に旧日本軍関係者が撮影した恵通橋の写真では「紅星」は描かれていないとのことだ。あと、右岸側の主塔のすぐ前に、直径三メートル・高さ二メートルくらいの円筒形のトーチカ一基が残されている。

恵通橋から先はほぼ直線状に流れる怒江の数百メートルほど

旅遊局副主任（左）と遠藤美幸さん

付かず離れずついてくる旅遊局副主任に声をかけ、遠藤美幸さんが著書を手渡す。

下流に架橋された新恵通橋（紅旗橋）は、弓状の土台部分が下から橋桁を支えるアーチ構造の道路橋であり、吊り橋ではない。恵通橋から紅旗橋に向けて川幅いっぱいにゆったりと流れ下る怒江の川面は緑色で、流れは穏やかだ。

さて、恵通橋を見学している私たちと付かず離れずの間隔をとりながら旅遊局の副主任が黙ってついてくる。その副主任に声をかけ、遠藤美幸さんが自身の著書『「戦場体験」を受け継ぐということ――ビルマルートの拉孟全滅戦の生存者を尋ね歩いて』(注02)を手渡し、旅遊局の主任に手渡して（贈呈して）くれるように依頼する。直接話しかけられた副主任は少々とまどっているようにも見えたが、遠藤さんの依頼を了解し著書を受け取って（預かって）くれた。そして、遠藤さんから著書を受け取る場面を再現する（つまり「やらせ」の）記念写真の撮影にも気さくに応じてくれた。

恵通橋の確認を終え一一時半くらいに現地を後にする。約一四〇〇メートルの標高差になる来たときの道を今度は一気に駆け上がることになる。滇緬公路の路面は、恵通橋からしばらくは現代風のアスファルト舗装の路面だが、一五分ほど先に進むと石畳路に変わる。そして、順々に変わりゆく山々と渓谷の風景を眺めながら曲がりくねる石畳の滇緬公路を走り、一二時二〇分頃に路面がコンクリート舗装に変わるとすぐに大垭口《ダーヤーコウ》村に到着する。恵通橋を出てから五〇分ほどだ。

大垭口村で、滇緬公路沿いに立ち並ぶ橙色の煉瓦造りのピカピカの三階建ての建物群のうちの一棟に店を構えている食堂に入り昼食をとる。地元の料理で地元の味付けだと思うが、とても旨い。その食堂のすぐ目の前で博物館の建設が進められているが、小さな集落には釣り合いそうもない非常に大規模な施設になるようだ。完成したら、ぜひ見学に訪れたいと思う。（補＝二〇二二年の時点で博物館はまだ完成しておらず工事中のままだ。いつ完成するのか李永結さんが地元の人に聞いてみたが、地元の人も具体的なことは分からないとのことだ。二〇一九年の末から始まり、二〇二二年になっても収束が全く見通せない新型コロナウィルス騒動の影響もあるのかもしれない。）

拉孟＝松山陣地

午後一時二〇分に大垭口《ダーヤーコウ》村の食堂を出て、建設中の博物館に向かって左に進む恵通橋に通じる街道（滇緬公路）ではなく右に進む道路を行くと、五分もしないうちに松山（拉孟）陣地の前に設営されている駐車場に着く。松山（拉孟）陣地は、滇緬公路を遮断するため一九四二年五月から二年をかけて日本軍が構築した堅固な陣地だ。しかし、一九四四年五月に反撃を開始した中国軍により日本軍拉孟守備隊は同年九月七日に全滅させられ、滇緬公路の要衝である松山を中国軍に奪還されている。

さて、駐車場が設営されている松山陣地の入口部には真新しい現代風の資料館が開設されていて、松山戦役（拉孟戦）について説明する写真や解説パネルや松山陣地の立体模型などが展示室内に展示されている。また、資料館の中にあるトイレは広くてピカピカで快適だ。七年前の二〇一二年五月に遠藤美幸さんらが訪れたときは資料館などは何も無く、トイレなどの施設も全く設置されていなくて、遠来の訪問者にはとても

拉孟（松山）陣地資料館
7年前は何も無かったところに、真新しい現代風の資料館が開設された。

陸軍第103師陣亡将士「墓碑の壁」
大垭口村に造営された陸軍第103師公墓は、2004年に松山の老干塘のほとりに移設された。

不便なところだった。その後に、多くの人が気軽に訪れることができる史跡として松山（拉孟）陣地が整備されたということだ。

真新しい資料館の前を通る幅の広い遊歩道は石畳で完全に舗装されている。その遊歩道を通り、かつての日本軍拉孟陣地に向かう。すると、完全に整備された状態で一〇〇メートルくらい続く石畳の遊歩道の先にあるのは、中央に大きく「陸軍第八軍第一〇三師抗戦陣亡将士公墓」と刻まれる上部が丸い主墓碑を中央に配置し一枚の壁のように並べられた三基の墓碑だ。その「墓碑の壁」の脇に設置されている真新しい解説板に次のように記されている（原文は中国語、青木訳）。

「陸軍第八軍第一〇三師公墓は、もともとは、大垭口の集落内の街道から約三〇メートルのところに一九四四年一二月に造営された。第八軍第一〇三師戦死将士の遺体六七二体が埋葬されている（ことを記録し後世に伝える）主墓碑は上部が丸く、高さは二メートルで幅は〇・九メートルである。その碑文には、松山戦役において第八軍第一〇三師が敵（日本軍）を殲滅し物資を鹵獲《ろかく》したことに加え、敵と味方の死傷情況などと師長である熊綬春の署名が刻まれている。左右の二基の碑には戦死将士の名前が刻まれている。一部の将士の遺骨は一九四七年一二月に保山の易羅池のほとりに移された。解放後、墓苑は大垭口〇〇（判読不能）の近くに一旦移されたあと、二〇〇四年に松山主峰の下（麓《ふもと》）の老干塘の傍らに移された」。

解説板の説明に記されている主墓碑と左右の二基の碑は、石とセメントで作られた大きな台座の上に壁のように並べて設置されている。また、老干塘は、この「墓碑の壁」のすぐ脇にある、豊かに水を湛えている結構大きな池のことだ。それで、かつてこの地に拉孟陣地を構築した日本軍は、この池（老干塘）を有島池と呼んでいた。その当時は今より小さい池で、飲料水ではなく雑用水として利用されていたとのことだ。

第一〇三師の「墓碑の壁」から先は、松林の中の赤土の土壌の上をしばらく歩くことになる。そして、老干塘のほとりから松林の中に少し入ると、石の銘板が二つ並んで設置されている。そのうち、一九九一年に建立された古い方の銘板には、「県級重点文物保護単位／滇西抗日戦争松山戦役主戦場遺跡之一／龍陵県人民政府／一九八六年五月二十日公布／一九九一年十二月立」と刻まれている。一方、ピカピカの新しい方の銘板には、「全国重点文物保護単位／松山戦役旧址／中華人民共和国国務院二〇〇六年五月二十五日公布／龍陵人民政府立」と刻まれている。ここから、蒋介石を首班とする国民政府が主導し勝利した松山戦役（雲南戦の一部）が、中国共産党が主導する北京の現中国政府により「承認」され、二〇〇六年に全国重点文物保護単位に指定されたことが分かる。

この二つの銘板の背後に広がる緩やかな傾斜の松林の中に、滇西抗戦で死亡した中国人を追悼する新しい墓碑がたくさん設置されている。その多くは、この数年から一〇年以内に戦死者の遺族らが設置したもののようだ。

老干塘と呼ばれる池を通り過ぎたあと最初に設置してある解説板には、日本軍の拉孟（松山）陣地全体を写した遠景写真と、「松山戦役遺址入口」という標題に続く説明文が掲示されている。その説明文に次のように記されている（原文は中国語、青木訳）。

「松山戦役遺址入口　／　松山戦役遺址は、龍陵県腊勐《せきもう》郷大垭口《ダーヤーコウ》村にある東西両側の松山山頂の一帯に多くが集中し、範囲は約四平方キロである。大小松山や黄土坡《こうどは》など大小七つの高地の上に、半地下式のトーチカや塹壕と砲撃や爆撃の跡（穴）などを至る所で確認できる。そのうち比較的重要な遺址は、松山主陣地、（中国）遠征軍坑道作業遺址と爆破坑、滚龙坡《グンロンポ》や鷹蹲《ようそん》山などの戦場遺址、日本軍の発電所や取水所と慰安所の遺址などである。見学者（観光客）は、子高地を中心に分布している戦場遺址を桟道に沿って参観できる」。

松山戦役遺址の入口は松山主峰の南方に位置し、入口にあるこの解説板を経て、松などさまざまな種類の

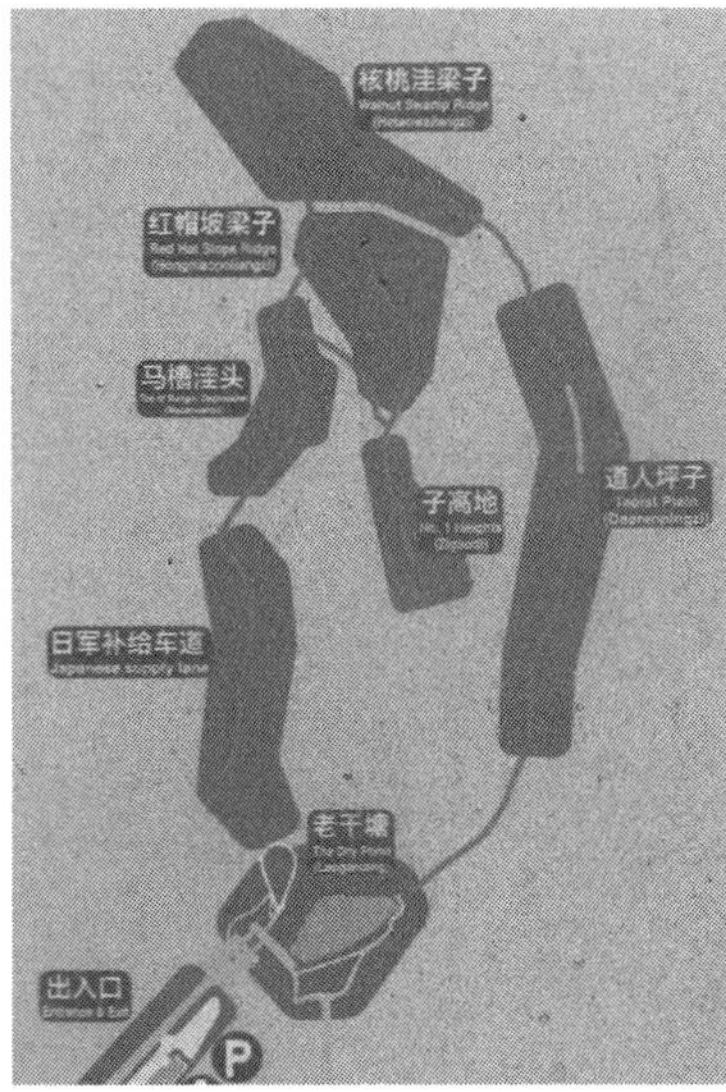

拉孟（松山）陣地の地図

私たちは、地図の南方（下端）にある出入口（老干塘）から拉孟陣地に入り、東側の道人坪子を通り左回りに北方（上端）の核桃洼梁子に進む。そのあと、向きを変えて南に進み、松山主峰の子高地（関山陣地）に入る。

遊歩道

崖や急斜面には、幅の広い木製の遊歩道が完全に整備され、多数の地図（配置図）と解説板により周辺の情況を明瞭に理解できる。

木々が生い茂る赤土の山地を歩き回ることになるが、私たちが訪れた二〇一九年二月時点の松山陣地は、雲南戦当時の情況を来訪者が容易に確認できる史跡として非常にていねいに整備されている。行き先を表示する道標《みちしるべ》や地図（配置図）や各所（各史跡）の解説板が要所要所に非常にたくさん設置されていて、松山戦場全体の配置と、その中で自分たちが現在いる地点と、その辺りの史跡としての意味を来訪者は容易にかつ詳細に理解できる。また、崖や急斜面には、幅の広い歩きやすい木製の遊歩道が完全に整備されていて、松林やその他の樹林に覆われる赤土の山中を、道標と地図を確認しながら容易に歩き回り移動することができる。

さて、山の中を少し歩くと「観景台」に着く。そこに設置されている解説板に次のように記されている（原文は中国語、青木訳。以下も同様）。

「観景台　／　松山観景台は、地方政府の出資により二〇一二年に再建された。観景台の西側は松山主峰に連なり、東は怒江大峡谷に臨む。この観景台に立ち東方を見渡すと、敵味方双方が怒江を隔てて対峙した当時の戦場の情況が一目瞭然である。山の下方にある左右両側の鋭い小峰（小山）と薫別山は日本軍松山陣地の前線監視哨であり、遠方の怒江の流れの上にあるのが滇緬公路の交通の要衝である恵通橋だ。怒江の東側の施甸《してん》県に位置し、滇緬公路に巻き付かれている（ように見える）上下の二座の山のうち前方の山は、一九四二年に中国遠征軍が日本軍の東方進攻を阻止した孩婆山江の防御陣地であり、後方の山は、松山に反撃するときの大山頭の重砲陣地である」。

この説明にあるとおり、観景台と呼ばれるこの場所から恵通橋を確認することができる。また、怒江の東側にそびえ滇緬公路に「巻き付かれている」山は、確かに頭にハチマキを巻いているように見える。その様子から当時の日本兵は「鉢巻山」と名付けていたということだ。それで、観景台以外の松山陣地のいろいろな地点からも、はるか眼下を流れる怒江の流れや、怒江に架かる建設中の巨大な橋梁を確認することができる。

さて、松山（拉孟）陣地には塹壕がいたるところに縦横に張り巡らされたままになっていて、散兵壕や小型の堡塁《ほうるい》もそこここに数え切れないほど残されている。そして中国では散兵壕をその形から猫耳洞とも呼称しているようだ。それらの陣地跡を見ながら遊歩道に沿って順々に先に進む。

しばらく歩くと、松山主峰爆破坑道について説明する解説板が設置してあり、次のように記されている。

散兵壕
散兵壕や小型の堡塁がそこここに数えきれないほど残されている。

「遠征軍による松山主峰反攻のための爆破坑道　／　一九四四年八月、中国遠征軍第八軍は松山主峰の子高地を攻撃する。しかし、主峰の子高地にある二つの堡塁《ほうるい》（陣地）を固める敵（日本軍）の守りは堅固なので、航空機や大砲で集中砲撃を加えても、決死隊を組織し突撃爆破してもその何《ど》れもが成果を上げることができない。そういう情況の下で坑道作業方式に（作戦を）切り替え、厚さ一〇ミリの鋼板で上面を覆う、長さ一五〇メートル、深さ一・八メートル、幅一メートルの二本の爆破通路（塹壕）を道人坪子から掘り進め、敵の（子高地の）堡塁の直下に到達する（主峰の敵堡塁まで三〇メートルの位置から先は地下道に切り替えトンネルを掘る）。そして、TNT爆薬一二〇箱（左側堡塁に七〇箱＝一・八トン、右側堡塁に五〇箱＝一・二トン、合わせて三トン）を詰め込み、それを最後に爆破する」。

この爆破坑道の解説板から少し先に進むと、幅三〇メートル・長さ数十メートルほどの広さの樹木のない平坦地に出る。道人坪子と呼ばれるところだ。そこに設置された解説板に次のように記されている。

「道人坪子　／　道人坪子は、松山主峰・子高地の東側の低い（下がった）ところにある山中の小さな平坦地であり、子高地まで約一二〇メートル。その位置は、北緯二四度四四分四一・四秒、東経九八度五四分二六・一秒、海抜一九八八メートルである。道人坪子一帯に早くから道士（道教や仏教の修行者）がやって来て、この辺りに小屋を建てて修行していたので、その名が付けられた。

日本軍は、一九四二年に松山を占拠したあと、道人坪子を、主峰関山陣地の日常の訓練活動の場所とした。当時は樹木に遮られることがなかったので、怒江東岸にある防衛部隊・李志鵬将軍の駐屯地を道人坪子から望遠鏡を用いて明瞭に監視することができた。天候の情況が良いときに日本軍は訓練・練兵を実施し、それと同時に対岸の中国軍を挑発し屈辱した。道人坪子の外周に沿って、日本軍が構築した二重の環状の塹壕がある。

一九四四年八月初めに中国遠征軍が反撃し道人坪子を奪還したあと、そこを、松山主峰の子高地を攻撃する前線指揮所とし、さらに、主要な兵力集結地とした」。

それで、二本の爆破坑道は道人坪子から松山主峰の子高地の陣地に向けて掘られたとのことだが、周辺には塹壕が幾つもあり、どれが爆破坑道なのか分からないまま道人坪子を通り過ぎてしまった。そして、子高地の東側に位置する道人坪子から、その先に広がる松林や他の色々な樹種の樹林の中を北に向かって歩みを進める。その間にも塹壕や散兵壕がいたるところに残されていて、写真や説明文からなる解説板や地図（配置図）がたくさん設置されている。その中には、日本兵が描いたと思われる、散兵壕内の様子を説明する漫画（模式図）が掲示されている解説板もある。

ともあれ、塹壕や散兵壕はいたるところに数えきれないほど残されているが、それらに関連してたくさん

塹壕
12キロを超える塹壕（戦壕）が今も残されている。

設置されている解説板の一つに次のように説明されている。

「戦壕　／　戦壕は、陣地に沿って掘り作戦に用いた塹壕であり、交戦中に（敵と味方が）対峙しているとき、正面から射撃される銃弾や空中から落下してくる砲弾を避けることができる。つまり、戦闘要員を隠蔽し、夫々の軍事施設を連結する堀である。このような戦壕が松山陣地に約一万二六〇〇メートル残されている。そのうち、日本軍の戦壕は約一万一〇〇〇メートルであり、遠征軍（中国軍）の戦壕は約一六〇〇メートルである」。

つまり、一二キロを超える塹壕（戦壕）が松山陣地に今でも残されているのだ。私たちが見渡すいたるところに塹壕があるのは不思議でも何でもない。

さて、松山主峰（子高地）の南方にある入口から松山戦場に入った私たちは、松山主峰の東側に位置する道人坪子を経て、松山主峰の北方に位置する核桃洼梁子《かくとうわりょうし》（五号陣地）まで歩みを進めている。そこには「松山戦役主戦場遺址／核桃洼梁子《かくとうわりょうし》／龍陵県人民政府／一九九一年十二月立」と刻まれる石碑や、同じ様式で地名が「核桃洼梁子頭」（最後に「頭」が追加されている）と刻まれる石碑が設置されている。その辺りに掲示されている解説板の一つに次のように記されている。

「四方八方に通じる日本軍拠点網　／　松山の日本軍拠点（陣地）はクモの巣のように配置され、縦横に交錯し、何重にも防御措置を講じている。主堡塁・従堡塁・普通塹壕・掩蔽《えんぺい》塹壕が交通壕と作戦壕を介して相互に連結され、山の地形を生かして精緻に設計・構築され四方八方に通じている。その強度は鉄筋コンクリート製に匹敵する。作戦壕内には、大小の掩蔽《えんぺい》部、各種の段差、射撃施設や擲弾筒《てきだんとう》掩体などが配置され、直射・曲射兵器が陣地の前面で濃密な火網を作り出す。松山日本軍陣地は、二〇〇〇名近くの労工が昼夜を通して働き、二年を費やして全体を完成させた。かつて日本軍は、『一〇万人を犠牲にしないで松山を攻め落とそうなどと中国軍は考えるな』と豪語した」。

また、敗戦後に日本が作成したと思われる「図二　拉孟守備隊攻防概要図」という日本語の表題が付された説明図に、「日本侵略者が作成した『拉孟守備隊攻防要図』」という中国語の説明が付けられ解説板にそのまま掲示されていて、拉孟陣地の構成と周囲の状況を、日本語で説明が記されている地形図（攻防概要図）で把握することができる。さらに、中国側が作成し「松山戦壕・掩体遺址分布図（局部）」という表題が付された地図も解説板に掲示されていて、堡塁や塹壕が無数と言えるほど大量に構築され配置されていたことが分かる。

そのあと、核桃洼梁子《かくとうわりょうし》と称される地区から、それまでとは逆方向になる南に向かって進み、松山主峰・子高地の北側に隣接する紅帽坡梁子《こうぼうはりょうし》と称される地区に入る。この地区にも数多くの堡塁や塹壕が張りめぐらされていて、日本軍の連結堡塁について解説板に次のように記されている。

「日本軍連結堡塁　／　日本軍連結堡塁は、松山日本軍守備隊による独創的な陣地防御形式の一つであり、単独作戦が可能な地下堡塁を縦方向に数多く配置し連結堡塁を形成している。そして、前方の堡塁が攻撃されても後方の堡塁は最初は沈黙を続け、前方の掩蔽塹壕が突破されそうになると後方の掩蔽塹壕から突然発砲し、中国遠征軍は不意をつかれることになる。このような連結堡塁が、中国遠征軍が必然的に通ることになる険しい道筋の上に数多く配置され、中国反攻部隊に多大な死傷者をもたらした」。

また、「歩兵第一一三連隊・軍旗（雲南省拉孟陣地にて奉焼す）」という日本語の注記が付された第一一三連隊軍旗の写真も解説板に掲示されている。その写真の軍旗は、銃剣の着いた三丁の歩兵銃を、銃剣を上にして三角錐状に立てた上に載せられている。それで、松山陣地に掲示されているこの写真に詳しい説明は無いが、この後で訪れる龍陵抗日戦争記念館にも同じ写真が掲示されていて、次のような説明が添えられている。

「松山戦役の後期に第一一三連隊長・松井秀治大佐が龍陵から（松山＝拉孟陣地の）真鍋大尉に発した電令（伝令）＝『最悪の情況に至ることを考慮すると、事前にすみやかに軍旗を焼却しなければならない。軍旗を地下深くに埋め、一切の公文書と個人の日記や手紙を全てすみやかに焼却処理せよ』。軍旗は天皇が自ら授け、歩兵連隊と騎兵連隊を編制するためにだけ用いられるので連隊旗と呼ばれる。日本陸軍の規定によると、軍旗があるから編成があり、軍旗がなければ編成はない。日本軍は、八年（一九三七年から一九四五年）の抗戦中に松山と騰冲の二つの戦役においてだけ、第一一三連隊と第一四八連隊に夫々所属する二つの軍旗を焼却した」。

それで、松山（拉孟）戦役遺址に掲示されている第一一三連隊軍旗の写真の注記に記されている「捧焼」は、天皇と同じくらいに重要な軍旗を敵軍に奪われる前に自ら燃やすときに用いる用語だ。しかし、拉孟（松山）戦役の研究者である遠藤美幸さんによると、拉孟（松山）で軍旗を燃やしたかどうかは定かではなく、最後の斬り込みの時に真鍋大尉が軍旗を身体に巻き付けていたという証言もあるとのことだ。

一方、「死亡した敵兵（日本兵）の情況を現地（松山戦場）で調査するアメリカ軍兵士」という説明が付される写真には、塹壕の中で死亡している日本兵と、その日本兵の様子を調べるアメリカ兵が写っている。

その説明文に次のように記されている。

「松山戦場実景　／　松山戦役が始まったのは夏の雨期の頃であり、陣地には濃霧が立ちこめ、雨が降るときも止むときも黒雲が隙間無く空を覆い、稲妻が光り雷鳴がとどろき暴風雨が吹き荒れる。山地の密林では天候が常に変化し、中国遠征軍の兵士は腹ばいになり転がるように這いずり回り全身が汗と泥にまみれ、陣地を奪いまた失い、中国遠征軍『決死隊』が再び奪い返す。夜半に日本軍の奇襲を受けると、中国遠征軍の兵士が救援に駆けつけ反撃し敵を撃退する。このように、突撃しそして反撃され、占領し逆襲され、血なまぐさく殺し合い争奪戦が繰り返される。頑強に抵抗する敵（日本兵）は軍刀を振り回し、中国遠征軍の兵士と白兵戦を展開する。命がけで殺し合い、至る所に死体が横たわる。写真は、戦闘が終結したあとの松山戦場における一幕を示している」。

このように、新しい解説板や地図がたくさん配置されている山上の樹林の中に、石で造られた古い（古く見える）記念碑が設置してあり、「松山戦役主戦場遺跡／紅帽坡梁子《こうぼうはりょうし》／龍陵県人民政府／一九九一年十二月立」と刻まれている。この石碑の近くにある解説板に、敗戦後に日本が作成したと思われる「拉孟攻防図」という日本語の注記が記された拉孟陣地の配置図が、「日本侵略者が作成した拉孟攻防図」という中国語の注記が付されてそのまま掲示されている。

さて、紅帽坡梁子と呼称される地区からさらに南に進むと、子高地と呼称される松山主峰地区に入る。その松山主峰・子高地に構築された日本軍陣地の直下まで中国軍がトンネルを掘り、そこに爆薬を運び入れ松山主峰の日本軍陣地を爆破したことは既に確認してきたが、その爆破現場に設置された解説板に爆破の瞬間の写真が掲示され、次のように説明されている。

「松山主峰爆破坑（大穴）の一つ　／　もともと松山主峰は二つの尖った峰で構成されていて、日本軍は二

関山陣地（子陣地）跡

拉孟（松山）の各陣地の中で標高が一番高いところにある関山陣地の跡（子高地）に「大脳子」と刻まれる石碑が設置されている。

つの峰の下にそれぞれ主堡塁《ほうるい》を構築した。二つの主堡塁はどちらも三層（三階建て）構造で、山体の中（地中）に潜り込むようにして構築された。久しく攻めあぐねた中国遠征軍は、主堡塁の直下までトンネルを掘り爆破する作戦を採用する。目の前にあるこの巨大な大穴は、子高地を爆破したあとに残された二つの爆破坑のうちの一つである。強敵である辻義夫大尉が率いる七五名の日本軍兵士は、気絶した四人が爆破後に捕虜にされた以外は全員が爆死した」。

この解説板の近くに、割合と新しいと思われる石碑が設置してあり、「(大きな文字で）大脳子／遠征軍の呼び名＝子陣地／日本軍の呼び名＝関山陣地」と明瞭に刻まれている。松山主峰の山頂近くに構築された関山陣地は、拉孟（松山）の各陣地の中で標高が一番高いところにある。また、中国語の「脳子《ナオズ》」は生理用語としての脳あるいは頭脳のことであり、「大脳子」は司令部とか作戦中枢を意味するのだろう。そして、この石碑は、「一九九一年十二月立」と記される他の幾つかの石碑と比べると、使用されている石の質が緻密で、刻まれている文字も形がくずれておらず明瞭だ。

その「大脳子」と刻まれる石碑のすぐ近くに古い（古く見え

る）石碑が設置されていて、「松山戦役主戦場遺址／子高地日軍工事（陣地）／爆破落坑（大穴）／龍陵県人民政府／一九九一年十二月立」と刻まれている。この石碑の近くに二つ目の松山主峰爆破坑だと思われる窪地があるように見えるが、今では高く伸びた樹林に覆われ、さらに長い年月を経て大穴はかなり崩れ埋もれていると思われ、どこまでが爆破坑なのかを特定するのは簡単ではないようだ。そして、その近くにある解説板に次のように記されている。

「松山主峰爆破坑（大穴）その二　／　これは、子高地爆破により残された二つ目の大穴（爆破坑）で、松山の頂上に位置し海抜は二〇一九・八メートルである。子高地爆破を指揮した第八二師団長・王伯興の回想記に次のように記されている。『子高地爆破の轟音《ごうおん》は極めて巨大だろうと当初は思っていた。しかし、実際には、十五榴大砲（一五五ミリ榴弾砲）の爆発による轟音ほど大きくはなく、重苦しい爆発音だった。しかし、衝撃はとても強烈で、五〇〇メートル離れた鷹蹲《ようそん》山の掩体《えんたい》（散兵壕）にいた私は、衝撃波の強大さをまざまざと感じた。私がいる掩体はギシギシと音をたてた』」。

そして、その辺りで標高が一番高いと思われるところ、つまり松山主峰の山頂だと思われるところに、石で造られ上面が地図になっている直径三メートル・高さ一メートルほどの平たい円筒状の構造物が設置してある。その上面に作られた直径三メートルほどの地図の中心に、松山陣地が構築された松山一帯の山々の「模型」が実物を模して立体的に作られていて、そこから四方に矢印が十数本伸び、その矢印の方向にある町や土地の名称などが刻まれている。周囲に生い茂る樹林で視界は少なからず妨げられるが、この地図が設置してある場所から四方を眺めることができる。

この「地図」の近くに、「松山主峰爆破坑道作業敵味方態勢要図」という標題が付けられた見取り図（配置図）が設置されていて、松山主峰爆破の情況を平易に理解することができる。

日本軍補給車道

馬槽洼頭地区に延々と続く日本軍補給車道。車道に沿って遊歩道が設置されている。

松山山頂の子高地を確認したあと一旦北に向かい、来た道をしばらく戻る。そのあと西に向きを変え、たくさんの塹壕や散兵壕を見ながら遊歩道をもう少し進むと、子高地の西側に位置する馬槽洼頭《ばそうわとう》と呼ばれる地区に入る。

馬槽洼頭《ばそうわとう》地区には、幅数メートルの平坦地が南北方向に延々と続いている。それは、日本軍が造った自動車用道路の跡だということだが、自動車用道路がここを通っていたのだと説明されれば状況をよく理解できる。その道路跡に沿って真新しい遊歩道が設置されていて、遊歩道の途中に配置された解説板に次のように記されている。

「日本軍補給車道　／　これは、日本軍が造った簡易幹線道路で、道路の全長は一〇キロ、幅は四メートルから五メートルである。（日本軍補給車道の）一方は、大垭口から双人墳坡頭に至る。その双人墳坡頭を日本軍は『戦闘司令部』と称し、中国遠征軍は『未陣地』と呼んでいた。もう一方は、大垭口から大寨を経て西山陣地（中国遠征軍は『三号陣地』と呼称）に至り、そこで（道路は）二本に分かれ、一方は『下山口観察哨』に入る。もう一方は『連絡陣地』『阿図陣地』（中国遠征軍は四号陣地・五号陣地と呼称）に入る」。

日本軍補給車道の跡に沿って、たくさんある散兵壕や塹壕などを見ながら南向きにしばらく進むと、松山戦役で死亡した兵士の遺体が折り重なっている写真が解説板に掲示されていて、次のように説明が記されている。

「肉薄山戦場遺址　／　前方の小山の元々の名は馬槽洼頭《ばそうわとう》という。中国遠征軍は、一九四四年八月二〇日に松山主峰を攻略したあと山頂一帯に戦線を推し進めた。しかし、日本軍は失敗に甘んぜず、決死隊を組織して狂ったように反撃する。中国遠征軍の将士は命がけで敵（日本兵）に対抗し接近戦・肉薄戦を展開し、最終的に（日本軍）陣地を攻略した。

そのあと、戦場をきちんと片付け（整理し）、敵と味方の双方が絡み合っている遺体を引き離すと、塹壕の中で絡み合って死んでいる兵士が六二組あった。陣地では、手足と体が切断され、腸や肺が散らばり、人の手足や耳や眼球や腸がいたるところに見える。その驚くような情況から、後にこの山を『肉薄山』と称した。そこに現存する主な遺跡は次のとおりである。四×四メートル散兵壕一カ所、二×二メートル散兵壕三カ所、一×一×一メートル散兵坑六カ所、四×三メートル兵舎二カ所、塹壕七六メートル」。

その先も日本軍補給車道の跡がずっと続き、車道跡に沿って設置されている真新しい遊歩道を歩き南に進む。すると、この辺りにも、実に数多くの掩体や散兵壕や兵舎跡が残っていて、それらについて説明する文や写真や絵図がたくさんの解説板に掲示されている。

そのまま先に進み、最初に通った入口に近いところまで来ると、しっかりした新しい石碑が設置してあり、「（大きな文字で）杞木寨（砦）／中国遠征軍呼称＝大寨「地」／日本軍呼称＝関山下陣地」と刻まれている。

そして、松山陣地に到着した私たちが最初に確認した真新しい現代風の資料館が建っている入口に戻る。

それで、松山戦役遺址は、一九八六年に龍陵県文物保護単位に指定され、続けて一九九六年に雲南省文物保護単位に指定されたあと、二〇〇六年に国務院により第六次全国重点文物保護単位として公布されている。

ところで、七年前の二〇一二年五月に遠藤美幸さんらがここに来たとき、木製の遊歩道や階段の設営工事が一部で始まってはいたが、松山陣地全体の史跡としての整備はまったく手つかずの状態だった。遠藤さんたちは有島池（老干塘）から拉孟（松山）陣地に入り、松山主峰に構築された関山陣地（子高地）に行くため、自然のままの赤土の山の斜面をはうようにして登った。そして、標高が最も高い松山山頂地区にある関山陣地などを確認したあと、そのまま赤土の山中を歩いて下り、関山陣地（子高地）の西方に位置し拉孟陣地の中で標高が一番低い所にある横股陣地（馬槽洼頭地区）の方に進んだ。すると、日本軍拉孟守備隊の最後の砦となった横股陣地は畑になっていたとのことだ。

しかし、二〇一九年二月時点の拉孟（松山）陣地は、工事中のところが一部で残るが、ほぼ完全に整備が完了している。整備が手つかずの状態だった二〇一二年に訪れたときは遠藤さんたちは日本軍陣地の配置などを明確に確認できたが、今回は構造物（遊歩道）など人工の手が入りすぎていて情況を把握することができなかったとのことだ。横股陣地と畑も確認していない。

このような遊歩道ができてしまうと短時間の滞在では遊歩道に沿って歩くしかなく、「拉孟戦を戦った元兵士でも遊歩道を歩きながらでは各陣地の位置などは確認できないと思う。今回見たようにきれいに整備するのは良い面と残念な面の両面がある」というのが遠藤さんの指摘だ。（補＝二〇二二年の時点で松山戦役遺跡の整備は、二〇一九年二月の時点で工事中だったところも含め全て完了している。）

私たちは午後四時に松山（拉孟）陣地を後にし、次の目的地である龍陵に向かう。

龍陵

龍陵は、周囲を山に囲まれる盆地に形成された市街地を中心とする町で、町の中央をビルマルート（滇緬公路）が貫き、新たなビルマルートとして建設されるレド公路（中国インド公路）との分岐点になる。ビルマ側から龍陵に入り、三叉路を右に進むと五二キロで松山（拉孟）に至り、三叉路を左に折れてレド公路に入り北に向かうと騰冲（騰越）に至るという位置関係になる。

その龍陵についても第四章と第五章で概要を説明しているが、ここでもう一度確認しておこう。それで、一九四二年五月にビルマから国境を越えて中国に侵攻して東進し、雲南西部を南北に貫く怒江の線まで一気に進攻した日本軍は、第五六師団の歩兵団司令部を龍陵に置き、前線の拉孟（松山）や騰越（騰冲）の後方基地とした。

一方、滇緬公路を遮断された中国は、新たなビルマルートとしてレド公路（中国インド公路）を建設する。そして、レド公路を開通させるため、アメリカ軍の支援を得て滇西（雲南西部）奪回の反攻作戦を一九四四年五月に開始する。

これに対し、日本軍第三三軍高級参謀・辻政信は、中国西南の雲南を拠点にして新ビルマルート＝レド公路の貫通を阻止し遮断するため断作戦（ビルマルート遮断作戦）を発動することを七月一〇日に決定する。しかし、ビルマ各地でそれぞれの作戦に就いている第三三軍所属の各部隊は、中国の雲南戦線に直ぐに参戦できる情況にはなく、断作戦の開始は九月三日とされた。そのため、桁違いの圧倒的な兵力を揃える中国・アメリカ連合軍による激しい攻撃に六月早々からさらされながら支援を受けることができなかった日本軍拉孟（松山）守備隊は九月七日に、騰越（騰冲）守備隊も九月一四日に全滅する。

一方、第五六師団歩兵団司令部が置かれた龍陵では、龍陵市街を取り囲む山上の陣地の争奪戦と市街戦が六月から一〇月にかけて展開され（龍陵会戦）、第三三軍高級参謀・辻政信は自ら龍陵まで来て雲龍寺から作戦を直接指揮する。しかし、一〇月二九日に発動された中国軍の最後の総攻撃で龍陵の日本軍部隊は壊滅させられ、一一月三日に中国軍は龍陵を奪回した。その中で一部の日本軍現地部隊が無断撤退したので、龍陵の日本軍は全滅を免れることになる。

それで、雲南に侵攻した日本軍は、歩兵団司令部を置いた龍陵を厳しく統治し、慰安所を設置したり日本語の使用を強制することも行なった。そんな厳しい統治に龍陵の住民は反発し強烈な反日感情をつのらせた。そして、その激しい反日感情は現在も鎮まることがない。

龍陵抗日戦争記念館

二月二四日の午後四時に松山（拉孟）陣地を出た私たちは午後四時五〇分に龍陵市街に入り、市街に入るとすぐに龍陵抗戦記念広場に到着する。広場（公園）の入口に、ゴツゴツしたままの自然の岩（石）で造られた「龍陵抗戦記念広場／二〇〇四年十一月」と刻まれる石碑が設置されている。そして、石碑に刻まれた文字は赤く塗られている。

緑の樹木がたくさん生い茂る広くて気持ちの良い広場の奥には、赤い色の石で造られた巨大な壁が設置されていて、その壁面に何十人（百人以上？）もの人物が浮き彫りで刻まれている。雲南戦当時の兵士や住民の様子が表現されているのだろう。その巨大な壁の前に池が掘られ、池の手前に黒の御影石で造られた舞台

龍陵抗日戦争記念館

2012年に訪れた日本人は入場を許されなかった。それほどに、この地域の反日感情は強い。

が設けられている。何かの記念日などの折に、兵士や住民の像が刻まれる巨大な壁を背景に、この舞台で式典が挙行されるのだろう。

さて、雲南戦当時の日本軍のトーチカも残されている広場の一画に龍陵抗日戦争記念館が開設されている。それで、二〇一二年五月に遠藤美幸さんらが龍陵を訪れたとき、日本人はこの記念館への入館が禁止されていて、遠藤さんらの一行は参観を許されなかった。この地域の反日感情の強さのためなのだろう。しかし、今回は、日本人も自由に入館し観覧することができた。この七年の間に、どのような情況の変化があったのか私たちには分からない。

その龍陵抗日戦争記念館の展示の冒頭に掲示されている前言（序文）には、一八九四年の甲午戦争（日清戦争）から一九三七年の日本による対中国全面侵略に至るまでの経緯が簡便にまとめられたあと、一九四二年の日本によるビルマ侵略から中国雲南への侵攻に始まる滇西抗戦（雲南戦）の状況が要点を押さえつつ簡潔に記述されている。そして、巨大というほどでもないがそれなりに広い館内に、滇西抗戦当時のさまざまな写真やいろいろな図表、実際に使用された各種の武器や多様な装備や遺品、日本軍のトーチカや陣地などを再現する実物大の模型などが所狭しと展示されている。

写真など展示物は、この記念館の主題である龍陵会戦（龍陵抗戦）を中心に据えつつ滇西抗戦全体を網羅するように構成されている。また、写真には、それぞれに短文の説明が添えられていて、写真の意味をよく理解できる。滇西抗戦当時の雲南西部の状況を誠実に示している展示だと思う。そして、展示を締めくくる後記（後書き）に次のように記されている。

「後記　／　龍陵抗戦は、滇西抗戦における全ての戦役の中で期間が最も長く規模は最大で、（滇西抗戦全体に対する）影響が極めて大きい戦役である。国家と民族の生死存亡に関わるこの血なまぐさい戦役において、中国アメリカ同盟軍と愛国華僑と龍陵の各民族の人民は団結し心を一つにして勇敢に闘い、血と生命をもって愛国主義と民族主義の頌歌《しょうか》（賛歌）を紡ぎだした。彼らの成し遂げた成果と精神は、各党派団体や各社会階層に属する全ての中国人民の支持と敬愛を勝ち取った。

龍陵を奪回したあと、滇西に構築された日本軍が頼りにする強固な陣地を全て攻略し、日本侵略者を芒市の線まで潰走させる。それ以降は、危なげなく守りぬくことができた。こうして滇西抗戦に勝利し、支援物資を運ぶ街道を開通させ、抗日戦争勝利のための中国における物資の基盤を安定させた。

前事不忘後事之師（過去を忘れず将来の師とする）。多数の抗日軍民が血をもって創り上げた愛国愛郷精神を私たちは永遠に銘記し、中華の振興と人類の平和と発展のため、それぞれの力量を捧げよう」。

抗日戦争勝利を偉大な成果だとたたえ中華民族の団結を人々に訴えかけるのは、中国各地にある抗日戦争記念館などの施設と同様だ。そして、その中で、中国アメリカ同盟軍と同列に「愛国華僑」と「龍陵の各民族の人民」の名を列挙し、その勇敢な闘いを讃《たた》えていることに留意しておきたい。

薫家溝《くんかこう》日本軍慰安所旧址

龍陵抗日戦争記念館（記念広場）を午後五時二〇分過ぎに出た私たちは、雲南戦に従軍した元日本兵たちが戦後に龍陵を訪れるときによく利用した龍陵飯店（ホテル）の近くを通り、薫家溝日本軍慰安所旧址の近辺に三分ほどで到着する。

その辺りは昔から普通の住宅街だったところだと思われ、家屋が雑多に軒を並べる中にある人が歩くだけの狭い路地を通り駐車場所から慰安所旧址まで歩く。その慰安所旧址の隣で、見上げるほどに巨大な高層ビルの建設工事が進んでいる。家屋が雑多に軒を並べる閑静な住宅街も、もうしばらくすると、現在の中国のどこにでもあるような新しいビル群が建ち並ぶ「近代的」な地域に変貌してしまうのだろう。

それで、薫家溝《くんかこう》日本軍慰安所旧址の周囲は、上部に黒い瓦屋根を被せた白い壁で囲まれていて、小さいながらも寺院の山門のように見える門が入口だ。その門の脇の白壁に、「全国重点文物保護単位／松山戦役旧址（之薫家溝日本軍慰安所旧址）／中華人民共和国国務院二〇〇六年五月二十五日公布／雲南省人民政府二〇一〇年一月立」と刻まれている。そして、その隣に、次のように説明文が刻まれている。

「説明　／　薫家溝日本軍慰安所旧址は松山戦役旧址の一つであり、龍陵老城区薫家溝にある。建物は一九二一年に建てられたもので、敷地面積は八四二一平方メートル、建築面積は三六七平方メートル、大小の部屋が全部で二三間ある。構造は緻密で、民国時代の典型的な『走馬串各楼』四合院民家建築である。

一九四二年に日本軍が龍陵を占領したあと、この民家は強制的に接収され『軍人服務所』＝慰安所にされた。薫家溝日本軍慰安所は、戦時の龍陵城（町）で最大の日本軍慰安所である。同時に、日本軍『慰安婦』

の『輪訓』（代わる代わる順番に訓練する）基地でもあった。

一九四二年から一九四四年の間、ここには、日本軍により拉致され連行されてきた日本・韓国・中国および東南アジア各国の数十名の『慰安婦』が長期にわたり収容された。これらの『慰安婦』は毎日ここで日本軍将兵のための淫楽に供され、日本軍性奴隷にされた。そして、その罪証を隠匿するため、一九四四年に中国遠征軍が龍陵を奪還する前に日本軍は、ここに収容していた全ての『慰安婦』を銃殺するかあるいは服毒を強要し殺害した。現存する慰安所旧址と、旧址内に保管している日本軍慰安婦制度に関わる陳列品は、日本軍国主義による反人道罪行の重要な証拠である。

保存範囲＝東は、この建物の外囲い（塀）から五メートルの董家溝の溝を境界とする。南は、董桂鶴戸の雨水を流す溝を境界とする。西は、この建物の雨水を流す溝から一〇メートル先の田久谷戸地を境界とする。北は、馮樹芬戸《ひょうじゅふんこ》の雨水を流す溝を境界とする。建築制限地帯の境界は、保存範囲から二〇メートルまでとする。／　二〇一〇年一月」。

董家溝慰安所旧址の保存範囲と建築制限地帯は定められているようだが、そのすぐ隣で建設工事が進行中の、見上げるほどに巨大な高層のビルがもたらす圧力（圧迫感）は甚だしく強烈だ。経済最優先の現在の中国では景観も何もあったものではない。

さて、外囲いの塀に設けられた寺院の山門のような門を通り抜け四合院住居の壁沿いに先に進み、住居本体の入口から建屋内に入ると、「慰安所規定」を記した木製の大きな掲示板二枚が吊り下げられている。それは、日本語の掲示板と中国語の掲示板の二枚だが、董家溝慰安所で実際に使用されていた本物の掲示板を模倣し現在の観覧者のために新たに製作されたものだろう。そのうち中国語の掲示板には次のように記されている（青木訳）。

「慰安所規定
一、本慰安所は、陸軍軍人と軍が招聘する者だけが入場できる。入場者は慰安所入場許可証を持参すること。
二、入場者は名前を記入し費用を支払わねばならない。そうして、入場券と避妊具（コンドーム）一つを受け取る。
三、入場券の価格は、下士官・士官と軍の招聘者は二元。
四、入場券は当日だけ有効。未使用入場券は払い戻しできる。ただし、慰安婦に渡した入場券は払い戻し不可。
五、入場券を購入した者は、指定された部屋に入室しなければならない。時間は三〇分とする。
六、入室と同時に入場券を慰安婦に渡さねばならない。
七、室内は飲酒禁止。
八、終了したら、すみやかに部屋を出ること。
九、規定違反および軍の風紀を乱す者は退場しなければならない。
十、避妊具（コンドーム）を使用しない者は、慰安婦との接触を禁止する。
十一、入場時間＝『士兵（一般の兵士）』（注＝掲示板が黒ずんでいて判読は難しいが、日本語の掲示板には『兵士』と明瞭に記載されている）は午前一〇時から午後五時まで、下士官および軍の招聘者は午後一時から午後九時まで」。

一方、日本語の掲示板は、意味不明のでたらめな言葉づかいが散見されるうえに、「費用（料金）」を「コスト」、「入場券」を「チケット」などと記している。つまり、中国語の掲示板の文面が先にあり、それを、日本語に習熟していない今風《いまふう》の人が怪しげな「日本語」に「翻訳」したということなのだろう。

薫家溝日本軍慰安所旧址（四合院住居の中庭）

龍陵で最大の日本軍慰安所。日本・韓国・中国と東南アジア各国の数十名の性奴隷被害者が収容された。

それで、日本軍性奴隷制度に関わる問題について私は不勉強なのであれこれ言う資格はないが、元々は日本語で書かれた慰安所規定を見学者（観覧者）のために中国語に翻訳して作成されたと思われる慰安所規定に対し幾つか疑問に思うことはある。例えば、規定第三項は入場券の価格を示しているが、一般兵士の場合の価格は明示されていない。日本語の原文を中国語に翻訳する段階で抜け落ちてしまったのではないかと思われる。さらに、入場券代が「二元」（中国元）というのは「二円」（日本円）の誤りではないのかと思う。また、士官と同じ料金で入場できる軍の招聘者とはどういう人物なのだろう。そして、規定第一項で慰安所入場許可証を持参することとされているが、士官・下士官であっても入場許可証が必要だったのだろうか。

慰安所規定が掲げられている入口を通り抜けると、四合院様式の住居の中庭に出る。中庭は一〇メートル四方ほどの正方形で、その周囲を二階建ての建物が片仮名の「ロ」の字形に取り巻いている。二階部分の中庭に面する側には廻廊が設けられ、廻廊を取り巻くように各部屋が並んでいる。そんな様式の木造のこの四合院住居は、当時の富豪が建てた格式がかなり高い建物のようだ。

この建物内に大小の部屋が二三間（館内の展示パネルによると三〇間）あるようだが、それぞれの部屋に、当時の写真や模写図（マンガ）や図表や説明文を掲載している展示パネルがビッシリと並べられている。また、当時実際に使用された道具や家具や器物なども展示されている。それらの中で目に付くものを順不同で挙げておく。

当時の写真を含む多様な写真では、日本軍が侵攻した雲南西部の各地に開設された慰安所（建物）の写真や大勢の性暴力被害女性の写真がたくさん展示されている。その中には、衣服を身に付けていない裸体で撮影された女性の写真や、日本軍に殺害された後に撮影された被害女性の遺体の写真も少なくない。

遺品や器具では、性暴力被害女性（「慰安婦」）の身体検査に使用された検査台が展示されている。四五度以上に傾いた背もたれを備える木製の椅子状のもので、性暴力被害女性を座らせ「検査」する時に使用したものだ。

まとまった解説としては滇西抗戦を説明するものがあり、滇西抗戦を戦う中国軍と日本軍の当時の写真がたくさん使用されている。また、日本軍性暴力を主題とする展示館としては不可欠となる、日本軍性奴隷（「慰安婦」）制度の起源・確立・発展そして消滅に至る歴史もていねいに説明されている。

このように、たくさんの部屋のそれぞれにびっしりと展示がなされているが、朴永心《パクヨンシム》さんと李連春さんの二人の性暴力被害者は、多くの写真に加え、何コマかのマンガとマンガ絵に添えられた解説でそれぞれ説明されている。そのうち、朝鮮人の性暴力被害者であり、日本兵専用の性奴隷として日本軍拉孟（松山）陣地内に拉孟守備隊の全滅寸前まで監禁されていた朴永心（注03）（朴英深）さんについては特に注目しておきたいので、各マンガ絵の夫々に付されている説明を順に確認しておこう。

「朴永心さん

一、朝鮮は、日本軍国主義から過酷な被害を受けた国であり、日本軍が『慰安婦』を最も多く徴集した国である。朝鮮籍の『慰安婦』は一四万人になる。

二、一九二一年一二月、朝鮮平安南道浦市江西区域石二洞の普通の家で一人の女の子が生まれ、朴永心と名付けられた。

三、幼い頃に母を亡くした朴永心は、一四歳のときに后浦の縫製工場で働くことになる。朴永心は活発明朗で歌も踊りも上手なので同僚から愛された（かわいがられた）。

四、一九三八年、日本の警察は『女性公務員募集』と偽り朝鮮で『女性作業員』を募集した。

五、そのとき、一七歳の朴永心と、その他の一六名の朝鮮の娘たちもだまされ、その年（一九三八年）の三月に中国の南京利済巷慰安所にまとめて連行された。

六、朴永心は、南京に連行された最初の日の夜に日本軍軍官に強姦された。

七、中国の南京利済巷慰安所で朴永心は歌丸という名前を付けられ、部屋の門札は一九号とされた。この時から、彼女の三年近くにわたる苦難の歳月が始まる。

八、太平洋戦争の拡大に伴い、一九四二年の初めに朴永心と他の仲間は海を渡り、ビルマのラングーン（現ミャンマーのヤンゴン）に連行される。当時、ラングーンの『慰安婦』は二二〇〇人以上になる。

九、ほどなく、朴永心と二二名の仲間は、曲折を経たのち（中国の）龍陵薫家溝に連行される。薫家溝では、日本人が朴永心に若春という芸妓名を付けた。

十、龍陵薫家溝慰安所で朴永心は日本軍兵士による侮辱と蹂躙を受けた。

十一、一九四三年一一月に騰冲と龍陵の両地で『慰安婦』の大規模な取り替えが行なわれ、朴永心は交替で騰冲商会大院慰安所に連行される。ほどなく朴永心は日本軍軍曹・谷欲介の子を宿した。十二、理性を失い狂人じみた言動をする日本軍は、朴永心とその他数名の『慰安婦』の裸体を騰冲の熊家写真館で写真撮影した」。

このあと、朴永心さんは、龍陵や騰冲などの町の中に設営された慰安所から、町から遠く離れる険しい山岳地に造られた日本軍拉孟陣地（松山陣地）に連行される。そして、一九四四年九月七日に日本軍拉孟守備隊が全滅する直前まで拉孟の日本兵の専用性奴隷として拉孟陣地内に監禁されることになる。

それで、残念なことだが、朴永心さんに関する一三コマ目以降のマンガとその説明が展示されているのかどうかを確認しないまま、時間の制約に追われ展示室を出てしまった。そして午後六時に私たちは薫家溝を後にする。

日本軍第五六師団歩兵団司令部跡

午後六時に薫家溝の慰安所旧址を出た私たちは、数分もしないうちに、白塔村にある龍陵県幼稚園白塔分園の前に到着する。そこでバスを降り、幼稚園の脇（横）の路地を通り、その先のやや長い階段を上り、幼稚園の背後にある一寸《ちょっと》した高台の中段に出る。周辺より少し高くなっているそこから白塔村の街並を見下ろすことができる。

さて、三階建てと四階建ての幼稚園の建物（園舎）の裏側を通る路地を挟んで幼稚園と反対側に、セメントで上塗りされた高さ三メートル・長さ三〇メートルくらいの石垣がある。その石垣の中央部に階段が設置されていて、階段を上ったところに大きな古い民家がある。この民家が、日本軍第五六師団歩兵団司令部と

日本軍第五六師団歩兵団司令部跡
高さ3メートルほどの石垣（セメント壁）の上に、司令部として使用された民家がある。

して使用された建物だ。長い石垣の中央部にある階段の脇に、古めかしく見える石造りの大きな碑が設置してあり、「雲南省重点文物保護単位／（大きな文字で）龍陵日本軍罪証遺跡／（やや大きな文字で）日本軍司令部旧址／雲南省人民政府二〇〇三年十二月十八日公布／龍陵県人民政府立」と刻まれている。

しかし、この民家が日本軍司令部旧址であることを示すものは、この石造りの碑以外には何も見当たらず、当該の民家が史跡として整備され公開されているわけでもないようだ。石垣の上部の塀などは手作業で多少は補修もされているようだが、古くからある民家がほぼ当時の姿のまま残されているように見える。

この民家（史跡）の敷地と隣の建屋の敷地の境になる位置の路地の両側に、黒っぽい石造りの狛犬《こまいぬ》と大きな白い門柱がそれぞれ設置されている。そして、狛犬と門柱の先に、相当に大きい二階建ての建物がある。その建屋の中央にある入口の門の上部に、金色の文字で「趙氏宗祠」（趙家の祖廟）と刻まれる大きな重厚な額が掲げられ、通路に面した壁に黒い文字で「龍陵趙氏教育基金会」と記される白地の看板が設置されている。趙家は地元の「名門」なのだろう。この「趙氏宗祠」にも、雲南戦あるいは龍陵会戦の犠牲者が祀られているのかもしれない。そして、日本軍司令部旧址の民家の隣にある「趙氏宗祠」の建物が派手で目立つので、こちらが雲南省重点文物保護単位に指定されている日本軍司令部旧址だと一時は勘違いしてしまっていた。

白塔小学校（注04）

日本軍第五六師団歩兵団司令部として使用された民家のすぐ前に二〇一九年二月の時点で存在しているのは龍陵県幼稚園白塔分園だ。三階建てと四階建ての園舎（校舎）の外壁は小豆色と黄土色と白色に塗り分けられ、園舎の前にかなり広い園庭（運動場）が広がっている。そして、もともとこの施設は、雲南戦を戦い生き延びた元日本兵と、雲南戦で死亡した日本兵の遺族や関係者らが募金を集めて建設を進め、一九九八年一一月三日に白塔小学校として竣工させたものだ。

それで、かつて龍陵の白塔村には多くの知識人や文化人が暮らしていて「文化村」と呼ばれていた。その白塔村で、雲南戦により龍陵を占領した日本軍は大規模なスパイ狩りを行ない、日本軍の憲兵らが多くの住民を虐殺した。そのため白塔村では反日感情がとりわけ強い。その白塔村に、雲南戦を戦った元日本兵の生き残りと死亡した日本兵の遺族らが、贖罪の気持ちを込めつつ将来の遺骨収集の実現を願って小学校を建設したのだ。

しかし、白塔小学校の建設から一四年後の二〇一二年五月に、元日本兵と遠藤美幸さんらが白塔村を訪れたときには「小学校の建物は民間企業に売却され、校庭中央の国旗掲揚塔の礎石に記された『日中友好』の

白塔小学校（龍陵県幼稚園白塔分園）

元日本兵らが寄贈した白塔小学校は、何も知らされないまま民間企業に売却され、今は幼稚園になっている。校庭（園庭）の先に白塔の集落が広がる。

文面は赤茶色のプレートで覆われていた。小学校売却の事実は、日本側の関係者には何も伝えられていなかった」(注05)。

それが、今回の訪問時には幼稚園に変わっているのだ。どのような事情があるのかは、日本側の関係者にも遠藤美幸さんにも分からない。雲南戦で死亡した日本兵の遺骨の収集が実現することを期待する元日本兵と遺族らの願いが白塔村や中国の人々に受け入れられるのは何時のことになるのだろう。はたして、その日は来るのだろうか。

さて、龍陵県幼稚園白塔分園の前にある通りは何となく賑やかなところで、小さな商店の前で立ち話をしているなど地元の人らがけっこうたくさん通りに出ている。薪や野菜を積んだリヤカーを引いて歩く初老の男性も、白塔村のこの街並に違和感なく溶け込んでいる。道端には、リヤカーのような荷台を農耕用の小型のトラクターで引っ張るように改装した「荷物車」や、日本の軽自動車より二回りくらい小さい三輪自動車や、簡便な屋根を架装したバイク（小型の二輪車）などが停まっている。数十年前の日本もこんな様子だったのだろうと思わせる情景だ。

龍陵から芒市へ

午後六時二〇分に龍陵県幼稚園白塔分園の前を出発し、数分で高速道路の入口を通過する。すると、本線に入る前にバスは駐車場に停車させられ、警察の検査を受ける。この先はミャンマーとの国境に近い地域であり、麻薬の密輸を防ぐのが検査の主な目的とのことだ。外国人（日本人）はパスポートを提出し、中国人も全員が身分証明書を提出する。この検査は数分で終わり、特に何事もなくバスは無事に発車する。この先は、ミャンマーとの間に長い国境があり、国境付近の集落に暮らす人は国境を越えて中国とミャンマーを自由に往来しているとのことだ。

龍陵を後にし芒市に向かった私たちは午後七時に芒市インターチェンジで高速道路を降りる。そして、それから一〇分ほどで、芒市郊外のタイ族が住む地域にあるタイ族様式の料理を提供する食堂に到着し、そこで夕食をとる。食事の途中で、タイ族の民族衣装を身に付ける（おそらく）タイ族の女性二人と男性三人のグループが民族の歌を披露してくれる。楽器を一切使わない肉声だけの歌だ。のびやかな歌声でリズム感が良く心地よい。

そして、この日は芒市にあるホテルに泊まる。

芒市の滇西抗日戦争記念碑

本節の冒頭で芒市について簡単に振り返っておこう。それで、ビルマから中国雲南に侵攻し一九四二年五月に芒市を支配した日本は芒市市街に第五六師団司令部を設置し、芒市を雲南戦を戦うための「大本営」とした。しかし、それからおよそ二年後に反撃に転じた中国は、芒市の東方に位置する龍陵を一九四四年一一月初めに奪還し、そのまま芒市に向かう。すると、日本軍第五六師団長の松山佑三中将は、危機が差し迫る前に芒市を放棄することを決断し、中国軍と交戦する前にビルマ国境地帯まで撤退した。

さて、訪中六日目の二月二五日は、芒市のホテルを午前八時四五分に出て、うっそうとした森の中にある滇西抗日戦争記念碑が建立されている公園に一〇分もしないうちに到着する。滇西抗日戦争記念碑は、二メートルくらいの高さまで石材を積んで造られた二〇メートル四方ほどの正方形の大きな舞台の上に建立されている。そして、記念碑自体も、二層の台座の上に主塔が伸びる巨大なもので、二層の台座を含め高さは二〇メートル近くありそうだ。

その記念碑主塔の正面側に黒字に金色の文字で「滇西抗日戦争記念碑」と大きく刻まれている。また、下段側の台座の四面全てに黒い石の銘板が夫々埋め込まれていて、夫々の銘板に、「滇西抗日戦争概述」「遠征軍ビルマ進軍および敵後方における人民抗戦の概略」「滇西抗日戦争主要戦役」「滇西抗日戦争記念碑再建記」という標題に続けてかなり詳細に説明文が刻まれている。そのうち「滇西抗日戦争記念碑再建記」に興味深いことが記されているので、その全文を確認しておこう（原文は中国語、青木訳）。

「滇西抗日戦争記念碑再建記　／　滇西抗戦は、中国抗日戦争における主要な戦役の一つであり、中国遠征軍と滇西各民族の同胞が血みどろになって戦い、甚大な犠牲を出しながらも偉大な勝利を勝ち取った。戦後、主要な戦場のそれぞれ全てに塔を建立し（戦勝を）記念した。芒市だけでも記念塔を三座建立している。一つは三棵樹に、一つは団結大街の中段に、一つは紅崖山の山頂に建立された。

それから長い年月を経たことと様々な歴史が原因となり記念塔は全てが破壊され、その多くが跡形もなく

芒市の滇西抗日戦争記念碑

1945年に建立された記念塔は文化大革命時に破壊されてしまったが、当初のものよりはるかに巨大な記念碑が1990年に再建された。

なってしまい何も存在していない。かろうじて紅崖山だけは、破壊された記念塔の断片が今も残されているが、（他所では全ての痕跡が）荒野のヨモギ（草原）の中に埋められてしまった。

各界の人士は、記念塔再建の意見を早くから持っていた。そして一九八九年四月に、中国人民政治協商会議徳宏州委員会の第六期第二回会議で滇西抗日戦争記念碑再建の決定を打ち出す。そのあと、徳宏州政治協商会議と潞西県政治協商会議は合同で準備委員会を立ち上げ、設計企画案を募り、必要な経費を調達し、再建場所を選定し、各種の手続きを処理し、その年（一九八九年）の初秋に準備作業は軌道に乗る。そして一〇月初めに主たる碑の建設に着手し、一九九〇年の晩春に落成し除幕された。

記念碑再建の動きは徳宏州と潞西県の共産党委員会と政府から強力な支持を受け、各企業や職場および各界人士の尽力と支援を得た。徳宏州政府は六万元を拠出し潞西県政府は二万元を拠出し、各界から一〇万元の寄付が寄せられた。（滇西抗戦）当時、遠征軍第十一集団軍総司令だった全国政治協商会議常務委員の宋希濂先生が直筆で碑名を揮毫し、地元の人で辛亥革命元勲である李根源先生の抗日詩作を全国人民代表大会常務委員会副委員長の楚図南が揮毫した。これにより記念碑に光彩が添えられた。これに対し本会は他（の支援）と併せて感謝し、寄付を寄せたそれぞれの組織および個人に対し、既に別に碑に刻み謝意を表わしている。記念碑が落成し（再建されたので）、世の人々は（再び記念碑を）仰ぎ見ることができる。心を尽くしてこの碑を大切にし、永久に残し、もって愛国の忠魂をなぐさめ後世の子孫に伝えることを参拝者各位に願う。／一九九〇年四月」。

この「記念碑再建記」には、戦後の早い時期に建立された滇西抗戦に関わる数多くの記念塔は、建立されてから長い年月を経たことと様々な歴史が原因となり全てが破壊され、その多くが跡形もなくなってしまったと簡略に記されている。このあたりの事情について、騰冲在住のガイドの李永結さんは次のように説明してくれる。

中国遠征軍第一一集団軍が一九四四年に龍陵や芒市を解放し（日本軍を追放し）、一九四五年に記念塔が建立された。しかし、文化大革命時に記念塔は破壊されてしまった。国民党が成し遂げた滇西抗戦の勝利を（当時の）中国共産党は気に入らなかったようだ。しかし、その後に抗日戦争が再評価され、一九八九年に芒市の記念塔の再建が決定し一九九〇年に竣工した。最初の記念塔は小さなものだったが、再建時には巨大な記念碑が建立された。そして、滇西抗戦勝利は、もともとは第一一集団軍が勝ち取った成果とされていたが、抗日戦争の再評価により、中国軍将士・同盟国軍将士・遊撃隊官兵・南洋華僑機構・各民族人民の共同の成果とされた。

李永結さんはこのように説明してくれた。李永結さんが説明してくれた滇西抗戦を勝利に導いた各民族人民ら五者の名は、「英勇犠牲」「永垂不朽」という言葉を添えて、記念碑主塔の一面に黒地に金色の文字で大きく刻まれている。

最後に訪中団一行は、滇西抗日戦争記念碑に備えられている献花台の前に並び、雲南戦の犠牲者を追悼し黙祷する。そして午前九時半に滇西抗日戦争記念碑を後にする。

芒市の日本軍第五六師団司令部跡

滇西抗日戦争記念碑が建立されている公園を出てから数分で、現在は芒市の中心地になっている日本軍第五六師団司令部跡に到着する。しかし、そこには、芒市人民政府あるいは中国共産党芒市委員会などの何棟もの新しい建物などが建っていて、日本軍司令部が設置されていた当時の面影はほとんど残されていない。とはいえ、その中心地の一角にある公園の脇に、全面をコケで覆われるコンクリートの塊のような直方体の構造物が残されている。かつての日本軍のトーチカだ。そのトーチカの前に、「徳宏州重点文物保護単位／（赤塗りの大きな文字で）日本軍トーチカ／徳宏州人民政府交付二〇〇九年九月一日／徳宏州文物管理所立二〇一三年十二月十二日」と刻まれる石碑と、日本軍トーチカの説明を刻む石碑が設置されている。その説明は次のように記されている。

「侵華日軍トーチカ（中国を侵略する日本軍のトーチカ）／日本軍トーチカは、中国共産党芒市委員会敷地内と徳宏州教育局家族区内の二カ所に現存している。この二つのトーチカは、いずれも、芒市に駐屯する日本軍第五六師団が一九四二年に構築したものである。二つのトーチカはどちらも鉄筋を用い、セメントと砂利を型に流し込んで作られた。

中国共産党芒市委員会敷地内にあるトーチカは長方形で、長さ五・五メートル、幅三・四メートル、面積一八・七平方メートル、高さ二・五メートル、壁の厚さ〇・六四メートルである。南側面に入口があり、その他に各面に、合わせて五カ所の円形の通気口が設けられている。このトーチカには射撃口が無いので、日

日本軍トーチカ

日本軍第56師団司令部跡に残る直方体のトーチカ。射撃口が無いので、指揮所あるいは通信所だったと推測される。

本軍の指揮所あるいは通信所だったと推測される。

徳宏州教育局家族区内にあるトーチカは八角形で、その八面は全て辺長一・五五メートル、高さ一・八五メートルであり、敷地面積は一五平方メートル、壁の厚さは〇・三四メートルである。出入口がある北側面以外の七面全てに長方形の大きな射撃口が設けられ、さらに八つの角にも長方形の小さな射撃口が設けられている。大小の射撃口は全部で一五カ所になり、三六〇度全てに射撃死角は無い。

二つのトーチカの（間の）直線距離は約一五〇メートルで、相互に頼り合い援護し合う形になっている。この二つのトーチカは、日本軍による滇西地区侵略の重要な歴史罪証であり、滇西抗戦史研究の重要史跡であり愛国主義教育基地である。二〇〇八年一一月四日に潞西市文物保護単位として公布。二〇〇九年九月一日に徳宏州人民政府により州級文物保護単位として公布。

保護範囲＝トーチカ本体の外壁から東西南北とも二メートルまでを保護範囲とする。

建築制限地帯＝保護範囲の外側三メートルまでの区域を建築制限地帯とする」。

この説明を刻む石碑のすぐ側《そば》に、「潞西市文物保護単位／（大きな文字で）芒市・日本軍罪証遺跡／芒市駐留敵（日本軍）五六師団トーチカ／潞西市人民政府立二〇〇六年六月十日」と刻まれる黒い石碑も設置されている。（補足―説明を刻む石碑には「二〇〇八年一一月四日に潞西市文物保護単位として公布」と記されている。この黒い石碑に記される二〇〇六年六月一〇日建立という日付とは整合しない。）

そこから細い路地を通り先に進むと、徳宏州教育局家族区内の雑多な住宅（官舎？）に囲まれる広場（駐車場？）があり、その片隅に八角形の日本軍トーチカが残されている。そのトーチカの前に、中国共産党芒市委員会と芒市人民政府が二〇一七年一一月八日に合同で設置した、金色の文字で「侵華日軍トーチカ」と刻まれる新しいピカピカの黒色の石碑が置かれている。その裏面に記されている説明の内容は、先に確認した長方形のトーチカの脇にある石碑に記されている説明とほぼ同じだが、日本軍第五六師団は、芒市に置いた司令部の周辺にたくさんのトーチカと地下道を構築したということも刻まれている。

それで、八角形のトーチカは高さ一・八五メートルだと石碑（解説板）に記されているが、実際に目の前にあるのは、高さ一・八五メートルの八角形（八角柱）のコンクリート製のトーチカの上に、トーチカと同じ大きさの八角形（柱）状に赤レンガを一・七メートルほど積み上げ八角形のコンクリート製の屋根を被せた「部屋」が載せられているものだ。赤レンガを積み上げて作られている部分（「部屋」）は、芒市が解放された後に増設されたものだと思われるが、このことに関わる経緯《いきさつ》は説明文には特に記されていない。

二つの日本軍トーチカを確認したあと、芒市人民政府の周辺をしばらく散策する。長方形のトーチカの前にある公園には大小の樹木がたくさん生い茂っていて、その中には、直径二メートルくらいで高さが三〇メートルほどもありそうな巨木も立っている。その巨木に、二〇一〇年六月付の銘板が掲げられていて、樹名は爪哇《そうわ》木綿で樹齢六〇年と記されているが、二〇一九年二月の時点で樹齢約七〇年というのはにわかには信じれない見上げるような巨木だ。

芒市人民政府の正面には、大きな寺院の南大門を想わせるような立派な正門があり、その正門に据え付けられた電光掲示板に、「貧困を脱し、民生の恵みに向け攻勢に出る。共同富裕・中流生活に疾走する」というような標語が掲示されている。その正門の前を通る道路沿いに食堂や商店が建ち並んでいる。その並びの中に音楽教室のようなところがあり、十人くらいの少女が女性の教師に指導され、日本の琴のような楽器の演奏を練習している。

芒市ホテルの広い庭園には、「一九五六年に、中国・ビルマ両国の辺境に住む民族が周恩来総理と交流し植樹した」と記される石で造られた新しいピカピカの銘板が設置されている。芒市ホテルの庭園にある大木のうちの何本かが、その時に植樹された樹木なのだろう。芒市人民医院の前に広がる広大な庭園には、赤や黄色の花が咲きほこっている。しばらくブラブラと散策しただけでの印象だが、日本軍が雲南戦を戦うための「大本営」を設置した芒市のこの辺りにも、その痕跡はあまり残されていないようだ。

芒市から騰冲へ

午前一〇時半過ぎに芒市を後にし、高速道路を利用して騰冲に向かう。それで、芒市の標高は一〇〇〇メートル程度であり、そこから標高一六四〇メートルほどの騰冲まで基本的には順々に高度を上げながら高原を突っ切ることになるが、快適な高速道路から見えるのは延々と続く山々と、そこに深く刻まれる数々の渓谷だ。トンネルを抜けると、深くて険しい渓谷に架かる橋があり、橋を渡るとすぐまたトンネル、そして橋と続く。雲南は山の国だと実感する。その山々の緑は豊かだ。そして山並みがどこまでも続く。

李永結さんと馬鋭敏さんと李秉剛さん

雲南を案内してくれた李永結さん（左）と馬鋭敏さん（中）と李秉剛さん。龍江大橋にて。

午前一一時四〇分に、巨大な吊り橋である龍江大橋の北側（騰冲側）の主塔の近くに整備された駐車場に入り、しばらく休憩する。龍江大橋の長さは二四〇〇メートルで、橋を吊る主塔は見上げるほどに巨大だ。そして、橋梁本体の二八〇メートル下を大河・龍川江が流れている。この大河が造る大峡谷に落ち込む崖の際まで遊歩道が整備されていて、駐車場から龍川江の流れが見えるところまで散策することができる。その遊歩道は金網で周囲と仕切られているが、金網の外側に金網に沿って地元の人たちが屋台を並べ、焼き鳥やハンバーガーなどの手軽な食べ物や果物や土産物などを売っている。客とは、金網越しに商品と代金をやりとりする。

龍江大橋で二〇分ほど休憩したあと、山々の続く高速道路を再び走行し、一二時二〇分過ぎに騰冲インターチェンジで高速道路を降りる。それから数分後には騰冲市街にある食堂に入る。

来鳳山

騰冲は、二日前の二月二三日に国殤墓苑などを見て回ったところだが、この地に駐屯していた日本軍守備隊二〇〇〇名が中国軍の反撃を受け一九四四年九月一四日に全滅させられた滇西抗戦（雲南戦）の激戦地の一つだ。

その騰冲の市街にある食堂で昼食を済ませた私たちは、午後一時半に食堂を出て来鳳山に向かい、標高一八〇〇メートルくらいのところにある駐車場に一五分ほどで到着する。騰冲市街の南西側に位置する（そびえる）来鳳山の標高は一九二六メートルで、標高が一六四〇メートルくらいの騰冲市街地との高度差は三〇〇メートルほどだ。また、私たちが二日前に散策した和順古鎮は来鳳山の南西側に位置し、騰冲平原と和順平原の間に来鳳山がそびえるという位置関係になる。

それで、豊かな自然に恵まれる来鳳山は国家森林公園として保全されているが、雲南戦の中の騰冲戦役における激戦地の一つでもある。その来鳳山の山頂近くにある駐車場に解説板が設置されているので説明文を確認しておこう。

「滇西抗戦主戦場『来鳳山遺址』の簡単な紹介　／　日本は、第二次世界大戦（日中戦争?）時に中国の多くの領土と東南アジア各国を占領したあと、中国の海陸の交通を遮断し戦略物資の搬入を阻止する。中国は、陸路の国際街道（交通路）を新たに開通させるため、滇西の一〇〇万の民間人が協力し、全長九五九・四キロの滇緬公路を一九三八年にわずか八カ月の期間で建設し、抗日戦争に大きく貢献した。

一九四二年の春、日本はビルマ（ミャンマー）に侵攻する。中国政府は、滇緬公路の通行を維持するため、イギリス政府の要請に応え一〇万の遠征軍を迅速に派遣してビルマ支援に駆けつけ、日本軍に痛手を負わせた。しかし、（一九四二年）四月になると戦局は逆転し、中国遠征軍の一部は西方のインドに逃れ、一部は各地を転々としたのち中国に戻る。日本は、第五六師団の六連隊および第二師団と第一八師団の各部隊で中国西南の国境地帯に侵攻し、五月一〇日に騰冲を占拠する。そして、怒江より西側の中国国土は陥落した。

中国滇西の各民族の同胞は、陥落に甘んじることなく毅然と奮起してゲリラ戦を展開し、軍と協力し内なる漢奸（売国奴）を懲らしめ外なる強敵（日本軍）に対抗する。中国遠征軍は新任司令長官の衛立煌が一六万の勇敢な将士を率い、軍旗と軍鼓をかざして騰冲（滇西？）に馳せ参じる。そして、同盟国顧問団と陳納徳《チェンナードゥオ》飛虎隊空軍（アメリカ陸軍第一四航空隊司令官シェノート（陳納徳）が組織した航空部隊。『フライング＝タイガー（空飛ぶトラ）』の愛称で親しまれた）[注06]の支援を受け、中国駐インド軍のビルマ北部作戦と連携し、兵力を両翼に分けて一九四四年五月に大反攻を開始する。

それで、国土（滇西）を奪還するには、騰冲を奪回することが必要（不可欠）だ。しかし、明朝時代に建造された騰冲（騰越）古城は、青石で構築された高さ八・三メートル、幅六メートルの城壁が堅牢無比である。また、城外にそびえる最高海抜一九《マ》二《マ》一メートルの来鳳山が、騰冲城の天然の防壁になっている。

その来鳳山を、日本軍連隊砲兵中隊中隊長の成合盛大尉が率いる連隊砲兵中隊と歩兵第六中隊・第二機関銃中隊一小隊が占拠し、完璧に防御している。塹壕が縦横に掘りめぐらされ、トーチカが碁盤の目のように配置され、固い備えで来鳳山を死守することを企図している。[注07]『騰冲要塞は来鳳山を頼りにできる。象鼻陣地と営盤《インパン》陣地が左右を囲み、文筆陣地が鋼鉄の砦を築く。諸葛亮が発揮する神通力も及ばない』とかつて詩にうたわれた。

一九四四年七月八日、（中国軍）予備第二師団が来鳳山陣地に対し大規模な武力偵察を開始する。しかし、日本軍陣地は堅固で抵抗が激烈であるため、進展を得ることはできない。

七月二六日、中国遠征軍は第三六師団・第一一六師団・第一九八師団が強力な兵力を新たに配置して戦闘に加わり、予備第二師団が攻撃を主導し、緊密に協力し合いながら大砲を用い来鳳山に対し四方から猛烈な砲撃を加える。アメリカ軍第一四航空隊の五七機の航空機も来鳳山陣地に対し全面的かつ徹底的な爆撃と猛烈な地上掃射を行なう。一日に投下した爆弾は五〇〇〇発を超える。そのあと、中国軍歩兵が携帯する手榴弾・自動小銃・ロケット弾・火炎放射器により次々に（敵陣を）奪い取る。

二日間にわたる激戦の末《すえ》、敵兵（日本兵）一〇〇〇人余を殲滅し、中国軍は死傷将兵一〇〇〇名余を出しながら来鳳山を攻め落とした（七月二八日に攻略した）。この戦いで、大規模な戦闘において人類は初めて火炎放射器を使用した。

一九四四年九月一四日、二年四カ月四日にわたり占領されていた騰冲を、九月一八日（九一八事変＝柳条湖事件の日）の前に祖国人民の手中に最終的に取り返した。これは、中国が対日作戦中に初めて奪還した県城であり、日本軍守備隊を全滅させ初めて全面勝利を成し遂げた戦いである。

現在、来鳳山には、一号・二号・三号・四号陣地の遺構が良好に保存されている」。

このような説明文が記されている解説板が設置してある駐車場のすぐ近くに、鳳嶺坊という銘板を備える古い大きな石造りの門がある。門の正面側（手前側）に二頭の狛犬、門の裏側（奥側）に二頭の象の像を並べる立派な造りの門だ。

この鳳嶺坊という門の近くに「保山市市級文物保護単位／（大きな文字で）来鳳山抗日作戦遺址／保山市人民政府／二〇一六年二月二十五日公布／騰冲市文物管理所設置」と刻まれる真新しい石碑が設置され、その脇に、文筆坡戦場遺址について説明する石碑も設置されている。その説明を確認しておこう。

「文筆坡戦場遺址　／　文筆坡戦場遺址（がある地区）を日本軍は『白塔高地』と呼称し、中国遠征軍は五三〇〇高地と称した。一九四四年七月二八日午前、予備第二師団六隊が（日本軍から）奪還した。現在は、次の二カ所の遺跡が残されている。

文筆塔主戦場遺址＝日本軍環状主戦壕二条、交通壕三条、小銃機関銃射撃掩体《えんたい》(注08)三組二二座、兵員蔵（洞）

一カ所、地下隠蔽部三座、立哨所基礎一カ所、環状建築一カ所および射撃掩体四座、大型爆撃坑一カ所。その他に、中国遠征軍攻撃先頭作業坑三組二七カ所。

大偏坡尾根戦場遺址＝日本軍交通壕一条、戦壕一条、高射機関銃および小銃射撃掩体各一座、半地下型トーチカ七座、隠蔽部二座、大型地下兵舎一カ所、複合式地下兵舎五カ所、倉庫二カ所、散兵壕五カ所、アメリカ軍機投下爆弾坑二カ所。その他に中国遠征軍攻撃先頭作業坑一カ所」。

文筆坡戦場遺址について説明する石碑が設置されている辺りの樹木が生い茂る山中には、日本軍が構築した多数の塹壕や掩体《えんたい》やトーチカの跡がそこここに残されている。

さて、鳳嶺坊の門から先は幅の広い石畳の参道がほぼ水平にまっすぐに伸び、門から二〇〇メートルほど先に文筆塔と呼ばれる白い巨大な塔が見える。その参道の途中の左側に、大きな文字で「来鳳山抗日作戦写真展」と明示される展示板を先頭に幾つもの展示板がずらりと並んでいる。そして、何件もの説明文と多数の写真が掲示されている。そのうち、いくつかの主要な説明文を順々に確認していこう。

「序文（まえがき）／　来鳳山は騰冲城の南側に位置する。かつて鳳凰がここに飛来し生息していたので、その名が付けられたと伝えられている。昔の騰冲一二景の一つに『来鳳晴霧』という名称がある。山全体は、一頭の象が伏せているような形状をしている。騰冲平原と和順平原の間にそびえ立ち、標高は一九二六メートル。古来から、騰冲県城における戦略面から欠くことのできない軍事防壁になっている。来鳳山の山頂に立つと、騰冲平原と和順平原を見下ろすことができる。

日本は、一九四二年五月一〇日に騰冲を占領したあと、騰冲城を防衛するため来鳳山に防御陣地を構築する。中国遠征軍第二十集団軍は一九四四年七月に騰冲城の三面を包囲し、七月上旬から中旬に遠征軍予備第二師団が来鳳山に対し攻撃を開始する。そして、予備第二師団と第一一六師団と第三六師団を結集して来鳳山の敵（日本軍）に対し七月二六日に攻撃を開始した遠征軍は、七月二八日に来鳳山の日本軍守備隊を完全に殲滅した。

来鳳山抗日作戦に対する現在までの研究に基づき、収集した資料を統合し、二〇一四年一一月から二〇一五年二月にかけて来鳳山抗日作戦遺址に対し系統的な調査と整理を実施した。さらに、多方面から寄せられた意見を踏まえ、来鳳山山頂で来鳳山抗日作戦写真展を開催することを決定した。

来鳳山抗日作戦写真展
文筆塔に至る参道に長大な解説板が設置され、多数の写真が掲示されている。

写真展は、戦前の来鳳山、日本軍による来鳳山占領、（中国軍による）来鳳山反攻を主要な流れとし、来鳳山抗日作戦の残酷と惨烈を系統的に展示する。これにより、民族の団結力を高め、民族の自信と誇りを強め、平和を愛し戦争に反対することを後世の人たちに訴え、自らたゆまず励むことを次世代の人々に教える」。

「戦前の来鳳山　／　来鳳山は、九〇万年余前の火山噴火により形成された盾形の火山であり海抜は一九二六メートル。山全体は、一頭の象が伏せたような形状をしていて、騰冲市中部の騰冲平原と和順平原の二つの盆地の間に西北から東南に向けてそびえている。

来鳳山は、騰冲城における主要戦略面から欠くことのできない軍事防壁であり、かつて明朝の兵部（軍事や軍政をつかさどる中央官庁）大臣・王驤は来鳳山東南麓に軍隊を駐屯させた。清代の咸豊年間には、杜文秀の武装蜂起軍が来鳳山西北麓の営盘坡《インバンボー》に陣地を築き駐屯している」。

「敵（日本軍）来鳳山を占拠　／　日本侵略軍は、一九四二年五月一〇日に騰冲を占領したあと、来鳳山の有利な地形を利用し、文筆坡（主峰）・営盘坡・象鼻子・来鳳寺に桜・白塔・梅・松の四大陣地を構築する。堅固な堡塁群を山中に緻密に配置し、電流を流す三層の有刺鉄線網で取り囲み、火砲を濃密に配備し、糧秣《りょうまつ》と武器弾薬を地下に備蓄し独立作戦が可能な構成とするとともに相互支援の防衛体系も構築した。そして、騰冲の第一四八連隊直属砲兵中隊＝成合盛部隊（成合盛大尉を中隊長とする砲兵部隊）および歩兵第九中隊と第二機関銃中隊の各部、合わせて四〇〇名余を配置して占拠し、騰冲県城を長期に防衛し固守する作戦における主要な後ろ楯となる援護防壁とした。

日本軍はかつて、『騰冲要塞は来鳳山を頼りにできる。象鼻陣地と営盘《インパン》陣地が左右を囲み、文筆が鋼鉄の砦を築く。諸葛亮(注07)が発揮する神通力も及ばない』と詩を詠んだ」。

「来鳳山の反攻　／　一九四四年六月下旬、中国遠征軍第二〇集団軍は、怒江を渡り高黎貢山を突破したあと、左・中・右の三路に分かれて騰冲平原を包囲する。

七月上旬、予備第二師団の第四と第五の二隊を来鳳山の敵陣（日本軍陣地）に派兵し攻撃を開始する。そして激戦を繰り返したが、兵力不足と悪天候に加え、日本軍が騰冲城内から絶え間なく派兵増援するなどしたため、（来鳳山の）日本軍陣地を撃破するような戦果を挙げることはできなかった。

そのあと、予備第二師団と第三六師団が、西の和順方面と南の下綺羅方面の両方向から来鳳山山頂を攻撃する。同時に第一一六師団が、横方向の上綺羅方面から山腹の来鳳寺敵陣を攻撃し、来鳳山の日本軍と騰冲城本部の間の連絡を遮断する。

七月二六日、アメリカ同盟軍の航空機と地上の（中国軍）砲兵が、来鳳山山頂の文筆坡と営盤坡の日本軍主陣地に対し爆撃と砲撃を繰り返し実施したうえで、三つの師団の各部隊が協力して包囲攻撃する。そして、幾多の激戦を経て七月二八日に、来鳳山の四大拠点を死守する日本軍六〇〇人余のほとんどを殲滅する。こうして中国遠征軍は、将士（官兵）一〇〇〇人余の死傷という代償を払った末に来鳳山高地（戦略拠点）の支配権を手に入れた。

そのあと、（中国軍の）大部隊が四方から騰冲城を包囲し、日本軍第一四八連隊主力を殲滅するための強固な基盤を確立する。この戦いに際し、全ての民衆が自主的に砂嚢を背負い、銃弾を担ぎ、飲食を送り届けた」。

「結びの言葉　／　騰冲来鳳山抗日作戦遺址は一九八八年に県級文物保護単位として公布された。そして、文広局が調査作業隊を組織し、来鳳山抗日作戦遺址の『白塔陣地』『桜陣地』『梅陣地』の三大主陣地に対し、二〇一四年一一月から二〇一五年一月《ママ》にかけて調査と整備を実施した。調査整備面積は一〇万九六三二平方メートルであり、発掘整備した各種の戦場遺址は三六一カ所になる。

騰冲来鳳山抗日作戦遺址は、中国国内には残存数が少ない、文化遺産と戦争の歴史と自然景観を一体とする総合的歴史文化遺産の一つであり、軍事と人文および歴史に対し高い研究価値を有する。遺址の構成は典型的な地域性特徴と戦略性特徴を備え、とりわけ第二次世界大戦における滇西およびビルマ北部の戦場の研究に、現存する実物の事例（史跡）を提供している。　／騰冲市人民政府主管／騰冲市文化放送テレビ体育局設置／二〇一七年一二月三〇日」。

これらの説明文に続けて、当時の写真や地図や図表や資料などが夫々数多く掲示され、来鳳山をめぐる攻防のようすを理解することができる。それで、それらの写真の中に、ユニフォーム姿の日本人野球選手の写

文筆塔

1993年に再建された。騰冲の市街から文筆塔を眺めることができる。

真がある。プロ野球・巨人軍の第一期黄金時代に正捕手として活躍し、そのあと徴兵され騰冲で戦死した吉原正喜さんの写真だ。ともあれ、この「来鳳山抗日作戦写真展」の説明から、来鳳山の日本軍陣地が詳細に調査され整備されたのは二〇一四年一一月から二〇一五年二月（一月？）のことであり、「写真展」の展示板が来鳳山に設置されたのは二〇一七年一二月三〇日だということが分かる。本当につい最近のことだ。

鳳嶺坊の山門から文筆塔に至る参道の周辺には塹壕が網の目のように張りめぐらされ、掩体《えんたい》やトーチカや地下室や地下倉庫の跡が数えきれないほど残されている。その様子は、現場を覆い尽くす樹木の種類を除けば拉孟（松山）陣地と同じようだ。

さて、鳳嶺坊の山門から続く参道の突き当たりにあるのは文筆塔と呼ばれる巨大な塔で、建屋として建設されているように見える高さ五メートルほどの石造りの巨大な台座の上に、高さが三〇メートル以上はありそうな円柱形の塔が建立されている。その主塔の円柱部分の下側三分の一くらいは外壁の色が灰色で土台のような感じに見え、その上に、一〇層に区切られる白い色の塔が設置されている。それで、もともとの文筆塔は清朝時代の一八二七年に建立され、高さは一〇メートル程度だったようだ。それが、一九九三年に再建され、現在のような巨大な塔に作り変えられたとのことだ。

騰冲戦役における重要な戦場の一つである来鳳山の確認を終え、午後三時二〇分に来鳳山を後にし山を下りる。

一九八師団騰冲奪回、戦死将士記念塔

来鳳山を出てから一〇分ほどで、騰冲の市街地にある広い静かな公園に到着する。その公園の中央部の少し高くなっているところに石造りの大きな舞台があり、舞台の中心に少々古く見える記念塔（記念碑）が建立されている。その主塔にたくさんの文字が刻まれているが、文字を彫った刻み（溝）がかなり崩れているうえに記念塔全体が黒ずんでいるので読み取りにくくなっている。

一九八師団騰冲奪回、戦死将士記念塔

蔣中正（蔣介石）の言葉が刻まれる記念塔が「戦後」を生き延び、2005 年に保山市人民政府により重点文物保護単位に指定された。

その記念塔の脇に、白い石で造られた新しい銘板が設置され、「保山市重点文物保護単位／（大きな文字で）一九八師団騰冲奪回、戦死将士記念塔／保山市人民政府二〇〇五年五月三十日公布」と刻まれている。そして裏面に、記念塔に関する説明が次のように刻まれている。

「記念塔は、滇西抗戦の勝利に際し一九四五年に建立された。中国遠征軍第一九八師団が高黎貢山と騰冲城を奪回する作戦を遂行する中で犠牲になった将士を記念（追悼）するため建立さ

れたものである。レンガを用い、頂部を尖らせた四角錐状の形に積み上げられ、高さは七・一八メートル。蔣中正（蔣介石）・霍揆彰《かくきしょう》・闕漢騫《けつかんけん》らの言葉が塔身にはめ込まれ、関連する作戦計画と死亡将士名簿なども碑に刻まれている。この確かな根拠により、第一九八師団による騰冲作戦の経緯と成果を知ることができる。

保護範囲＝記念塔を中心に東は塔辺から五・三メートル、南は塔辺から四・二メートル、西は塔辺から七・四メートル、北は塔辺から一七メートル。建築制限地帯＝保護範囲の外側二〇メートルまで」。

さて、この日の朝に情況を確認してきた芒市では、日本軍を追放し芒市や龍陵を解放したあと一九四五年頃に建立された多くの記念碑（記念塔）は文化大革命時にことごとく破壊されてしまった。その理由は、国民党が成し遂げた滇西抗戦の勝利を、毛沢東が主導する中国共産党が気に入らなかったというようなことだった。

一方、騰冲にある一九八師団騰冲奪回戦死将士記念塔は、蔣中正（蔣介石）や霍揆彰《かくきしょう》（第二〇集団軍司令官として龍陵戦役で活躍し、後に中華民国陸軍中将）や闕漢騫《けつかんけん》（抗日戦の名将で、後に中華民国陸軍中将）らの言葉が刻まれて（はめ込まれて）いるのに、（理由は分からないが）文化大革命時に破壊されることもなくそのまま残され、二〇〇五年に保山市人民政府が重点文物保護単位として公布している。

それで、蔣中正（蔣介石）らの言葉が刻まれている記念塔を、中央（北京）政府の同意や指示を得ないまま保山市人民政府が重点文物保護単位として公布することは有り得ないと思われるので、二〇〇五年時点の中央政府（中国共産党）は、蔣中正（蔣介石）らの功績を消し去ることはしないと決めていたのだろう。

騰冲文廟（孔子廟）

日本軍憲兵隊司令部として使用された。中国軍と日本軍の激闘が残した傷跡が刻まれている。

騰冲文廟（孔子廟）

午後三時四〇分に一九八師団記念塔を後にした私たちは、一〇分もしないうちに、騰冲文廟の近くにある駐車場に到着する。それで、かつての騰越城の城壁は今ではほとんど残っていないが、その駐車場の近くに城壁の一部と騰越城の北門が現存している。釣り鐘状の形状の通路が通り抜ける城壁の上に、寺院の本堂を連想させるような二層（二階建て）の櫓《やぐら》を構える立派な門だ。そして、文廟に至る参道には、古い時代を感じさせる木造の建物が建ち並び、みやげ物や飲み物などを並べる売店や、ちょっとした料理を提供する食堂などが軒を連ねている。食事時《どき》でもなさそうなのに食堂で食事をとっている客も少なくない。

さて、騰冲文廟（騰冲孔子廟）は一四八〇年に建造されたが、創建当時の建物は一八六一年に戦禍で焼失している。現在の建物は一八七九年に再建されたものだ。そして、一九四二年五月一〇日に日本が騰冲を占領すると、文廟は日本軍憲兵隊司令部として使用され、文廟の前にあった池に、日本の憲兵隊に殺害された中国人の遺体が捨てられたとのことだ。

騰冲を占領し城砦の内外に拠点を構える日本軍に対し、一九四四年六月から中国軍が反撃に転じる。そして、徹底的に抗戦する日本軍に対しアメリカ軍の航空機も加わり爆撃や砲撃を加えたが、文廟の本堂などは被災を免れた。しかし、中国軍と日本軍の戦闘が残した傷跡は文廟の建物に現在もくっきりと刻まれていて、本堂をはじめとする文廟のいろいろの建物の壁や柱などに数多くの銃弾の跡がそのまま残されている。表面に見える銃弾の跡の奥には、その多くに銃弾そのものが残されたままになっているとのことだ。

また、本堂の奥（北側）にある二階建ての建物は日本軍慰安所として使用されたとのことだが、この建物も当時のまま残されている。そして、この建物の壁や柱にも多数の銃弾の跡が残されたままになっている。

さて、騰冲文廟は一九九八年に雲南省重点文物保護単位として公布されているが、私たちが訪れたときには大規模な再興工事が文廟一帯で進行中で、広い範囲で工事が行なわれている。そして、現在の文廟の建物群の南側に、石造りの新しい大きな門が既に完成していて、さらにその南側に、大きな池を備える広い庭園が再興されるようだ。工事の全貌は、境内に掲示されている再興後の文廟の完成予定図により把握することができる。

その騰冲文廟から、来鳳山の山中に建っている文筆塔がよく見える。そして私たちは午後四時半に文廟を出て英国（イギリス）領事館に向かう。

英国領事館

かつての騰越城は、高さ八メートルの城壁に囲まれる一辺の長さが一一〇〇メートルの正方形の城郭都市であり、城郭の東西南北に堅固な城門がそれぞれ設けられていた。そして、その西門に近いあたりの城郭の

英国領事館

騰冲戦役で日本軍守備隊が立てこもった際に中国軍が浴びせた銃弾の跡が数えきれないほど残っている。

外側に英国領事館が開設されていた。

さて、私たちが訪れたこの日の英国領事館の周辺は酷い交通渋滞に陥っていて、狭い道路を車両が埋め尽くしている。この辺り一帯で大規模な都市開発が行なわれているのが大渋滞の原因のようだ。午後四時半に文廟を出た私たちは、すぐ近くにある英国領事館の近辺まではどれほどの時間もかけずに来れたが、そこから目の前にある英国領事館にたどり着くのに十数分かかった。（補足＝このとき不動産開発会社が実施していた英国領事館周辺の工事は二〇二二年時点ではほぼ完了していて、大規模な住宅団地が建設された。）

一八九九年に竣工した英国領事館の本館は二階建てだが、一階と二階に夫々七部屋が並ぶ堅牢な石造りの重厚な建物だ。そして、本館と棟続きに石造りの別の建屋が続いている。それで、英国領事館の建物は解放後に補修（修理）されているが、「古いものを古いままに補修する」という文物修復の原則に従い元の姿をそのまま残しているとのことだ。

その英国領事館の建物の石壁に、一九四四年の騰冲の攻防戦で日本軍騰越守備隊が立てこもった際に中国軍が浴びせた銃弾の跡が無数に残されている。すさまじい量の銃弾が撃ち込まれたようだ。しかし、石で造られた堅固な建物は、原型というかその外形をしっかりと留めている。建物を大きく破壊するような大砲などは使用されなかったということなのだろうか。

それで、これらの建物の周囲は工事中のようで、本館正面の庭園に相当するところは土がむき出しになっていて、ガレキや土砂が大量に積み上げられている。しかし、工事が現に行なわれているようには見えず、作業自体は中断されているようだ。また、英国領事館の本館など建物本体は閉鎖されていて、建屋内に立ち入ることはできない。

英国領事館は雲南省文物保護単位に指定されて保護され、周辺に保護範囲が設定されている。しかし、ここが英国領事館であることを示すものは、建物の脇に設置された「英国領事館」と刻まれる石碑だけだ。このあと、おそらく、騰冲戦役の史跡として整備されることになるのだと思われるが、騰冲在住のガイドである李永結さんにも詳しいことは分からない。（補足＝二〇二二年時点で英国領事館の周辺は工事中のままであり、領事館本館など建物自体は閉鎖されていて建屋内に立ち入ることはできない。二〇一九年時点の情況から工事や整備の進展はほとんど無いようだ。）

それで、私たちが英国領事館に到着する直前に突然雨が降り始め、やがて強風が吹き荒れ雨が強く降りつけ周辺と空が暗くなった。そして、午後五時頃に私たちが英国領事館を出ると雨と風はすぐに収まり、空は元のように明るくなった。雲南戦あるいは騰冲戦役で犠牲になった将兵の悲憤がこの突然の嵐を呼んだようにも思える。そして私たちは、英国領事館の確認を最後にして、今回の旅の「公式」予定を全て終えたことになる。

四川と雲南を巡る今回の旅の主たる目的は李秉剛さんへの感謝と慰労ということだが、深く考えることがこれまでほとんど無かった雲南戦について非常に多くの示唆を得ることができた有意義な旅でもあったと思う。今回も大変に世話になった李秉剛さんとガイドの馬鋭敏さんと李永結さんら多くの関係者に感謝したい。

中国は雲南戦をどのように位置づけようとしているのか

雲南戦に関わる戦場跡などの史跡や博物館などの記念施設を今回巡り歩いて感じるのは、それらの多くは最近ようやく整備されたばかりであることだ。さらに、現在も整備が進みつつある史跡や施設もある。蒋介石を首班とする国民政府が成し遂げた雲南戦（滇西抗戦）勝利に対する評価、あるいは抗日戦争全体における雲南戦の位置づけと評価を現在の中国政府（共産党政権）が変えたから、雲南戦に関わる史跡などの整備が近年ようやく進み始めたということなのだろうか。

今回の雲南の旅に同行し、七年前の二〇一二年にも雲南を訪れている遠藤美幸さんは、自身の二〇一二年の雲南訪問についても紹介している著書『「戦場体験」を受け継ぐということ』(注02)（二〇一四年発行）に次のように記している。

「中国政府は、およそ一〇年前から積極的に雲南戦線の戦跡の整備、保存を行っている。同政府の雲南戦跡保存の意図の中には、愛国主義教育の進展に加え、中国雲南と東南アジア諸地域の一体化を図るための政治的、経済的思惑が多分に絡み合っているようだ(注09)」。

「現在の中国政府は、東南アジア諸国と国境を越えた南の地域の一体化をよりいっそう進めるため、雲南西部を東南アジアと東アジアの経済発展及び軍事的な拠点として再び注目しつつある。複雑な文化圏で居住する雲南西部の少数民族社会をうまく掌握し、中国社会の一員に組み込むための一つの政策として、抗日戦争を共に戦った『中華民族』構想というレジェンドを創出しようとしているのではないだろうか。地図を眺めてみると雲南西部は中国の中央から見れば辺境に違いないが、外国との接触、交流に視点を移せば、窓であり玄関口なのである」（注10）。

遠藤美幸さんが指摘しているその辺りの事情を考えるため、今回の雲南を巡る旅で私たちが見聞し確認してきたことをここで整理しておきたい。

まず、雲南戦（滇西抗戦）で死亡した中国軍将兵九一六八名の墓苑として造営され一九四五年七月七日に開園した騰冲の国殤墓苑は文化大革命時に破壊されてしまった。しかし、文化大革命終焉後の一九八四年に修復され現在に至っている。そして、二〇一三年に国殤墓苑の隣接地に滇西抗戦記念館が建設されている（後述）。

また、中国遠征軍第一一集団軍が日本軍を追放し一九四四年一一月に解放した芒市や龍陵では、滇西抗戦勝利を記念し犠牲者を追悼する記念塔が一九四五年から数多く建立された。そのうち芒市だけでも三座が建立されている。しかし、それらの記念塔は文化大革命時に全てが跡形もなく破壊されてしまった。その文化大革命が終焉したあとに、抗日戦争あるいは滇西抗戦の再評価が進められたのではないかと思われる。そして芒市では、破壊された記念塔の再建が一九八九年に決定し、最初の記念塔よりはるかに巨大な滇西抗戦記念碑が一九九〇年に再建された。さらに、滇西抗戦の勝利はもともとは第一一集団軍の成果とされていたが、抗日戦争あるいは滇西抗戦の再評価により、中国軍将士・同盟国軍将士・遊撃隊官兵と共に南洋華僑機構・滇西各民族人民の共同の成果とされた。

滇西抗戦における重要な戦役の一つである松山（拉孟）戦役については、その現場（戦跡）を一九八六年に龍陵県が、一九九六年に雲南省がそれぞれ重点文物保護単位として公布し、二〇〇六年に中国国務院が全国重点文物保護単位として公布している。その流れの中で一九九三年に雲南省が恵通橋を文化保存橋に指定している。また、辺鄙な山中にある松山（拉孟）陣地（松山戦場）の史跡としての整備がおそらく二〇一二年頃に本格的に開始され、二〇一九年には大規模な整備がほぼ完了し、松山戦場の現地に近代的な資料館も新たに開設された。さらに、松山陣地（史跡）の入口にある大垭口村で巨大な博物館の建設工事が二〇一九年時点で進行中だ。

日本軍第五六師団歩兵団司令部が置かれた龍陵では、歩兵団司令部として使用された建物が雲南省重点文物保護単位として二〇〇三年に公布されている。さらに、松山戦役が二〇〇六年に中国国務院により全国重点文物保護単位として公布される中で薫家溝日本軍慰安所が松山戦役旧址の一つとして指定されている。また、日本軍第五六師団司令部が置かれた芒市に現存している日本軍トーチカが徳宏州重点文物保護単位として公布されたのは二〇〇九年のことだ。

滇西抗戦において松山戦役と共に重要な戦役の舞台となった騰冲では、蔣中正（蔣介石）と国民党軍首脳の言葉を刻んで一九四五年に建立された一九八師団騰冲奪回戦死将士記念塔が（理由は分からないが）破壊されることもなくそのまま残されていたが、二〇〇五年に保山市重点文物保護単位として公布されている。また、騰冲戦役における主要な戦場の一つである来鳳山戦場（来鳳山抗日作戦遺址）は一九八八年に騰冲県県級文物保護単位として公布された。そのあとしばらくは動きが少なかったようだが、二〇一四年一一月から二〇一五年二月にかけて大規模な調査と整備が実施され、二〇一六年に保山市市級文物保護単位として公布されている。(注11)

一方、騰冲城の攻防戦で日本軍守備隊が立てこもり最後まで抵抗を続けた英国領事館は、改修のための建設工事が今まさに進められているところだ。

さらに、騰冲では、清朝時代に和順僑郷に建造された寺院の建物を利用して民間博物館である滇西抗戦博物館が二〇〇五年に開設され公開されていたが、巨大で近代的な博物館である滇西抗戦記念館が国殤墓苑の隣接地に新たに建設され二〇一三年に開館している。滇西抗戦記念館は、滇西抗戦に関わる記念館としては中国に現存する博物館の中で最大の施設ということだ。

こうして、二〇一九年の雲南の旅で確認したことを改めて振り返ってみると、滇西抗戦に関わる調査や評価と史跡や施設の整備などは最近になってから大きく進展していることが見て取れる。こうなると、本節の最初の方で紹介している、「雲南西部を東南アジアと東アジアの経済発展及び軍事的な拠点として再び注目しつつある」現在の中国政府が、「複雑な文化圏で居住する雲南西部の少数民族社会をうまく掌握し、中国社会の一員に組み込むための一つの政策として、抗日戦争を共に戦った『中華民族』構想というレジェンドを創出しようとしているのではないだろうか(注10)」という遠藤美幸さんの指摘は、本稿の第二章でも評価しているように的を射ているようだ。

さらに、遠藤美幸さんは、現在の中国政府による雲南戦に対する見直しの事情や背景について次のようにも記している。

「(二〇一二年に)雲南西部の戦場跡を歩いてみて、想像以上に戦争遺跡が整備、保存されていることに驚いた。戦跡碑の建立年月日を見るといずれも新しく、私(遠藤美幸さん)が見た中では二〇〇四年以降のものが多い。その頃から雲南戦の戦跡の保存、整備が積極的に行われてきたようである。

その理由は何か。一九八〇年代頃までは、中国政府は、中国が日本に唯一完全勝利した雲南戦の担い手が蒋介石の国民政府軍であったことから、拉孟戦や騰越戦はずっと黙殺しつづけてきた。ところが、一九九〇年代の江沢民政権期になって、歴史認識問題などで愛国主義教育の機運が高まるなか、雲南戦においても日本軍の侵略戦争の史実の証拠収集が盛んに行われるようになったという。九四年9月《ママ》には、党中央宣伝部の名で『愛国主義教育実施綱要』が公布された。

こうして中国政府は、近年、雲南戦における『歴史の空白』をようやく埋め始めている。ただし、雲南戦跡に刻まれた文言をよく見ると、雲南戦はあたかも共産党軍が主導の戦争であったかのように再解釈されて記録されていることがわかる」(注12)。

そうであれば、松山戦場の入口にある大垭口村で現在建設が進められている新しい巨大な博物館がどのようなものになるのか興味津々だ。この新しい博物館により、現在の中国政府の雲南戦に対する評価や位置づけは一層明確になるのだろう。

あと、中国政府の意思とは別にもう一つ気になるのは、侵略者であり加害者である日本に対する雲南西部の人たちの想いだ。日本の侵略により甚大な被害を受け、その惨劇と日本に対する厳しい想い(恨み)を今も忘れることができないでいる雲南西部の人たちの心が癒やされる日は果たして来るのだろうか。そして、雲南戦で死亡した日本兵の遺骨の収集や現地での追悼(慰霊)行為が認められる日は来るのだろうか。

それには、つまり、雲南西部の人たちの心の傷が癒やされ、その上で日本兵の遺族らの想いや期待への理解と納得を得ようとすれば、日本の歴史認識や加害に対する反省や謝罪や補償が正面から問われることになる。しかし、ますます右傾化してゆく日本が誤った歴史認識を改めることはほとんど不可能だと思われ、中国の人々の理解や納得と寛容を得ることはできそうもない。そういう厳しい現実の中で、雲南戦を戦った元日本兵らが寄贈した龍陵の白塔小学校が今後どのように扱われるのか関心を持って見ていきたいと思う。

帰国

二月二五日の午後五時頃に騰冲の英国領事館を出たあと、騰冲の近郊にある食堂に午後五時二〇分に入り、今回の旅で最後になる豪華な夕食を送別の宴席とする。そして、多種多様な料理と酒を楽しみながら、李秉剛さんとガイドの馬鋭敏さん・李永結さんと共に旅の想いを振り返る。

騰冲で夕食を済ませると、あとは日本に帰るだけだ。予定では、この日の午後九時二〇分に騰冲駝峰空港を飛び立ち午後一〇時二五分に昆明長水空港に到着する中国国内便で昆明に移動し、この日は昆明のホテルに泊まる。そして、翌日の二月二六日の午前七時三〇分に昆明長水空港を飛び立つ中国東方航空MU七四七便で昆明を後にし、途中で上海を経由して日本の関西空港に午後三時四〇分に到着する予定だ。二〇一九年の四川・雲南訪問記はここまでとします。最後までお付き合いいただいた読者の方々に御礼申しあげます。

それで、あとは、本題とは関係ない後日談になるが、二月二五日に騰冲駝峰空港を出発する予定の中国国内便は大幅に遅れ、騰冲を飛び立つ頃には日付が変わっている。そして、昆明長水空港着は午前二時頃になり、空港近くにあるホテルに入ったのは午前二時一五分だ。翌日の二月二六日は、朝五時にホテルを出て、午前七時三〇分に昆明空港を出発する予定の中国東方航空MU七四七便の搭乗に備える。しかし、MU七四七便も出発が相当に遅れ、関西空港着は、予定より五時間以上も遅い午後九時頃になった。

第六章第二節　注記

（注01）元西ドイツ首相。一九七〇年一二月七日にワルシャワを訪れ、ポーランドとの国交正常化基本条約に調印する。その足でゲットー英雄記念碑を訪れて献花し、ひざまずいて黙祷を捧げた。「ドイツの過去の犯罪をはっきり認める」倫理的な高潔さは世界に感動を与えた。
（注02）遠藤美幸著『「戦場体験」を受け継ぐということ――ビルマルートの拉孟《らもう》全滅戦の生存者を尋ね歩いて』高文研、二〇一四年
（注03）伊藤孝司著『無窮花《ムグンファ》の哀しみ――〔証言〕〈性奴隷〉にされた韓国・朝鮮人女性たち』風媒社、二〇一四年、二〇三頁
（注04）この節の多くの内容は、（注02）の八六頁から八七頁の「龍陵」の節に依拠している。
（注05）（注02）八七頁
（注06）（注02）九二頁
（注07）中国後漢末期から三国時代の蜀漢の武将（軍師）・政治家
（注08）射撃を容易にするとともに敵弾から射手を守るための諸設備
（注09）（注02）九六頁
（注10）（注02）九七頁
（注11）中国の行政区では県の上位に市がある。騰冲県（現在は騰冲市）は保山市の管轄下にあった。
（注12）（注02）八二頁

あとがき

南京大虐殺と雲南戦

日中戦争に関わる「題材」は山ほどありますが、その中から南京大虐殺と雲南戦を取り上げ本書を構成しました。

それで、日本による対中国全面侵略の初期に南京大虐殺を許し首都・南京を追われた中国国民政府は内陸奥地の重慶に逃れ、重慶を臨時首都として抗日戦争を戦うことになります。その国民政府に対するアメリカやイギリスからの支援を阻止し、東西両側から重慶を、そして中国全土を挟撃するため一九四二年五月に日本が発動したのが雲南戦です。日中戦争の流れを大きくとらえれば、南京大虐殺と雲南戦はこのように強い関わりがあるのだと思います。

一方、個人として南京大虐殺と雲南戦に強い関わりを持つ人もいます。その一人が、日本軍性奴隷被害者である朝鮮（現在の朝鮮民主主義人民共和国）の朴永心《パクヨンシム》さんです。朴永心さんは、南京大虐殺の混乱が続く最中《さなか》に開設された南京利済巷慰安所に連行され日本軍性奴隷にされました。朴永心さんが一七歳だった一九三八年三月のことです。そのあと朴永心さんは、ビルマ（ミャンマー）の慰安所を経て中国の雲南に連行され、最後は、雲南戦を戦う日本軍が辺鄙な山中に構築した拉孟《らもう》陣地に直接監禁され性暴力を受け続けました。そして、拉孟の日本軍守備隊が玉砕（全滅）する寸前に拉孟陣地から脱出し生き延びることができた人です。

日中戦争の流れを大きくとらえても、また、朴永心さんのように個人としても関わりがある南京大虐殺と雲南戦の夫々の舞台となった南京と雲南の今（現在）を、本書を通して読者の皆さんに考えてもらうことができれば嬉しいことです。

それで、私の中国訪問は多くの人の支援を得て実現していますが、南京については、真宗大谷派南京平和法要友好訪中団を主管する山内小夜子さんと、南京在住のガイド・戴国偉《たいこくい》さんに特にお世話になっています。また、雲南については、「万人坑を知る旅」訪中団を主催する野津加代子さんと、中国の歴史研究者である李秉剛《リビンガン》さんと、今回の雲南訪問に同行し多大な助言をしてくれた歴史研究者の遠藤美幸さんに特にお世話になっています。ここに、それぞれの御名前を記し感謝申し上げます。

敵基地攻撃を公言、専守防衛を投げすてた岸田自公政権

さて、日中戦争をはじめとする日本によるアジア侵略の戦争責任・侵略責任に私がこだわるのは、私たちの日本を再び侵略することがない国にしたいと思うからです。しかし、戦後最悪だったはずの安倍菅自公政権を引き継いだ岸田自公政権は、「国家安全保障戦略」など安保三文書を二〇二二年一二月一六日に閣議決定し、憲法違反である敵基地攻撃能力の保有を公言し、日本を再び侵略国にする道をまっしぐらに突き進んでいます。

それで、「集団的自衛権」という名の集団的侵略権を二〇一四年に一片の閣議決定で容認し、「安保法制」という名の戦争法を二〇一五年に強行制定した日本は、世界最強かつ世界最悪の侵略国であるアメリカが勝手に引き起こす侵略戦争に自動的に参戦させられる国に既に成り下がっています。その日本が敵基地攻撃能力を保有するというのは、アメリカにとっての「敵国」をアメリカの属国としてアメリカのために攻撃する実力（軍事力）を持つということです。

そのため岸田自公政権は、イラクやアフガニスタンでアメリカが先制攻撃に使用した巡航ミサイル＝トマ

ホークを大量購入（爆買い）するなど敵基地攻撃のための最新鋭兵器を膨大に取りそろえることを公言し、二〇二三年度からの五年間で四三兆円もの軍事費をつぎ込みます。岸田自公政権が密室で勝手に決めたこの四三兆円という金額は二〇二二年度までの実績の一・五倍超（約六割増し）にもなる歴史的大軍拡であり、このまま実施されれば日本は（決定当時の為替レートで）世界第三位の軍事大国になります。そして、この莫大な軍事費は、福祉・医療・教育などを切り捨てて私たちの生存と生活を犠牲にし、さらに法外な大増税を課して捻出することになります。

安保政策を大転換するこのような重大な事を、選挙で信を問うこともなく、国会で議論することもなく、あらゆる世論調査で内閣支持率がわずか三〇パーセント程度の岸田自公政権が一片の閣議決定で強行するなどは許されることではありません。こんな理不尽な岸田自公政権を存続させるのは私たちの恥です。道理の分かる立憲野党の共闘による選挙で、自民・公明さらに自公の補完勢力に成り下がった維新と国民民主を追放しましょう。

二〇二三年一〇月三一日

青木　茂（あおき　しげる）
平和を考え行動する会・会員
撫順の奇蹟を受け継ぐ会・会員
日本中国友好協会・会員
長良川河口堰建設に反対する会・会員
アイヌとシサムのウコチャランケを実現させる会・会員
NPO 法人ナショナルトラスト＝チコロナイ・会員

著書
『日本軍兵士・近藤一 ――忘れえぬ戦争を生きる』風媒社、2006 年
『二一世紀の中国の旅 ――偽満州国に日本侵略の跡を訪ねる』日本僑報社、2007 年
『万人坑を訪ねる ――満州国の万人坑と中国人強制連行』緑風出版、2013 年
『日本の中国侵略の現場を歩く――撫順・南京・ソ満国境の旅』花伝社、2015 年
『華北の万人坑と中国人強制連行――日本の侵略加害の現場を訪ねる』花伝社、2017 年
『華南と華中の万人坑――中国人強制連行・強制労働を知る旅』花伝社、2019 年
『万人坑に向き合う日本人――中国本土における強制連行・強制労働と万人坑』花伝社、2020 年
『中国に現存する万人坑と強制労働の現場――ガイドブック・初めて知る万人坑』花伝社、2022 年

南京大虐殺から雲南戦へ――日本の中国侵略から敗戦に至る足跡を巡る

2024年 2 月 5 日　初版第 1 刷発行

著者 ―――― 青木　茂
発行者 ――― 平田　勝
発行 ―――― 花伝社
発売 ―――― 共栄書房
〒101-0065　東京都千代田区西神田2-5-11出版輸送ビル2F
電話　03-3263-3813
FAX　03-3239-8272
E-mail　info@kadensha.net
URL　https://www.kadensha.net
振替 ―――― 00140-6-59661
装幀 ―――― 佐々木正見
印刷・製本 ― 中央精版印刷株式会社

ISBN978-4-7634-2102-9 C0036